Halbsouveränität.

Administrative und politische Autonomie

seit dem Pariser Vertrage

(1856).

Von

Dr. jur. **M. Boghitchévitch.**

Berlin.
Verlag von Julius Springer.
1903.

Herrn Geheimen Ober-Regierungs-Rat

Professor Dr. B. Hübler

in dankbarer Verehrung

der Verfasser.

Vorwort.

Auf Grundlage vorliegender Arbeit hat Verfasser im Jahre 1901 an der juristischen Fakultät zu Berlin promoviert. Die Dissertation umfaſste die ersten zwölf Paragraphen. Nunmehr wird das Ganze der Öffentlichkeit übergeben, nachdem wesentliche Umänderungen und Ergänzungen, namentlich im dogmatischen Teile, stattgefunden haben. Auch die neueste Literatur hat tunlichste Berücksichtigung erfahren.

Anspruch auf Vollständigkeit macht die Arbeit nicht. Wie könnte sie auch dies? Das Thema ist dogmatisch noch nicht bearbeitet, selbst die historischen Vorarbeiten sind gering und das Quellenmaterial ungemein groſs.

Zwei Ziele hatte Verfasser vor Augen: 1. Die Voraussetzungen des Themas genau zu bestimmen. 2. Einen juristischen Einteilungsgrund zu geben.

Voraussetzungen sind: Die Lehre von der Souveränität und die Lehre von den Staatenverbindungen. Je nach der Stellungnahme zu diesen Lehren wird die Auffassung der in Frage stehenden Verhältnisse verschieden ausfallen. Auf diesen Gebieten durfte daher nicht bloſs referiert, sondern es muſste eine Begründung gegeben werden. Die positiven Ergebnisse sind im § 18 dargelegt, an sie schlieſst sich die Konstruktion des halbsouveränen Staates in § 19 an.

Das negative Ergebnis dieser Untersuchungen aber war, daſs eine einseitige, sei es staatsrechtliche sei es völkerrechtliche Betrachtungsweise nicht platzgreifen dürfe, daſs genus Staatenverbindungen und die am ausführlichsten dogmatisch bearbeitete species Bundesstaat stets scharf auseinanderzuhalten seien, daſs ferner Entstehung, Entziehbarkeit, Dauer, Zweck nicht die maſsgebenden Gesichtspunkte sind, sondern der Inhalt.

Zur Erreichung des zweiten Zieles ergab sich zunächst die Notwendigkeit eines ausführlichen geschichtlichen Teiles. Durch die Sichtung des überreichen Tatsachenmaterials hat sich zwar eine Zersplitterung des Stoffes eingeschlichen, das weite Ausgreifen hat auch das vielfach nicht harmonische Ineinandergreifen der einzelnen Teile in der Arbeit verursacht. Es lieſs sich dies zunächst nicht vermeiden wegen der Verschiedenheit der einzelnen Abhängigkeitsverhältnisse in Bezug auf Kontinente, Kultur und Religion. Jedes Abhängigkeitsverhältnis muſste in seinem „milieu" und einzeln betrachtet werden. Das induktive Verfahren war ferner geboten wegen der Begriffsverwirrung, die in der Wissenschaft über die einzelnen Abhängigkeitsverhältnisse und namentlich über den Ausdruck „Halbsouveränität" herrscht [1].

Die Unzulänglichkeit der bisherigen Einteilungsgründe muſste historisch und dogmatisch vorgeführt werden. Einzelne Abhängigkeitsverhältnisse muſsten ausgeschieden werden, zunächst historisch die Abhängigkeitsverhältnisse des Altertums, sodann und vor allem die lehensrechtlichen Abhängigkeitsverhältnisse, endlich dogmatisch die auf einem anderen Einteilungsgrunde beruhenden Abhängigkeitsverhältnisse, insbesondere das völkerrechtliche Protektorat.

Eine scharfe Abgrenzung zu geben auf der Grundlage eines juristisch haltbaren Einteilungsgrundes war die Hauptaufgabe. Hiezu muſsten wir uns induktiv zu einem Begriffe der Halbsouveränität hinaufarbeiten, um dann deduktiv eine scharfe Scheidung vornehmen zu können.

Diese wenigen Andeutungen mögen zur Einführung in die Arbeit genügen.

Zum Schlusse erachte ich es als meine angenehme Pflicht, den Herren Geheimen Oberregierungsrat Prof. Dr. B. Hübler

---

[1] Wird ja doch von hervorragender Seite die Halbsouveränität sogar als „contradictio in adjecto" (Laband, Staatsr. I p. 59), als juristischer „nonsens" (Martens, Völkerrecht I § 60 p. 250), als „schwankender Übergang" (Brie, St.V. p. 37), als „amphibologische Ausdrucksweise" (Bonfils, Manuel de droit international, 1901 p. 106) bezeichnet.

zu Berlin, Prof. Dr. F. Stoerk (Greifswald) und Privatdozenten Dr. C. Neubecker (Berlin) meinen aufrichtigsten Dank auszusprechen für die mannigfachen wissenschaftlichen Anregungen, die sie mir bei Abfassung meiner Arbeit angedeihen liefsen.

Berlin, im Oktober 1902.

Der Verfasser.

Inhaltsverzeichnis.

*

Seite

Zweites Kapitel.

Geschichte der Begriffe Suzeränität und Halbsouveränität.

Erster Abschnitt.

Begriffliche Entwickelung der Worte „suzerän" und „Suzeränität".

Zweiter Abschnitt.

Begriffliche Entwickelung des Wortes „Halbsouveränität".

Zweiter Teil.

Dogmatik der Halbsouveränität.

Erstes Kapitel.

Begründung der Halbsouveränität.

Zweites Kapitel.

Abgrenzung von den anderen Abhängigkeitsverhältnissen.

Drittes Kapitel.

Wirkungen.

Erster Abschnitt.

Nach innen.

Abkürzungen.

Arch. dipl. = Archives diplomatiques, Recueil mensuel de diplomatie et d'histoire (seit 1861; 2. Serie seit 1880 herausgegeben von L. Renault).

Martens, R. = Recueil des principaux traités etc. etc. depuis 1761, jusqu'à nos jours (1801), 8 vol. 2ème edition.

Martens, N. R. = Nouveau recueil, 16 volumes.

Martens, N. R. G. = Nouveau recueil général, 20 volumes.

Martens-Samwer = Nouveau recueil général de Traités, 2ème Série 1876 sq.

R. D. J. = Revue de droit international.

R. G. D. J. = Revue générale de droit international public.

St. A. = Staatsarchiv, begr. von Aegidi und Klauhold.

Erster Teil.

Geschichte der Halbsouveränität.

Erstes Kapitel.

Die einzelnen halbsouveränen Staaten.

Erster Abschnitt.

Christliche Vasallenstaaten der Türkei[1].

§ 1. Die Moldau und Walachei[2].

In die Mitte des 14. Jahrhunderts fallen die ersten Einfälle der Türken nach Europa; hundert Jahre später war die ganze Balkanhalbinsel unter ihrer Botmäſsigkeit. Konstantinopel fiel 1453. An die Stelle der altersschwachen griechischen, der morschen slawischen und der moldau-walachischen Reiche trat das junge und lebenskräftige Osmanentum.

---

[1] „Une chose digne d'un examen attentif, c'est la condition politique des principautés de Valachie, de Moldavie et de Serbie, depuis l'époque où elles ont été conquises par la Turquie. Elles nous fournissent un exemple de l'anomalie de la semi-souveraineté et des difficultés continuelles et incessantes qui résultent du dualisme politique." Fiore, dr. intern., I p. 333.

[2] Hammer-Purgstall, Geschichte des osmanischen Reiches, 4 Bde., 1840 ff. Neigebauer, Die Donaufürstentümer, Breslau 1859, 2 Teile. Wheaton, Histoire des progrès du droit des gens 1853, II p. 39 ff. Beach Lawrence, Commentaire, I p. 232—247. Ubicini, Question des principautés danubiennes devant l'Europe 1858. Driault, La question d'Orient, Paris 1898, p. 19 ff. Monicault, Le traité de Paris et ses suites, Paris 1898, p. 102—166. Choublier, La question d'Orient, 2ème éd. Paris 1899, p. 1—22. Milovanovitch, Les traités de garantie, p. 289—393. Debrauz, Le traité de Paris du 30 mars 1856. Gourdon, Histoire du congrès de

Die einzelnen Länder wurden nicht sofort völlig unterworfen, sie kamen nur in ein lehensrechtliches Abhängigkeitsverhältnis zur Türkei. Dies geschah auch mit den Fürstentümern der Walachei und Moldau.

Die rechtliche Stellung der Pforte zu diesen Fürstentümern wurde nicht durch zweiseitigen Vertrag inter pares geregelt, sondern durch sogenannte Kapitulationen[3], auch Hattihoumayoun genannt, das heifst formell durch einseitige Willensäufserung des Sultans, in welchen den Fürstentümern eine Reihe von Rechten gewährt, Pflichten auferlegt werden[4]. Diese Kapitulationen an

Paris. Le traité de Paris du 30 mars 1856 par le correspondent diplomatique du „Constitutionel", Paris (Amyot 1856), p. 161 ff. Holland, A lecture on the treaty relations of Russia and Turkey from 1774 to 1853. London (Macmillan). Eine knappe lichtvolle Übersicht gibt Berner, Die Orientfrage 1878, p. 7—10. Vgl. vor allem aber: R.D.J. tomes: IX p. 18 ff. (Arntz), p. 490 ff. (Geyer), X p. 6 ff. (Rolin Jacquemyns), XI p. 532 ff. (Engelhardt), XII p. 410 ff. (Bluntschli), XXIV p. 3 ff. (Engelhardt). R.G.D.J. tomes: III p. 397 (Kamarowsky) und p. 557 (K.). IV (1897) p. 324 ff. (Boeresco). Weitere Literaturangaben finden sich bei Driault a. a. O. p. 36, 133 und bei Choublier. Bengesco, Question d'Orient, notice bibliographique, führt chronologisch alle Werke an, die, vom Jahre 1821 angefangen, in Frankreich und Belgien erschienen sind. In den Lehrbüchern wird die rechtliche Stellung der Donaufürstentümer am ausführlichsten behandelt von Friedrich Martens, Völkerrecht, deutsche Ausgabe von Bergbohm, I p. 263. Phillimore, Commentaries upon international law, 3. ed., London 1879—1890, I p. 121 ff.; ferner Travers Twiss, Law of nations, I p. 97. Holtzendorff, Handbuch des Völkerrechtes, III p. 621; vor allem aber Despagnet, Essai sur les protectorats, Paris 1896, p. 85—94. Engelhardt, Les protectorats, 1896, p. 35—50.

[3] Die wichtigsten Kapitulationen sind abgedruckt bei Testa, Recueil des traités de la Porte Ottomane avec les puissances étrangères, tom. V p. 284 s. Archives diplomatiques 1866, 2ème partie p. 293 s. Ubicini, a. a. O. p. 389 s. Ghyllani, Diplomatisches Handbuch, III p. 417 ff. Eine ausführliche Aufzählung gibt Noradhounghian, Recueil d'actes internationaux de l'Empire Ottoman, 2 Bde., Paris 1897, 1900. Nähere Angaben über die verschiedenen Texte in der R.G.D.J. IV p. 329 n. 4.

[4] Auch Engelhardt, a. a. O. stimmt mit uns darin überein, dafs diese Kapitulationen ausschliefslich der Grofsherzigkeit des Sultans entsprangen und daher widerruflich waren. Indes will er im Gegensatze zu uns trotzdem ihnen vertragliche Bedeutung zwischen Staaten zusprechen, so z. B., a. a. O. p. 36, was auch Boeresco des öfteren, namentlich p. 332, tut. In früheren Jahrhunderten wurden alle Beziehungen der Pforte zu

die Donaufürstentümer stammen aus dem Ende des 14. Jahrhunderts; die letzten fanden sich am Anfange des 17. Jahrhunderts vor[5].

Ihrem Inhalte nach gewährleisten sie den Fürstentümern einerseits vollkommene innere Unabhängigkeit[6], Integrität ihres Gebietes und Schutz gegen äufsere Feinde[7], andererseits verpflichten sie die Fürsten zum Gehorsam gegenüber der Pforte[8], zur Zahlung eines Tributes[9], der oft in die Form eines Geschenkes gekleidet wird, so z. B. in der Kapitulation von 1413 Art. 9: „En signe de soumission, le prince, conjointement avec tout le peuple, aura soin d'envoyer chaque année à Constanti-

---

den anderen Mächten durch Kapitulationen geregelt. Aus der bloſsen Form kann man keineswegs auf die zwangsweise Auferlegung schlieſsen. Indes dürfte bei Rumänien ein solcher Schluſs gerechtfertigt erscheinen. Engelhardt, p. 183. Viele Handelsverträge wurden auch in Form von Kapitulationen geschlossen, so z. B. der Handelsvertrag von 1718 zwischen Österreich und der Pforte. Die erste Kapitulation mit fremden Mächten ward Frankreich bekanntlich gewährt 1535. Über Ursprung und Bedeutung des Wortes Kapitulation vgl.: Lippmann, Die Konsularjurisdiktion im Orient. Weitere ausführliche Literaturangaben bei Pic, R.G.D.J. III p. 626 n. 3 und bei Bonfils, Manuel de droit international public 1898, p. 376, 395. Spalaïkovitch, La Bosnie et l'Herzégovine, Paris 1899, p. 246 ff. Rey, De la protection diplomatique et consulaire dans les échelles du Levant et la Barbarie, thèse, Paris 1899, wo p. I—XV in dankenswerter Weise eine ausführliche Bibliographie über diese Frage gegeben ist.

[5] Die einzelnen Kapitulationen stammen aus den Jahren: 1392 (1391), 1460 (Walachei) und 1413 (1511), 1529, 1634 (Moldau). Auſserdem schlossen die Fürstentümer Friedens- und Unterwerfungsverträge des öfteren, in welchen sie sich auch zur Tributzahlung verpflichteten, so z. B. 1416, 1424, 1432, 1444, 1451, 1456, conf. Noradhounghian, p. 9, 10, 12, 13, 14, 18.

[6] So z. B. die Kapitulationen von 1392 Art. 1, 1460 Art. 2 und Art. 5 (Walachei); 1413 (1511) Art. 1, 4; 1529 Art. 2, 3, 4, 9; 1634 Art. 1 (Moldau). Letztere Kapitulation nur bei Ghyllani, III p. 420 abgedruckt. Damit steht auch im Zusammenhange die bereits erwähnte Bestimmung in der Kapitulation von 1460 Art. 16, welche das Niederlassungsverbot enthielt, um eine Einmischung in die inneren Angelegenheiten zu verhindern.

[7] 1392 Art. 5 (nach arch. dipl., nicht dagegen nach Testa); 1460 Art. 1 (Walachei); 1413 (1511) Art. 3; 1529 Art. 5, 12; 1634 Art. 12 (Moldau).

[8] 1460 Art. 1 (la suprématie sur la souveraineté) (Walachei); 1413 Art. 9; 1634 Art. 13 (Moldau).

[9] 1392 Art. 5; 1413 Art. 9; 1460 Art. 1 (Walachei); 1529 Art. 13; 1634 Art. 13 (Moldau).

nople par deux boyards moldaves, 4000 ducats turcs, soit 11000 piastres, 40 faucons et 40 juments poulinières, le tout à titre de présent" (pechkech), und eine Kapitulation zur Heeresfolge[10]. Die übrigen Artikel sind meist privatrechtlichen Inhalts, unter denen namentlich Art. 10 der Kapitulation von 1460 (Wallachei) hervorgehoben zu werden verdient, wonach den Türken nicht erlaubt sein soll, sich im Lande niederzulassen, ferner Grundeigentum zu erwerben und Moscheen zu errichten.

Eine Bestimmung, die meistens übersehen wird, die aber auf alle Fälle die Unabhängigkeit der Fürstentümer wesentlich beeinflufste, ist das Recht des Sultans, den Wahlmodus zu bestimmen[11]. Aus diesem formalen Rechte leitete der Sultan, wie die Geschichte zeigt, ein Anerkennungsrecht ab[12] und sogar auch ein Absetzungsrecht und übte es tatsächlich nur allzuoft aus[13].

An und für sich bedeutet normalerweise das Sichbegeben eines Staates in fremden Schutz nicht immer das Aufgeben seiner Selbständigkeit; das haben schon in richtiger Weise Bodin, Vattel u. a. m. erkannt[14]. „Le droit de protection est plus

[10] 1413 (1511) Art. 10 (Moldau). Aufserdem hat die Moldau in dieser Kapitulation das Recht erhalten, einen Vertreter in Konstantinopel zu haben, ein Vertretungsgebäude und eine Kirche daselbst zu bauen.

[11] 1392 Art. 4; 1460 Art. 4 (Walachei); 1413 (1511) Art. 5, 6. Boeresco, R.G.D.J. III p. 329 legt darauf gar kein Gewicht.

[12] 1413 loc. cit.; 1529 Art. 11; 1634 Art. 11. Boeresco, a. a. O. erachtet dies alles als einfache Förmlichkeiten.

[13] So wurde z. B. Konstantin II., Fürst der Walachei, nach dem Kriege der Pforte gegen Rufsland 1711 abgesetzt und nebst seinen vier Söhnen zu Konstantinopel 1714 enthauptet. 1778 liefs der Sultan den Hospodar der Moldau in seiner eigenen Residenz erdrosseln. Vgl. Moser, Beiträge zum neuesten europäischen Völkerrecht in Friedenszeiten, 1. Teil 1778, p. 39, woran derselbe die köstliche Konsequenz knüpft loc. cit.: „Dies ist aber meinen Sätzen nicht entgegen, sondern beweist nur so viel, teils, dafs die Hospodare nicht ganz souverän sind (allerdings!), teils, dafs der türkische Hof (wie auch sonst öfters) gegen seine Untergebenen mehrmals ohne Rechtsordnung, sondern blofs de facto verfährt; wie denn auch, den öffentlichen Nachrichten zufolge, Rufsland sich bei der Pforte über dieses Verfahren beschwert hat."

[14] Bodin, Les six livres de la république 1579, I. chap. 7 p. 70 s. et chap. 9 p. 112 (franz. Ausg.). Emmery de Vattel, Droit des gens 1773, I chap. §§ 5, 6, 7, XVI chap. § 192. J. J. Moser, Beiträge zum europäischen Völkerrecht in Friedenszeiten, I p. 18.

beau, plus honorable et plus magnifique que tous les autres“ [15].

Für die Beurteilung der damaligen rechtlichen Stellung der Pforte zur Moldau und Walachei dürfte indes diese obige Regel nicht Anspruch auf Gültigkeit erheben können [16]. Die chronologisch fortschreitende Betrachtungsweise der einzelnen Kapitulationen zeigt deutlich, dafs jede nachfolgende immer mehr Rechte und immer weniger Pflichten der Pforte enthält [17]. Die Türkei befand sich in dieser Periode auf dem Höhepunkte ihrer Macht, die Fürstentümer lagen ganz in der Interessensphäre der Pforte. Betrachtet man ferner, dafs die Fürstentümer trotz der Kapitulationen in den Kriegen gegen die Osmanen fast immer auf Seiten der Feinde des Sultans kämpften, sich also in seiner Feinde Schutz begaben [18], so ist man wohl zu der Auffassung berechtigt, dafs es sich nicht um eine „alliance inégale“, wie Boeresco [19] annimmt, handle, dass mithin die türkische Schutzherrschaft nicht eine freiwillige, sondern meistens eine erzwungene und auferlegte war. Von einer Unabhängigkeit und von einer Souveränität im modernen Sinne des Wortes konnte unter diesen Umständen unseres Erachtens nicht die Rede sein.

---

[15] Bodin, a. a. O. I chap. VII p. 70.

[16] a. A. Boeresco, R.G.D.J. IV p. 331 und Monicault, op. cit. p. 107.

[17] In der Kapitulation von 1634 Art. 9 steht geradezu ausgesprochen: „Die Moldau wird die Bezeichnung eines abhängigen Landes beibehalten. Diese Bezeichnung wird in allen Briefen, welche die Pforte an den Fürsten richtet, gebraucht werden.“ Ghyllani, Handbuch II p. 420. 1538 trennte sogar die Türkei Bessarabien von der Moldau und vereinigte es mit dem türkischen Reiche. Ghyllani loc. cit. p. 192.

[18] Diese Allianzverträge gegen die Türken führt Boeresco, a. a. O. zum Beweise der völligen Unabhängigkeit der Donaufürstentümer an. Dahin zählt er z. B. den Vertrag mit Polen 1391, also in demselben Jahre, wo die Kapitulation abgeschlossen war. Ein schönes Zeichen der Freiwilligkeit, wenn die Walachei es für nötig erachtet, gleich darauf einen Allianzvertrag mit dem Feinde der Türkei abzuschliefsen. Ebenso 1539 wieder mit Polen, oder 1542 mit Joachim von Brandenburg, oder 1598 mit Kaiser Rudolf II., sodann im 17. Jahrhundert mit Peter dem Grofsen, wo die walachischen Herrscher als Souveräne bezeichnet werden, was ja selbst im Frieden von Kutschuk-Kainardji 1774, Art. 16 n. 9, der Fall war. Aus der courtoisiemäfsigen Bezeichnung der Herrscher schliefst Boeresco, a. a. O. auf die Staatssouveränität von Anfang an!

[19] R.G.D.J. IV p. 331, 334.

Als lehensrechtliches Verhältnis mit Einbuſse der Souveränität möchten wir die damalige Stellung der Donaufürstentümer charakterisieren.

Die letzte Kapitulation für die Walachei, mithin für das gröſsere und an die Türkei grenzende Fürstentum, stammt aus dem Jahre 1460. Die Moldau hatte dagegen 1529 die vorletzte und erst 1634 die letzte Kapitulation erhalten. Jedenfalls haben beide Fürstentümer seit Ende des 17. Jahrhunderts auch das Kriegsrecht verloren. Wenn in einzelnen Kapitulationen bei beiden Fürstentümern der Satz enthalten ist, daſs die Pforte nichts anderes als die Suprematie über die Souveränität fordere, so ist das, wie Engelhardt[20] ganz richtig bemerkt, nichts anderes als eine Variante der römischen Auffassung: Hoc enim adjicitur ut intelligatur alterum populum superiorem esse, non ut intelligatur alterum populum non esse liberum.

Fast 250 Jahre trennen uns, wenn wir von der letzten Kapitulation der Moldau absehen, vom Frieden von Kutschuk-Kainardji. Daſs in diesem Zeitraum die Herrschaft der Türken auf der Balkanhalbinsel eine immer drückendere wurde, das zeigt uns am deutlichsten die Lage Serbiens und Bosniens zu jener Zeit, auf die wir noch später zurückkommen werden.

Den Donaufürstentümern ging es nicht besser; das beweisen die zahlreichen, gewaltsamen Absetzungen der Fürsten, die in ihrem eigenen Lande auf Befehl der Sultane hingerichtet wurden[21]. Nach den Siegen der Türkei gegen Ruſsland 1711 waren die Fürstentümer gänzlich unterworfen; der Sultan entzog den Bojaren das Recht der inneren Verwaltung und vertraute es seinen Kreaturen, den Phanarioten an.

Daſs die Pforte die Fürstentümer lediglich als Provinzen betrachtete, geht auch aus den Bestimmungen des Friedens von Carlowitz (1699) Art. 1ff. hervor[22], wonach die Maros die Grenze zwischen Österreich und der Türkei bilden soll. Namentlich geht es aber aus den Bestimmungen des Friedens von Pozarewatz (Passarowitz)

---

[20] R.D.J. XXIV p. 351. Engelhardt, Protect., p. 37; l. 7 § 1 D. de captivis etc. 49, 15.

[21] Vgl. oben Anm. 13.

[22] Abgedruckt: Ghyllani, II p. 201; Noradhounghian, I p. 182 ff. nebst einem französischen Résumé p. 193 ff.

(1718) Art. 1 hervor[23], wo der Vertrag die Fürstentümer geradezu als Provinzen bezeichnet, was allerdings allein nicht beweisend ist, wo aber — und dies ist beweisend — fünf Distrikte der Walachei und der ganze Banat, der zur Walachei gehörte, an Österreich abgetreten wurden[24]. Im Frieden zu Belgrad[25] (1739) mufste bekanntlich Österreich diese Gebiete wieder herausgeben.

Aus diesen wenigen angeführten Beispielen ersieht man, dafs die Staatenpraxis diese beiden Länder als Provinzen der Pforte betrachtete. Die weitere geschichtliche Entwicklung bis zum Frieden von Paris (1856) bekräftigt diese unsere Behauptung.

Wir haben durch die obige Darstellung den Nachweis zu führen gesucht, dafs die Fürstentümer in ihren Rechten mehr und mehr zurückgeschnitten, im 17. und 18. Jahrhundert zu blofsen Provinzen — vielleicht mit einer geringen administrativen Autonomie — herabgedrückt wurden.

Aus voller Unabhängigkeit waren die Moldau und Walachei durch die Kapitulationen in ein lehensrechtliches Verhältnis zur Pforte getreten, ein rechtliches Verhältnis, das von J. J. Moser als „Halbsouveränität“ bezeichnet wurde[26].

Es erheben sich nun zwei wichtige Fragen, die wir zwar teilweise an der Hand der Tatsachen beantwortet haben, die aber jedenfalls noch schärfer herausgehoben zu werden verdienen. Soll nämlich die staats- und völkerrechtliche Betrachtungsweise der beiden Fürstentümer von den Kapitulationen ausgehen, oder soll man vielmehr anknüpfen an die Wiederaufrichtung der beiden Fürstentümer durch den Frieden von Kutschuk-Kainardji?[27]

In der Tat stehen sich zwei Auffassungen gegenüber: Die nationale, rumänische, welche das Staatsrecht von den Kapitu-

---

[23] Ghyllani, II p. 210 ff. Noradhounghian, Bd. I p. 208 ff.

[24] Allerdings hat die Türkei, wie Boeresco p. 333 hervorhebt, bei den Verhandlungen diese Gebietsabtretungen mit der Begründung zu verhindern gesucht, dafs diese Gebiete Schutzstaaten seien. Mafsgebend ist jedoch die positive Bestimmung des Vertrages.

[25] Ghyllani, II p. 224 ff. Noradhounghian, p. 243 ff. Vgl. über diesen Friedensschlufs: J. J. Moser, Der belgradische Friedensschlufs (1739). Jena 1746 in 4°.

[26] Moser, Versuch des neuesten europäischen Völkerrechtes, I p. 26.

[27] Engelhardt, a. a. O.

lationen herleitet[28], und eine andere speziell russische, welche die Entstehung der Fürstentümer auf die völkerrechtlichen Verträge Rufslands mit der Pforte basiert und mithin die Moldau und Walachei als völkerrechtliche Schöpfungen hinstellt[29].

Gegen die nationale Ansicht sind eine Reihe von Einwendungen zu erheben: Durch die Vereinigung mit den Feinden des Sultans machten sich die Fürsten dieser Länder der Felonie schuldig; der Sultan hatte das Recht, alle früher gewährten Privilegien zurückzuziehen. Selbst bei etwaiger Nichtannahme eines lehensrechtlichen Verhältnisses ist die Kontinuität des öfteren durchbrochen worden. Nach den Regeln des Völkerrechtes verlieren durch Krieg gewisse Verträge zwischen den kriegführenden Teilen ihre Gültigkeit, in den nachfolgenden mufs expressissimis verbis die Fortdauer der früheren Verträge ausgedrückt werden. Dieser Fall ist, wie wir gesehen, öfters zwischen der Pforte und den Fürstentümern eingetreten. Selbst geschichtliche Succession angenommen, so ist damit keineswegs auch die staatsrechtliche Kontinuität bewiesen. Man mufs eben die ganze Entwicklung eines Volkes berücksichtigen, also auch die Zeit, wo die Fürstentümer Provinzen waren, und man mufs vor allem scharf auseinanderhalten die Begriffe Nation und Staat, an den allein eine Rechtsordnung anknüpfen kann. Dafs die Türken sich ihrer Verpflichtungen ledig erachteten, sobald die Fürstentümer ihre eigenen Pflichten nicht erfüllten — und das geschah des öfteren — ist selbstverständlich. So liefs z. B. im Jahre 1594 Michael der Brave alle Türken im Lande überfallen.

---

[28] Diese Auffassung vertritt auch Arntz, R.D.J. IX p. 18 s., und neuestens Boeresco, R.G.D.J. IV p. 324 s. Sie gehen so weit, aus diesen Kapitulationen und aus den ferneren Verträgen Rufslands mit der Pforte, sowie auf Grund des Pariser Vertrages und der Pariser Konvention (1858) auf die Fortdauer und gänzliche Unabhängigkeit der Donaufürstentümer von Anfang an zu schliefsen. Alle Bestimmungen, die der Souveränität Eintrag tun, betrachten diese Schriftsteller als ungültig, weil res inter alios acta, die ihnen passenden Bestimmungen aber als von Rumänien stillschweigend genehmigt. Dafs dies ganz unzutreffend ist, hoffen wir oben durchführen zu können. Vgl. gegen Arntz: Geyer, R.D.J. IX p. 490 s., ferner den merkwürdigen Vereinigungsversuch beider Ansichten durch Rolin, R.D.J. X p. 38 n. 1. Mit uns übereinstimmend Engelhardt, a. a. O. p. 41 n. 3.

[29] Vgl. unten p. 26, 27.

Darauf eroberte Sultan Mahomed III. das Land, verwandelte beide Fürstentümer in Paschaliks (Provinzen) und entsandte Gouverneure aus Konstantinopel[30].

Von rumänischer Seite wird zum Beweise der Kontinuität angeführt, dafs die Donaufürstentümer von 1368—1857 eine Reihe von Verträgen mit dritten Mächten abgeschlossen haben[31]. Sieht man sich diese Verträge des näheren an, so enthielten sie lediglich Bestimmungen über nachbarliche Verhältnisse, wie z. B. der Vertrag mit Rufsland vom 13. Juli 1869 die Schiffahrt am Pruth betreffend[32], wozu die Türkei ihren Provinzen die Genehmigung erteilen konnte, oder es waren aber Verträge, die rechtswidrig von den Donaufürstentümern mit den Feinden der Türkei abgeschlossen wurden. Zum Beweise für die erste Behauptung sei noch angeführt der Handelsvertrag mit Österreich von 1838 und 1843, für die zweite dagegen die Militärkonvention von 1877 mit Rufsland. Die bösen Folgen solcher unberechtigter Vertragsschlüsse mufsten sie nach jedem erfolgreichen Kriege der Pforte an sich selbst spüren[33].

Von einer juristischen Succession oder Kontinuität des moldau-walachischen Staatsrechtes konnte einfach aus dem Grunde nicht die Rede sein, weil aus Staaten Provinzen geworden sind.

Zum Schlusse noch eines: Auch die Frage nach der Authentizität dieser Kapitulationen ist eine sehr bestrittene. Soviel steht jedenfalls fest:

1. Die Originale der Kapitulationen sind nirgends auffindbar. Jedenfalls sind sie in Rumänien, das kann man mit Bestimmtheit sagen, nicht vorhanden[34].

---

[30] Boeresco, R.G.D.J. IV p. 334, behauptet dagegen, dafs die Kapitulationen lediglich von der Pforte verletzt worden sind.

[31] Mitilineu, Collection des traités et conventions de la Roumanie de 1368 à nôtre siècle. 1874. Die neuesten Verträge Rumäniens bei Djuvara, Traités, conventions et arrangements internationaux de la Roumanie, 1888.

[32] Djuvara, a. a. O. Einl. p. LIX. Weitere Beispiele: Postkonvention zwischen den Donaufürstentümern und Deutschland (16. Juni 1869). Djuvara p. CIV: Postkonvention mit Serbien Juli 1874. Ferner Vertrag mit Rufsland bezüglich der Eisenbahnverbindung zwischen Jassy und Kichenew 1872.

[33] Despagnet, a. a. O. p. 88.

[34] Engelhardt, R.D.J. XI p. 539.

2. Variieren die Daten bei den einzelnen Schriftstellern in mannigfacher Weise[35].

3. Auch die einzelnen Texte weisen bedeutende Unterschiede auf[36].

4. Hat gerade der Teil, von dem die Verträge ausgegangen sind, nämlich die Pforte, die Echtheit derselben mehrfach bestritten[37].

Was speziell die russische Auffassung betrifft, so wurde sie, das mufs man zugeben, nicht konsequenterweise durchgeführt. Aus dem Vertrage von Kutschuk-Kainardji Art. 16, Einleitung[38]:

---

[35] Bei der ersten Kapitulation die Jahre 1391, 1392, 1393. Eine andere Kapitulation wird von Testa u. a. auf das Jahr 1413 gesetzt, und zwar abgeschlossen von Bogdan IV. und Selim I., dagegen steht sie in den Archives diplomatiques und bei anderen unter der Jahreszahl 1511 und zwar abgeschlossen zwischen Bogdan dem Einäugigen (le borgne) und Bajazet II. Die Kapitulation von 1634 ist blofs bei Ghyllani abgedruckt; auch die Jahreszahl 1460 ist bestritten und ebenso 1529. Vgl. Boeresco p. 330 n. 2.

[36] So insbesondere Art. 5 der Kapitulation von 1392. In den arch. dipl. steht: „Mais à cause de cette haute clémence et parce que nous avons inscrit le prince dans la liste de nos autres sujets (bei Ghyllani protégés) il sera tenu . . .“ etc. Bei Testa fehlt der ganze Vordersatz. Engelhardt, a. a. O. p. 36 hat ebenfalls den Text „protégés“ übernommen. Auf ausführliche Quellenstudien können wir selbstverständlich nicht eingehen, zumal da die Texte fehlen, auf die zurückgegangen werden könnte.

[37] So hat die Pforte bei der Konstantinopler Konferenz im Februar 1856 ein Projekt eines Vertrages, in welchem der erste Artikel die Bestätigung der alten Kapitulationen enthielt, zu unterzeichnen verweigert. Vgl. ferner das Zirkular Aali Paschas an die diplomatischen Vertreter der Türkei. Testa, a. a. O. t. V p. 321: „Il est vrai que, pour sauver les apparances ou pour mieux cacher leur arrière-pensée, ils ont parlé de leur désir de réspecter les anciennes capitulations avec la Sublime-Porte, capitulations dont les originaux n'existent nulle part au monde et qui ont été violées, déchirées plus d'une fois par les Moldo-Valaques eux-mêmes. L'histoire de l'Empire et des documents innombrables sont là pour montrer, quels sont les vrais titres en vertu desquels la Sublime-Porte a exercé sa souveraineté légitime sur ces contrées depuis tant de siècles et quelle a été l'origine de leurs privilèges.“ Auch in der Konvention von 1858 hat der Vertreter der Pforte den nötigen Vorbehalt bezüglich der Echtheit der Texte der Kapitulationen gemacht (Sitzung vom 10. August 1858. Protokoll Nr. 15).

[38] Martens, R. II p. 286. Noradhounghian, p. 326. Ghyllani, II p. 253 ff. Die erklärende Konvention von 1779 wiederholt im wesent-

„l'Empire Russe réstitue à la Sublime Porte toute la Bessarabie avec les villes d'Ackermann de Kilia etc....; il réstitue à la Sublime Porte les deux principautés de Valachie et de Moldavie avec toutes les forteresses etc....", geht hervor, dafs die vertragschliefsenden Teile diese Länder, unter Beibehaltung des historischen Titels, als integrierende Bestandteile der Türkei betrachteten[39], und dafs die Pforte aus eigener Machtvollkommenheit, ohne Befragung der Fürstentümer, Zugeständnisse an ihren Gegner machte, welche die Fürstentümer ausschliefslich betrafen.

Die einzelnen Hatticherife, die an die Donaufürstentümer erlassen wurden, wie z. B. der vom Jahre 1784[40], zeigen deutlich den hohen Grad der Abhängigkeit.

Auch in den auf Grund der Verträge mit Rufsland ausgefertigten Firmanen, so namentlich in dem von 1802, wird nicht ausdrücklich der Kapitulationen Erwähnung getan. In den nachfolgenden Verträgen mit Rufsland — man möchte meinen, dafs die Autonomie eine immer gröfsere geworden sei — werden die Fürstentümer geradezu als Provinzen bezeichnet und, was die Hauptsache ist, behandelt[41]. Im Frieden zu Bukarest (1812) trat die Türkei Bessarabien an Rufsland ab[42]. In der erklärenden Konvention von Ackermann (1826) wird auf diese Bestimmungen des Bukarester Friedens (1812) verwiesen, ohne jegliches Gedenken der Kapitulationen. Im Frieden von Adrianopel (1829) tauchen aber plötzlich die alten Kapitulationen wieder auf[43].

---

lichen die Bestimmungen vom Frieden von Kutschuk-Kainardji. Martens, R. II p. 659. Noradhounghian, p. 338 ff.

[39] Frieden zu Jassy 1792 Art. 3. Martens, R. V p. 291. Friede zu Bukarest 1812 Art. 4, 5. Martens, N.R. III p. 397.

[40] Martens, R. III p. 710.

[41] Vertrag zu Jassy Art. 4 und Art. 4 Nr. 1, Bukarest Art. 5.

[42] Entrüstet frägt Boeresco, p. 335, auf Grund welchen Rechtes dies die Türkei denn tun konnte? Nun auf Grund des Rechtes der Beziehung von Staat zu Provinzen. Ebendaselbst p. 335: „Oubliant ainsi jusqu'aux principes élémentaires du droit et de l'équité, elle aida inconsciemment la Russie à gagner chaque jour du terrain dans les Principautés. Voilà de quelle façon la Sublime-Porte s'acquittait de son obligation „de maintenir les Principautés dans l'état où elles se trouvaient"!" Boeresco ist mit seinen eigenen Worten a. a. O. p. 336 zu antworten: „Mais l'histoire compte avec ce qui est et non avec ce qui aurait pu ou du être."

[43] Art. 5: „Les principautés de Moldavie et de Valachie s'étant, par suite d'une capitulation, placées sous la suzeraineté de la Porte et la

In der Tat hat es bei oberflächlicher Betrachtung den Anschein, als ob Rufsland durch die Bestimmungen in diesem Frieden die fortdauernde Geltungskraft indirekt anerkennen würde. Die Fassung des Art. 5 ist eine, man mufs es zugeben, keinesfalls glückliche. Durch diesen Artikel wollte aber Rufsland unseres Erachtens die rechtliche Stellung der Fürstentümer nicht auf diese Kapitulationen zurückführen, denn sonst hätte es dieselben unbedingt auch 1774, 1779, 1812, 1826 erwähnen müssen, sondern es wollte lediglich, nachdem die kommunale und staatliche Selbstverwaltung der Moldau und Walachei so weit fortgeschritten waren, die Kapitulationen als geschichtliche Basis und als Mafsstab für die Neuregelung der rechtlichen Lage der Fürstentümer zur Türkei hinstellen, ebenso wie man 1878 bei der Konstituierung Bulgariens, um annähernd eine Vorstellung der künftigen rechtlichen Stellung zu haben, auf die „règlements organiques" der Donaufürstentümer von 1830 verwies. Nicht im dogmatischen, sondern nur im rechtshistorischen Sinne griff man auf die Kapitulationen zurück[44].

Es kann daher auch das Hauptargument Boerescos für die Kontinuität des rumänischen Staatsrechtes, dafs nämlich der Firman von 1834 eine wörtliche Wiederholung der Kapitulationen war[45], ebensogut und vielleicht noch besser als Argument für unsere Ansicht dienen, dafs die rechtliche Stellung der Fürstentümer, nachdem sie vielfache Wandlungen erfahren, nunmehr eine der damaligen Zeit analoge sein soll. Es wäre geradezu widersinnig anzunehmen, dafs die Türkei durch eigenen Firman, ungezwungen und grundlos, ihre bisherige starre Auffassung über

---

Russie, ayant garanti leurs prosperité, il est entendu qu'elles conserveront tous les priviléges et immunités, qui leur ont été accordés, soit par leurs capitulations, soit par les traités conclus entre les deux Empires ou par les hatti-cherifs émanés en divers temps. En conséquence elles jouiront du libre exercise de leur culte, d'une sureté parfaite, d'une administration nationale indépendante et d'une pleine liberté de commerce." Martens, N.R. VIII p. 143.

44 Die Nichterwähnung der Kapitulationen bis zum Frieden von Adrianopel sucht Boeresco, p. 326, mit dem fadenscheinigen Argumente zu erklären, dafs eine Nichterwähnung im Interesse Rufslands lag, weil es noch nicht Garant der Rechte dieser Länder — es wurde dies erst 1829 — war.

45 R.G.D.J. IV p. 327.

die Kapitulationen preisgeben sollte. Aufserdem steht der Satz: „elles conserveront tous les priviléges et immunités, qui leur ont été accordés par leurs capitulations" mit den tatsächlichen Verhältnissen nicht in Einklang. Weder das Verfassungs- noch auch das Kriegsrecht hat man ihnen 1829 gewährt, während sie diese Rechte auf Grund der ersten Kapitulationen bereits besafsen[46].

Zu diesen rechtlichen Schranken gegenüber dem Suzerän trat noch das so ausgedehnte Interventionsrecht — auch fälschlich Protektorat genannt — Rufslands hinzu[47].

Auch die Formulierung selbst ist eine ziemlich vage, indem keine einzige bestimmte Kapitulation genannt wird. Die Fürstentümer hatten sich ja bekanntlich nicht schon in der ersten Kapitulation formell unter die Oberherrlichkeit des Padischah gestellt. Im Vertrage von Unkiar-Iskelessi[48] (1833) werden die Bestimmungen des Vertrages von Adrianopel bestätigt. Die Konvention von Balta-Liman (1849)[49] zeigt am deutlichsten, was für ein Wert den Kapitulationen, sowohl russischer- wie auch

---

[46] Übereinstimmend: Engelhardt, a. a. O. p. 39.

[47] Einer eingehenden juristischen Untersuchung wert wäre die doppelte Stellung der Fürstentümer zu Rufsland und zur Türkei. Vgl. darüber: Heilborn, Das völkerrechtliche Protektorat, p. 71. Despagnet, Essai sur les protectorats, p. 89 s. Gairal, Le protectorat international, Paris 1896, p. 56, 114 n. 4. Arntz, R.D.J. IX p. 27. Boeresco, p. 348; vor allem: Le traité de Paris par le correspondant diplomatique du Constitutionnel, p. 169 s., wo die wachsende Machtstellung Rufslands anschaulich vorgeführt wird. Wie ausgedehnt diese war, darüber gibt eine treffliche Schilderung Engelhardt, p. 39. 1) 1774 resp. 1779: Interventionsrecht Art. 7, 16 Nr. 10. Convention explicatoire Art. 7 Nr. 6. 1781: Errichtung russischer Konsulate in Bukarest und Jassy. 2) 1826: Repräsentationsrecht. 3) 1829: teilweises Okkupations- und Beaufsichtigungsrecht Art. 5, 15. 4) Das organische Statut von 1834 gewährt ein Protektoratsrecht, welches 1849 (Konvention von Balta Liman) in ein ständiges Okkupationsrecht umgewandelt wurde. Der Ausdruck Protektorat findet sich in vielen diplomatischen Schriftstücken zwischen der Pforte und Rufsland, auch im organischen Statut und in den Protokollen des Pariser Kongresses vor. Engelhardt, p. 38.

[48] Martens, N.R. XI p. 655. Uber die rechtliche Natur dieses Vertrages vgl. Jellinek, Staatenverbindungen, p. 134 Anm. 25. Despagnet, p. 54, der ihn ebenfalls als ungleiche Allianz bezeichnet.

[49] Martens, N.R.G. XIV p. 378.

türkischerseits beigelegt wurde, indem Suzerän und sogenannter Protektor in die innere Verwaltung ganz bedeutend eingriffen, nämlich die gewöhnlichen Nationalversammlungen (assemblées) aufhoben und einen anderen Wahlmodus für die Hospodare festsetzten.

Erwähnt werden die Kapitulationen wieder in der Mitte dieses Jahrhunderts, und zwar diesmal mit genauer Bezeichnung der einzelnen Kapitulationen. Trotzdem ist auch dies meines Erachtens kein zwingender Beweis für das Fortbestehen derselben. Im Protokolle Nr. 1 der Konferenz zu Konstantinopel vom 15. März 1855[50] steht, dafs die Fürstentümer der Moldau und Walachei und Serbien fortfahren sollen, auf Grund der alten Kapitulationen und kaiserlichen Hats, von der Pforte abzuhängen. Der Pariser Vertrag, der als einzige Rechtsquelle juristisch von Erheblichkeit ist, spricht in Art. 22 von einer Garantie der Mächte, von der Suzeränität der Pforte, von Privilegien und Immunitäten, die die Fürstentümer besitzen; von Kapitulationen und von einer Kontinuität spricht jedoch der Artikel nirgends.

Die Pariser Konvention vom 19. August 1858, Art. 2[51], führt die einzelnen Kapitulationen an, von welchen die Fürstentümer ihre Autonomie herleiten und die auch mehrere Hats, vor allem der von 1834, bestätigt haben. Nun wird weiter ausgeführt, dafs die Kapitulationen mit den Bestimmungen des Pariser Vertrages von 1856 übereinstimmen sollen, also wurden sie ja schon dadurch restriktiv interpretiert und ihnen ihre frühere Bedeutung genommen[52]. Vergleichen wir das Protokoll Nr. 15 vom 10. August 1858, wo der französische Vertreter Graf Walewski die Gegensätze bezüglich der Erwähnung der alten Kapitulationen im Vertrage beseitigt

[50] Archives diplomatiques 1866, t. 2 p. 4. „Les principautés danubiennes de Moldavie, Valachie et Serbie continueront à relever de la S. P. en vertu des anciennes capitulations et Hats impériaux en vigueur.“ Die grammatikalische Formulierung ist wieder sehr ungenau, denn Serbien hatte niemals Kapitulationen erhalten. Vgl. auch Pariser Vertrag Art. 22.

[51] Martens, N.R.G. XVII 2ème partie p. 82. Testa, Recueil, V p. 324 s. Arch. dipl. 1866, t. 2 p. 103.

[52] Sehr richtig bemerkt Engelhardt, p. 41: „En rappelant ces titres d'autrefois, l'Europe prit soin de les interpréter et, bon gré mal gré, les organes légaux des pouvoirs princiers durent accepter „sa leçon“.“

und die Erwähnung derselben in Art. 2 rechtfertigt, mit seinen Ausführungen in der Sitzung vom 5. Juni 1858, dafs es Aufgabe der Konferenz sei, eine Organisation neu aufzustellen (de constituer) und nicht die „règlements organiques" zu revidieren, so bekräftigt das nur unsere frühere Behauptung, dafs nämlich die Anhänger der Erwähnung der Kapitulationen nicht damit die juristische Kontinuität des moldau-walachischen Staatsrechtes dartun wollten — ein für sie höchst nebensächlicher Punkt —, sondern dafs sie aus Gründen der Politik nicht an die Verträge Rufslands mit der Türkei als Basis für die Neugestaltung der Dinge anknüpfen wollten. Eine Anerkennung der Kontinuität hätte unseres Erachtens in den Verträgen unbedingt ausgesprochen werden müssen. In diesem Sinne sind alle die Erwähnungen der Kapitulationen in Protokollen und diplomatischen Schriftstücken zu erklären, während Boeresco aus den blofsen Erklärungen der Diplomaten in den einzelnen Aktenstücken die juristische Kontinuität ableiten will[53].

Unsere Auffassung erfährt ferner eine Bekräftigung durch die Bestimmungen der zeitlich früheren Konferenz von Konstantinopel vom 11. Februar 1856, Art. 1[54], in welchem die russischen Verträge, die Fürstentümer betreffend, für ungültig

[53] A. a. O. p. 327. So z. B. Circulaire des Grafen Walewski vom 22. Mai 1855; Wiener Konferenzprotokoll vom 19. März 1855; Protokoll vom 11. Februar 1856 der Konferenz von Konstantinopel. Boeresco scheint nicht zu bemerken, dafs gerade das erwähnte Protokoll der Wiener Konferenz gegen ihn spricht.

[54] Testa, Recueil, V p. 304. Arch. dipl., l. c. p. 141. Art. 1: „Les traités conclus entre la S. P. et la Russie, relativement à la Moldavie et à la Valachie, ayant cessé d'être en vigueur par suite de la guerre, leurs réglements organiques qui en découlaient, ne seront plus la loi fondamentale des deux pays. Dans cet état de choses, la Porte confirme de nouveau les priviléges et immunités dont les dites principautés ont joui sous sa suzeraineté depuis les capitulations, qui leur ont été accordées par les sultans Bajazet I et Mahmoud II. Elle veut leur en assurer la jouissance d'une manière équitable et solide, en les mettant complétement en harmonie avec les progrès du temps, les besoins et les vœux de toutes les classes de la population, et les rapports établis dans un intérêt commun avec l'empire ottoman." Boeresco, p. 327, will diesen Artikel zu Gunsten seiner Behauptung verwenden und scheint Hauptgewicht zu legen auf die Worte „ont joui". Wozu aber dann eine Neubestätigung? Auch Art. 12 derselben Konferenz beweist für Boeresco nicht viel mehr.

erklärt werden. Aufserdem weigerte sich in dieser Konferenz die Türkei ausdrücklichst, die Kapitulationen von neuem zu bestätigen.

Aus dem ganzen Inhalt der Verträge in den fünfziger Jahren ergibt sich aus Wort und Geist, dafs die vertragenden Teile die Fürstentümer als „integrierende Bestandteile“ (ein Pleonasmus!) der Pforte betrachteten[55].

Die russische Auffassung wurde auch in neuerer Zeit mehrfach betont, so z. B. in einem Zirkular der russischen Regierung vom 31. Juli 1848[56] und im Berliner Kongresse[57].

Nachdem wir nationale und russische Anschauung an der Hand der Verträge geprüft, sind wir zum Ergebnisse gelangt, dafs erstere unrichtig, weil unvereinbar mit den Tatsachen und den positiven Bestimmungen der Verträge, letztere nur bedingt richtig ist, soweit es sich um die Zeit von 1774—1856 handelt, dafs dagegen von 1856 ab eine Neuregelung der rechtlichen Stellung der Fürstentümer zur Türkei stattgefunden habe, die allein für unsere dogmatische Betrachtung mafsgebend sein kann[58].

Wir können somit die rechtliche Stellung der Fürstentümer in drei Perioden zerlegen[59]:

1. Das lehensrechtliche Abhängigkeitsverhältnis zur Türkei, das sich bis zur Provinznatur steigerte.

2. Die Stellung der Fürstentümer seit dem Frieden von Kutschuk-Kainardji als privilegierte Provinzen der Pforte. Interventionsrecht Rufslands.

---

[55] Hauptzweck des Krimkrieges war ja die Erhaltung der Integrität der Türkei gegen Rufsland im Interesse des europäischen Gleichgewichtes und nicht, wie Martens, R.D.J. IX p. 59, annimmt, um die Garantie Rufslands durch eine erhöhte Kollektivgarantie im Interesse der Vasallenstaaten der Pforte zu ersetzen.

[56] Zitiert von Engelhardt, R.D.J. XI p. 540 n. 2: „La Valachie et la Moldavie n'ont d'autres droits que ceux qu'elles tiennent de la généreuse assistance des Czars et leurs existence politique repose uniquement sur les traités, intervenus entre la Russie et la Porte.“

[57] Rede des Fürsten Gortschakoff in der IX. Sitzung des Berliner Kongresses. Martens-Samwer, N.R. III (1878—1879), p. 356: Der Fürst erinnert daran: „Que tous les priviléges de la Roumanie lui ont été assurés au prix du sang russe.“

[58] Engelhardt, p. 42.

[59] Übereinstimmend Despagnet, a. a. O. p. 86.

3. Halbsouveränität — moderne Suzeränität — seit dem Pariser Kongresse unser eigentliches thema probandum.

Zum Schlusse wollen wir noch in knappen Zügen die weitere geschichtliche Entwicklung von 1856—1878 vorführen.

Die Interpretation einzelner Bestimmungen des Pariser Vertrags, sowie der übrigen Verträge und Firmane wollen wir uns für den Abschnitt über den Begriff der Suzeränität vorbehalten.

Im Jahre 1856 trat durch den Pariser Kongreſs an die Stelle des sogenannten Protektorates Ruſslands über die Donaufürstentümer die sogenannte Kollektivgarantie der Mächte[60], welche auch die Rechte des Suzeräns beschränken sollte.

Die Pariser Konvention vom 19. August 1858 hatte die Verfassung für die Fürstentümer ausgearbeitet. Die Hauptpunkte derselben sind:

1. Die vereinigten Fürstentümer stehen unter der Suzeränität des Sultans.

2. Sie genieſsen freie innere Administration.

3. Die Ausübung der öffentlichen Gewalten (pouvoirs publics) erfolgt durch die Hospodare und durch eine gewählte Versammlung.

4. Die gesetzgebende Gewalt wird ausgeübt durch den Hospodar, die Versammlung und durch eine Zentralkommission.

5. Der Sultan erteilt die Investitur an den Fürsten durch einen sogenannten Investiturfirman.

6. Die Verträge der Pforte gelten auch in den Fürstentümern (partie intégrante). Fortdauer der Kapitulationen[61].

7. Die Pforte verpflichtet sich zum Schutze gegen äuſsere Feinde. Einwirkung auf die Heeresorganisation.

8. Zahlung eines Tributes.

Der Moldau und Walachei wurde ferner der Titel „Vereinigte Fürstentümer“ gewährt, im übrigen hatten sie aber getrennte Regierungen, zwei Hospodare und zwei gesetzgebende Versammlungen[62].

---

[60] Art. 22.

[61] Gegen die Berechtigung einer Fortdauer Boeresco, a. a. O. p. 343 ff., jedoch mit unzureichenden Gründen.

[62] Berner, a. a. O. p. 8.

1859 wurde von beiden Versammlungen ein und derselbe Hospodar gewählt. Nach längerem Sträuben hat die Pforte dem Obersten Cusa die Investitur für beide Fürstentümer „ausnahmsweise“ und „nur für dieses Mal“ erteilt, unter der Bedingung, daſs in Zukunft genau nach den Bestimmungen der Pariser Konvention verfahren werden solle. Um das Prinzip der administrativen Trennung beider Länder zu markieren, wurden zwei identische Firmane erlassen[63]. Mit dieser „quasi Personalunion“[64] war der erste Schritt zur realen Vereinigung der beiden Fürstentümer getan. Durch die Firmane vom 2. Dezember 1861 gewährte die Pforte auch die administrative Vereinigung, jedoch nur für die Regierungszeit des Fürsten Cusa[65].

Ein Ministerium, eine Versammlung sollten von nun ab für

---

[63] Investiturfirmane für den Fürsten Cusa vom 24. September 1859. Arch. dipl., tom. 1866 p. 168.

[64] Brie, St.V. p. 72 n. 2.

[65] Testa, Recueil, t. V p. 437. Arch. dipl. 1866, t. 2 p. 200. Arntz, a. a. O. R.D.J. IX p. 36, behauptet, daſs dadurch die Personalunion in eine Realunion umgewandelt wurde. Meines Erachtens kann man hier überhaupt weder von einer Personal-, noch von einer Realunion sprechen, denn die Vereinigung erfolgte de iure nicht durch den Willen oder durch Vertrag der beiden Fürstentümer, sondern durch den Willen oder vielmehr durch stillschweigende Zulassung seitens der Pforte. Auſserdem ist nach herrschender Auffassung eine gemeinsame Volksvertretung mit dem Begriffe der Realunion unvereinbar. Jellinek, Allg. Staatsl., I p. 697. „Eine Realunion kann unseres Erachtens nie staats-, sondern nur völkerrechtlicher Natur sein“ (conf. Jellinek, Staatenverbindungen, p. 204 n. 8). Auſserdem steht der Annahme einer Realunion die Gewährung der administrativen Vereinigung nur à titre temporaire entgegen. Gegen die rein völkerrechtliche Auffassung der Realunion vgl. Gierke in Schmollers Jahrbücher, N. F. VII (1883) p. 62 [1158] n. 3. „Es gibt eben auch eine staatsrechtliche Gemeinschaft, durch welche in gewissem Umfange die Machtsphären von allein zu einer Sphäre verschmolzen werden, ohne daſs sich darum ein besonderes höheres Gemeinwesen von den verbundenen Staaten ablöste. Eine privatrechtliche Analogie dafür bietet die Ehe, die offene Handelsgesellschaft und sonstige Rechtsgemeinschaften zur gesamten Hand, sobald nur erkannt wird, daſs für sie das Prinzip der societas und communio nicht ausreicht, und daſs doch eine Körperschaft nicht vorliegt.“ Brie, St.V. p. 69. Im dogmatischen Teile werden wir des näheren über die Möglichkeit von Personal- und Realunion zwischen zwei halbsouveränen Staaten einzugehen haben.

beide Fürstentümer bestehen, und am 5. Februar 1862 vereinigte sich zum erstenmal die erste gemeinsame Versammlung[66].

Die weiteren Ereignisse in Rumänien sind zu bekannt, als daſs wir ausführlich auf sie einzugehen brauchten.

Am 14. Mai erfolgte die Proklamation des Fürsten Cusa an das Volk, um eine neue Versammlung zu wählen.

Am 27. Mai wurde durch ein Plebiscit der Staatsstreich des Fürsten Cusa sanktioniert.

In der Konferenz von Konstantinopel vom 28. Juni 1864 erklärte Aali Pascha den Vertretern der Mächte, daſs sich der Fürst Cusa mit der Pforte wegen gewisser Abänderungen der Konvention vom 18. August 1858 ins Einvernehmen gesetzt habe[67].

Diese Additionalakte zur Konvention von 1858 wurde den Mächten vorgelegt und von diesen gebilligt.

Die wichtigsten Veränderungen bestanden darin, daſs die öffentlichen Gewalten nicht nur dem Fürsten und der Versammlung, sondern auch einem Senate zustehen sollten (Einführung des Zweikammersystems), daſs ferner die Zentralkommission beseitigt wird, und daſs der Fürst die Initiative der Gesetzgebung haben solle. Endlich wurde auch ein neues Wahlrecht für die Versammlung eingeführt.

Am 15. August 1865 erfolgten die Unruhen in Bukarest[68].

Die Abdikation des Fürsten ging am 23. Februar 1866 in der bekannten Weise vor sich. An seine Stelle trat eine provisorische Regentschaft.

Die Türkei richtete an die Fürstentümer die Aufforderung, die Fürstenwahl getrennt zu Jassy und Bukarest vorzunehmen.

Die Mächte unterstützten diesen Antrag und forderten die Beobachtung der Bestimmungen der Pariser Konferenz (1858),

---

[66] Eröffnungsrede des Fürsten Cusa. Testa, Recueil, t. V p. 447. Arch. dipl., l. c. p. 210.

[67] Testa, t. V p. 472 s. Arch. dipl., l. c. p. 229.

[68] Vgl. die interessante Korrespondenz darüber zwischen dem Fürsten Cusa und Aali Pascha, der ein Recht der Pforte in Anspruch nahm, sich in die inneren Angelegenheiten der Fürstentümer einzumischen. Archives diplomatiques, l. c. p. 266, 272—281.

welche noch durch eine neue Konferenz zu Paris (1866) bekräftigt wurden [69].

Die Donaufürstentümer kümmerten sich jedoch nicht um die Beschlüsse der Konferenz, sondern wählten, nachdem Graf Philipp von Flandern die Fürstenwürde abgelehnt hatte, im April 1866 durch „suffrage universel“ den Prinzen Karl von Hohenzollern zum Fürsten von Rumänien. Erst nach langem Zögern erteilte die Pforte die Investitur [70], nachdem sie am 11. Juli im Vereine mit den Gesandten der Mächte den Fürsten Karl als erblichen Fürsten von Rumänien anerkannt hatte.

Am 1. Juli 1866 gab sich Rumänien eine eigene Verfassung.

Im Jahre 1874 schloſs Rumänien einen Handelsvertrag mit Österreich, nachdem lange Verhandlungen zwischen Österreich, Rumänien und der Türkei über die Frage des Rechtes eines halbsouveränen Staates, Handelsverträge zu schlieſsen, voraufgegangen waren [71].

Am 16. April 1877 schloſs Rumänen eine geheime Militärkonvention mit Ruſsland [72], und am 3. Juni 1877 erfolgte die Unabhängigkeitserklärung Rumäniens [73].

Anerkannt wurde die Unabhängigkeit durch die Art. 43—51 des Berliner Vertrages unter den bekannten Bedingungen, die allen damaligen Schöpfungen des europäischen Konzertes auferlegt wurden [74].

1882 wurde Rumänien ein Königreich.

---

[69] Konferenz vom $\frac{\text{10. März}}{\text{10. Juni}}$ 1866. Die Protokolle abgedruckt in Neumann et Plason, Recueil des traités et conventions conclus par l'Autriche. NS. VI p. 750 s.

[70] Investitur-Firman vom 24. Oktober 1866. Testa, t. V p. 690. Martens, N.R.G. XVIII p. 221.

[71] Staatsarchiv, XXIX Nr. 5477, 5482 ff.

[72] Martens-Samwer, N.R. III p. 182.

[73] Martens-Samwer, N.R. III p. 220.

[74] Art. 44, 45. Religionsfreiheit, Kultusfreiheit, Gleichheit aller Fremden vor dem Gesetze. Mit Recht wendet sich gegen diese Einschränkungen Renault, Introduction à l'étude du droit international; a. A. freilich Bluntschli, R.D.J. XI p. 420 ff. und ders., „Der Staat Rumänien und das Rechtsverhältnis der Juden“. Über die Bedeutung dieser, einer Staatengründung voraufgehenden Bedingungen vgl. Despagnet, p. 22.

§ 2. Serbien[1, 2].

Allgemein wird angenommen, dafs durch die Schlacht am Amselfelde vom Jahre 1389 Serbien seine Unabhängigkeit gegenüber den vordringenden Osmanen verlor. Dies trifft aber nur für die nördlichen Gebiete Serbiens zu, die südlichen gingen bereits durch die Schlacht an der Maritza 1371 verloren, und Kaiser Lazar schlofs 1375 mit Sultan Murad I. einen Vertrag[3], in welchem er sich nur zur Tributzahlung verpflichtete.

In ein rein lehensrechtliches Abhängigkeitsverhältnis zur Pforte geriet Serbien durch den Vertrag von 1389, denn derselbe verpflichtete den Fürsten Stephan, Sohn des gefallenen Kaisers Lazar, zur Treue und zum Gehorsam, zur Zahlung eines Tributes und zur Heeresfolge; 1000 gepanzerte Reiter mufsten in jedem Kriege dem Sultan zur Verfügung gestellt werden[4].

Die nachfolgenden Verträge hatten im wesentlichen stets denselben Inhalt. Sie wurden in verschiedenen Zeiträumen bis

---

[1] My apology must be my belief that Treaties are much more talked about than read; and that some precise knowledge of the Treaties to which J have asked your attention is just now highly desirable. (T. H. Holland, The Treaty relations of Russia and Turkey, 1774 to 1853.)

[2] Ranke, Geschichte der serbischen Revolution. Paton, Servia the youngest member of the European family, London 1845 (nicht erhältlich). Tkalac, Das Staatsrecht des Fürstentums Serbien, Leipzig 1858. Matitsch, Das öffentliche Recht des Fürstentums Serbien, Belgrad 1851 (serbisch). Vgl. ferner die meisten bei den Donaufürstentümern zitierten Werke, vor allem: Wheaton, p. 241 s. Beach Lawrence, p. 247. Driault, a. a. O. Monicault, p. 166—183. Choublier, p. 50 s. Holland, a. a. O. R.D.J. XI p. 532 (Engelhardt); XI p. 276 (Bluntschli); XXIV p. 359 s. (Engelhardt). Berner, p. 6. Brunswick, Recueil de documents rélatifs à la Serbie, Konstantinopel 1876 (nicht erhältlich). Despagnet, a. a. O. p. 94. Travers Twiss, I p. 94. Engelhardt, Les protectorats, p. 46—50. Demeter Petrowitsch, Finanzwirtschaftliche und politische Einrichtungen des erneuerten Serbiens, 4 Bände (serbisch).

[3] Noradhounghian, a. a. O. p. 5.

[4] Noradhounghian, p. 5—6. Aufserdem mufste Fürst Stephan seine Schwester dem Sultan Bajazet zur Frau geben. Auch auf finanzwirtschaftlichem Gebiete war bei den Türken nach 1459 eine Steuer, bestehend in Kindern, üblich. Zur Verstärkung des türkischen Militärwesens mufsten nämlich alle fünf Jahre 10000 serbische Kinder im Alter von 10 bis 12 Jahren abgeliefert werden.

zum Jahre 1454 abgeschlossen. Teils waren es Friedensverträge, so oft Serbien im Vereine mit Ungarn oder mit den Donaufürstentümern gegen den Lehensherrn Felonie beging, teils waren es Verträge bei Herrn und Mannfall[5].

Von 1451 ab hören die Verträge auf, 1459 wurde das Land gänzlich unterworfen, ein Pascha trat an die Spitze der Verwaltung. Im 16. und 17. Jahrhundert wurden den Serben noch die letzten wenigen Freiheiten und Rechte genommen. Von da ab konnte man nur von einer herrschenden und einer dienenden Bevölkerung sprechen.

Im Frieden von Passarowitz[6] (1718) wurde Serbien an Österreich abgetreten im Frieden von Belgrad[7] (1739), dagegen wieder retrocediert.

Von einer Kontinuität des serbischen Staatsrechtes kann mithin noch viel weniger die Rede sein als von der des moldau-walachischen, obwohl dies von serbischer Seite manchmal behauptet wird[8]. Auf eine nähere Begründung unserer Ansicht brauchen wir gar nicht einzugehen; die allgemeinen Gründe, welche bei den Donaufürstentümern hervorgehoben wurden, gelten auch hier. In juristischer Hinsicht kommt Serbien in Betracht erst seit dem Frieden von Bukarest (1812)[9].

1804 hatten sich die Serben gegen die Gewaltherrschaft der Janitscharenhäuptlinge erhoben und führten, moralisch von Rufsland unterstützt, den Freiheitskampf mit abwechselndem Erfolge[10]. Bereits im folgenden Jahre hatten sie den gröfsten Teil der Dahije (Janitscharenhäuptlinge) und Spahije (Grundbesitzer) aus

[5] Die einzelnen Verträge nebst Angabe der Quellen sind bei Noradhounghian abgedruckt. Eine Reihe derselben fallen chronologisch mit den Verträgen der Donaufürstentümer und der Pforte zusammen, so z. B. die vom Jahre 1424, 1432, 1444, 1451; aufserdem wurden Verträge abgeschlossen: 1428, 1453, 1454.

[6] Art. 2. Noradhounghian, p. 208 s.

[7] Art. 1—3. Noradhounghian, p. 244 s.

[8] Angeführt von Engelhardt, R.D.J. XXIV p. 359, und derselbe, a. a. O. p. 48.

[9] Schon im Frieden von Kutschuk-Kainardji verpflichtete sich die Türkei, die Christen gut zu behandeln. Diese Forderung erhob Rufsland vor allem, weil es sich als Oberhaupt der griechisch-orthodoxen Kirche betrachtete. Engelhardt, a. a. O. p. 48.

[10] Über die Geschichte der Freiheitskämpfe vgl. Ranke, a. a. O. p. 90 ff.

dem Lande vertrieben. Es gelang ihnen auch daraufhin, die weitestgehenden Konzessionen von der Pforte „im Prinzipe“ zu erlangen. Die Konzessionen bestanden in Folgendem:

1. Bewilligung einer nationalen Regierung (administrative Autonomie im engeren Sinne).

2. Besetzungsrecht der Festungen mit Ausnahme Belgrads zum Zeichen der türkischen Oberherrlichkeit.

3. Verbot der Wiederkehr der Dahije und Spahije.

Andererseits verpflichtete sich Serbien, einen Tribut von 900 000 Piaster (= 160 800 Mk.) jährlich zu bezahlen[11]. Dies bedeutete einen grofsen Gewinn, weil früher die Steuern direkt von den Türken nach Belieben ausgehoben wurden.

Die Türkei dachte nicht an die sofortige Erfüllung des Versprochenen, immerhin sind aber diese versprochenen Privilegien insofern von Belang, weil sie von den Serben zur Richtschnur bei späteren Verhandlungen genommen, und als zu erstrebendes Ziel betrachtet wurden.

Die Folge der Nichtbewilligung waren neue Kämpfe. 1807 schlofs der türkische Feldherr mit Kara-Georg einen für Serbien günstigen Waffenstillstand[12], der aber keineswegs eine Anerkennung der errungenen faktischen Unabhängigkeit Serbiens bedeutete.

Die Türken betrachten vielmehr nach wie vor die Serben als Rebellen.

Während dieser siegreichen Aufstände wurde die ganze Organisation des Landes durch die Serben durchgeführt, so dafs im Frieden zu Bukarest (1812) die Pforte nur den neugeschaffenen Zustand anzuerkennen, nicht wie in den Donaufürstentümern zu schaffen brauchte. Ein tatsächliches „soziales Lebewesen“ hatte sich in wenigen Jahren gebildet.

Das Jahr 1811 ist ferner zum Verständnis der Bestimmungen des Bukarester Vertrages von Bedeutung. Im Kriege zwischen Rufsland und der Türkei kämpfte Serbien auf der Seite Rufslands für seine Freiheit. Die Pforte wollte um jeden Preis die Ruhe und Ordnung in Serbien wiederherstellen, bevor es zum Frieden mit Rufsland kam, und suchte daher die Serben mehrfach zu einem separaten Friedensschlusse zu bewegen. Serbien lehnte jedoch jegliche Separat-

---

[11] Tkalac, p. 4, 5.

[12] Martens, N.R. I p. 88.

unterhandlung ab und vertraute die Führung seiner Geschäfte Rufsland an[13]. Hierin liegt der Gegensatz zu den Donaufürstentümern. Serbien hatte sich wie auch später Ägypten seine Autonomie erkämpft, nahm aber trotzdem die Intervention Rufslands in Anspruch; die Donaufürstentümer wurden dagegen von Rufsland neu geschaffen. Es zog eine völkerrechtliche der rein staatsrechtlichen Regelung vor; dadurch wurde Serbien ebenso wie die Moldau und Walachei eine Schöpfung Rufslands und der Pforte. Es hatte sich durch seine Handlungsweise das ständige Interventionsrecht Rufslands, das im Frieden, von 1774 vor allem in der Konvention von 1779 ausgesprochen war, auf den Hals gezogen, da ja der Friede von Bukarest generaliter die Gültigkeit aller früheren Verträge anerkannte, sofern sie nicht specialiter aufgehoben waren[14]. Die Stellung Serbiens zur Pforte wurde daher durch Art. VIII des Bukarester Friedensvertrages[15] geregelt, und zwar in einer Art und Weise, die weder Serbien noch die Pforte befriedigen konnte. Rufsland allein war damit zufrieden, weil es sich jeden Augenblick als Interpreten des Vertrages aufwerfen konnte und nur zu oft aufwarf. Indes sind dies politische Erwägungen, die uns nichts angehen.

Nach dem positiven Inhalt des Art. VIII ist Serbien eine privilegierte Provinz, die ihre inneren Angelegenheiten selbst verwalten kann. Aufserdem sollen dem Lande Vorteile gewährt werden nach der Analogie von einigen Inseln des griechischen Archipelagus, eine nichtssagende Bestimmung, denn jede Insel hatte ein verschiedenes Mafs von Rechten. Wie die innere Autonomie beschaffen sein soll, dies zu bestimmen bleibt der Pforte und Serbien vorbehalten[16]. Dafs Serbien die so allgemein und vag gehaltenen Bestimmungen extensiv zu interpretieren suchte, um wenigstens die verheifsenen Vorteile von 1805 zu erlangen, war selbstverständlich; dafs die Pforte dagegen bei einer solchen unpräzisen vertraglichen Fassung ihrer Pflichten davon nichts wissen wollte, war noch selbstverständlicher. Sie brauchte sich ja nur strikte an die Bestimmungen des Art. VIII

---

[13] Tkalac, p. 6.

[14] Tkalac zieht diese Konsequenz nicht.

[15] Martens, N.R. III p. 397.

[16] Der ganze Art. VIII meint, wenn wir es so nennen dürfen, ein „quasi pactum de contrahendo“.

zu halten, um mehr zu empfangen als zu geben. In der That sind die Pflichten Serbiens in Art. VIII verhältnismäfsig genau bestimmt, die Pflichten der Pforte dagegen von um so gröfserer Ungenauigkeit. Die natürliche Folge war daher, dafs sich Serbien und Türkei nicht einigen konnten, dafs es vielmehr wieder zum Kampfe kam, in welchem die Serben völlig unterlagen.

Die Pforte kümmerte sich nicht mehr um die Bestimmungen des Bukarester Friedens, „weil die Serben denselben nicht in der gehörigen Deutung vollzogen hätten“ [17]. Sie suchte vielmehr die „Pazifikation“ des Landes durchzuführen. Die Bedrückung war eine so arge, dafs am Palmsonntag 1815 ein allgemeiner Aufstand ausbrach und das ganze Land in die Gewalt der Serben brachte. Auf diese Erfolge hin entsandten die Serben eine Deputation nach Konstantinopel; dieselbe wurde aber nicht empfangen, sondern an Aali Pascha, damaligen Gouverneur von Rumelien, verwiesen. Das Resultat der Verhandlungen mit Aali Pascha war: Erlaubnis zum Tragen von Waffen, Erlaubnis zur Eintreibung der Steuern, Anteil an der Rechtspflege, dergestalt, dass die türkischen Beamten nur mit Einwilligung des Fürsten (Knes) gerichtliche Urteile gegen Serben vollziehen sollten [18]. Die Pforte erteilte zwar nicht die Genehmigung zu diesem Vertrage, jedoch wurde er als „Privatabkommen“ betrachtet und teilweise stillschweigend beobachtet, allerdings auch vielfach verletzt [19].

In der Folgezeit fing man wieder an, sich um die Stipulationen des Bukarester Vertrages herumzustreiten; nur zögernd wurden einzelne Privilegien gewährt, serbischerseits aber, da man alle Verpflichtungen erfüllt wissen wollte, nicht angenommen [20].

Diesem Hin- und Herschwanken machte die Akkermaner Konvention vom 7. Oktober 1826, abgeschlossen zwischen Rufs-

[17] Von Tkalac, p. 10, wird der Passus zitiert.

[18] Tkalac, p. 11.

[19] Tkalac, p. 12. Namentlich waren darin eine Reihe von Bestimmungen über Gerichtsbarkeit und Gesetzgebung enthalten. Petrowitsch, I p. 550.

[20] Über die vielfachen Verhandlungen und Schwierigkeiten, sowie eine Zusammenstellung der vielen entsandten Deputationen, Petrowitsch, a. a. O. p. 550 u. 609.

land und der Türkei, ein Ende[21]. Sie sollte ein Ergänzungs- und Erklärungsvertrag zum Frieden von 1812 sein, einem Vertrage, der allerdings, wie wir gesehen, die zweideutigste Interpretation zuliefs. Die vertragenden Teile werden auch hier, wie bei den Donaufürstentümern, nicht müde, immer wieder zu betonen, dafs auch Serbien ein integrierender Bestandteil, eine privilegierte Provinz sei. Die Privilegien und Rechte, so heifst es in Art. V, welche in einer Separatakte einzeln enumeriert werden, sollen durch einen grofsherrlichen Firman Serbien gewährt werden. Dieser grofsherrliche Hatticherif braucht Rufsland sonderbarerweise nur mitgeteilt zu werden — von einer Genehmigung wird nicht gesprochen —, um alsdann als Teil der Konvention angesehen zu werden.

Die Separatakte zur Konvention von 1826 hat dann wieder eine für die Pforte äufserst günstige Fassung erfahren. Es werden zuerst die bis dahin von den Serben erhobenen Forderungen aufgezählt. Die Pforte ist jetzt aber bereit, im Sinne des Art. VIII des Friedens von Bukarest im Vereine mit den serbischen Delegierten die oberwähnten Forderungen zu ordnen (régler). Dafs aber nicht eine Gewährung dieser Forderungen, sondern ein neues Verhandeln damit gemeint ist, zeigt der Nachsatz: Wie sie auch bereit ist, alle ferneren Forderungen der Serben in Erwägung zu ziehen, sofern sie nicht unvereinbar sind mit der Eigenschaft ottomanischer Untertanen. Damit hat sich die Türkei wieder auf Art. VIII gestellt, nur hat sie die Postulate Serbiens aufgezählt, ob diese Forderungen der Serben aber mit dem erwähnten Artikel vereinbar sind, diese Frage lässt die Pforte wieder offen; sie spricht nur von einem „soferne sie vereinbar sind“.

Selbst diese wenigen und leichten Bestimmungen der Akkermaner Konvention auch wirklich durchzuführen, verpflichtete sich die Pforte erst im Frieden zu Adrianopel vom 14. September 1829, Art. VI[22]. Gleich nach dem Adrianopler Friedensschlusse wurde ein Firman (September 1829) erlassen[23], der

[21] Martens, N.R. VI 2 p. 1053 s. Art. V, und Separatakte in betreff Serbiens. Über den geringen praktischen Erfolg dieser Konvention Petrowitsch, a. a. O. I p. 236.

[22] Martens, N.R. VIII p. 143.

[23] Abgedruckt bei Tkalac, p. 249, in deutscher Übersetzung.

eigentlich nur eine „promissio de contrahendo“ der Pforte darstellt, mit der einzigen Ausnahme, daſs die von Serbien losgerissenen sechs Bezirke wieder zurückgegeben werden sollen[24].

Daſs Serbien dem Inhalt nach die meisten geforderten Rechte faktisch ausübte, als ob alle Bestimmungen der Konvention bereits von der Pforte anerkannt wären, braucht kaum näher ausgeführt zu werden. Es möge genügen, nur einige anzuführen[25]: In einer Volksversammlung wurde 1829 Fürst Milosch Obrenowitsch zum erblichen Fürsten gewählt und bald darauf von der Pforte bestätigt. Der Absolutismus wurde als Regierungsform eingeführt, einem Staatsrate wurden bestimmte Funktionen zugewiesen, der gesamte Verwaltungsapparat wurde neu organisiert, die Gerichtsverfassung wurde durchgeführt, Steuern wurden serbischerseits erhoben, und es erfolgte faktisch mehr und mehr die Trennung zwischen Christen und Mohammedanern; es entstand ein Dualismus, der, weil er nicht scharf durchgeführt und rechtlich nicht geregelt war, zu vielfachen Konflikten führte. Auf diese Weise entstanden die Keime selbständigen Lebens eines serbischen Staates[26].

Eine rechtliche Regelung dieser unsicheren Stellung Serbiens erfolgte endlich durch den Firman vom 3. August 1830[27], wodurch das bisherige faktische Verhältnis vom Sultan aus freien Stücken in ein rechtliches verwandelt wurde. Es trat eine generelle staatsrechtliche Sanktion all der bisherigen einzelnen tatsächlichen und rechtlichen Verhältnisse hinzu[28].

---

[24] Diesbezüglich wurden ebenfalls mehrfache Abordnungen nach Konstantinopel, jedoch ohne Erfolg, gesandt. Petrowitsch, I p. 233.

[25] Besonders wäre hier noch hervorzuheben, daſs die privilegierte Provinz Serbien im russisch-türkischen Kriege von 1828 sich neutral verhielt.

[26] Wert einer eingehenden Untersuchung wäre die Entwicklung dieses Dualismus in Serbien; namentlich für die Finanzwirtschaft der damaligen Zeit gibt es ein reiches Quellenmaterial, das zusammengestellt ist bei Petrowitsch, a. a. O.

[27] Abgedruckt bei Tkalac, p. 254. Aristarchi Bey, Législation ottomane, II p. 56 ff.

[28] Ein Spezialfirman bezüglich der Grenzregulierung und der Steuerzahlung wurde am 30. September desselben Jahres vom Sultan erlassen. Eine einheitliche Zusammenfassung des Tributes war damals noch nicht erfolgt. Die gesamten Steuern, die Serbien damals an die Türkei zu

Der neugeschaffene Rechtszustand trat nicht gleich in Kraft, sondern erst nach Überwindung vielfacher Hindernisse[29]. So erfolgte die Auswanderung der Türken erst viel später. Auch die erwähnten sechs serbischen Bezirke wurden erst 1833 zurückgegeben. Selbst das Recht, sich eine eigene Verfassung zu geben, wurde bestritten, und es erfolgte wirklich die Ausarbeitung eines Grundgesetzes in Konstantinopel im Vereine mit serbischen Bevollmächtigten im Jahre 1838, wurde dann von Rufsland anerkannt, vom Sultan in der Form eines Firmanes an das serbische Volk erlassen und am 1./13. Februar 1839 in Serbien promulgiert[30]. Fürst Milosch, der mit diesem modus procedendi nicht einverstanden war, dankte ab.

In den nachfolgenden Jahren wurden durch einzelne Firmane eine Reihe ziemlich unbedeutender Privilegien gewährt. Auf all die Privilegien, sowie auf die serbische Verfassung und die übrigen konstituierenden Firmane werden wir bei Betrachtung der modernen Halbsouveränität einzugehen haben, weil ja der Pariser Kongrefs auf alle diese Bestimmungen verweist[31]. Hier mögen nur noch in Kürze und der Vollständigkeit halber die wichtigsten ferneren geschichtlichen Daten angeführt werden.

1861 erliefs Serbien ein Thronfolgegesetz, das auf sein Verhältnis zur Pforte gar keine Rücksicht nimmt[32]. 1862 erfolgte das Bombardement Belgrads durch die Türken; die Streitigkeiten zwischen Muselmanen und Serben wurden geschlichtet durch das Dazwischentreten der Grofsmächte. Es kam die Übereinkunft zwischen den Gesandten der Mächte und der Pforte

---

zahlen hatte, wurden 1830 auf 2 109 000 Groschen veranschlagt. Vgl. dogm. Teil § 24.

[29] Vgl. darüber Tkalac, p. 16, 17.

[30] Abgedruckt Tkalac, p. 265. Nil. Popow, IV p. 437. Petrowitsch, I p. 541.

[31] Art. 28. Auf Serbien beziehen sich ferner Art. 29 und die Protokolle dieser Konferenz: Nr. 13 (24. März 1856, 14 (25/III), 16 (27/III). Martens, NRG. XV p. 700—768. Ganz unrichtig erscheint uns, wenn Bluntschli, Das mod. Völkerrecht, p. 745e, im Art. 29 eine Neutralisation Serbiens erblickt, vermutlich, weil keine Intervention der Türkei statthaft sei. Es ist ja doch unseres Erachtens nur von einseitiger beschränkter Intervention der Türkei die Rede!

[32] Neumann, Recueil, N.S. VI p. 533 abgedruckt.

vom 4. September 1862 in Konstantinopel zu stande[33], wonach die Türken Stadt und Land, mit Ausnahme der Festungsbesatzungen und einiger Städte, räumen mufsten.

Auf Drängen Englands wurde denn auch durch Firman vom 10. April 1867 die Räumung der Festungen angeordnet[34].

1869 setzte sich Serbien eine Verfassung, in der ebenfalls des Suzeräns nicht Erwähnung geschieht[35]. Die Pforte widersetzte sich dem nicht, ein Zeichen, dafs sie das Verfassungsrecht entsprechend dem Hatt von 1833 nicht nur als ihr zustehend in Anspruch nahm, auch die Mächte protestierten nicht dagegen, ein Zeichen, dafs dies nicht dem Pariser Vertrage widersprach.

Durch den Berliner Kongrefs 1878 wurde Serbien unter denselben Bedingungen wie Rumänien als unabhängig erklärt.

1882 nahm es den Titel eines Königreiches an.

Auch bei Serbien haben wir, wie bei den Donaufürstentümern, rein induktiv konstatieren können, dafs aus einer Provinz eine privilegierte Provinz, zuerst nur mit geringer administrativer, dann mit ausgedehntester Autonomie entstanden ist, die von 1829—56 eine solche Erweiterung erfuhr, dafs die Mächte im Pariser Kongrefs mit Einwilligung der Pforte zur Konstituierung eines halbsouveränen Staates schreiten konnten.

Meiner Behauptung, dafs die rechtliche Stellung Serbiens zur Türkei als die eines halbsouveränen Staates erst von 1856 an datiere, wird man den scheinbar berechtigten Einwand entgegensetzen, dafs der Kongrefs das bereits Bestehende nur anerkannt habe, dafs mithin die Begründung eines halbsouveränen Gemeinwesens viel früher habe stattfinden müssen[36]. Daran

---

[33] St.A. IV Nr. 577 Anl. 1 u. 2. Daselbst auch der gesamte diplomatische Schriftenwechsel.

[34] St.A. XIII Nr. 2962, 2967.

[35] Ubicini, Constitution de la Principauté de Serbie. Paris 1871 (annotée et expliquée). Die Frage der Staatsform ist nicht für die Halbsouveränität wesentlich.

[36] Deutet ja doch darauf hin die Formulierung des Art. 28: „La principauté de Servie continuera à relever de la sublime Porte etc. ...“ Bereits bei Beginn des Krimkrieges wendet sich Serbien an die Pforte als ihren Suzerän mit der Bitte um Schutz gegen ein etwaiges militärisches Einschreiten Österreichs in Serbien. Vgl. das Memorandum der serbischen Regierung, abgedruckt bei v. Jasmund, Aktenstücke zur orientalischen Frage, II 1. Abt. p. 216.

knüpft sich in schroffster Formulierung die Frage: Gilt die rechtliche Stellung Serbiens zur Türkei seit 1812 resp. 1826 oder aber erst seit 1856? Eine solche Fragestellung hat nicht nur theoretische Bedeutung, sie kann auch praktisch von Erheblichkeit sein. Die ganze Frage einer Staatensuccession hängt mit dieser Vorfrage zusammen.

Die einzelnen Privilegien und Bestimmungen, Serbien betreffend, von 1812 angefangen, waren im Firman vom Jahre 1853 zusammengefafst. Es war dies die eigentliche „Konstitutivakte" der Halbsouveränität Serbiens. Der Pariser Kongrefs hat daher mit rückwirkender Genehmigung diese rechtsbegründende Urkunde, die das Ergebnis einer fünfzigjährigen geschichtlichen Entwicklung war, als für die Zukunft zu Recht bestehend anerkannt, nicht nur mit der Absicht, das bis jetzt Bestehende blofs anzuerkennen, vielmehr mit der Absicht, auf Grund des bis jetzt Bestehenden eine Neuorganisation durchzuführen, durch welche der russische Einflufs eliminiert, die Stellung zur Türkei genau festgestellt werden sollte.

Der Kongrefs hat sich um die Voraussetzungen, die zur Halbsouveränität geführt, gar nicht gekümmert und gar nicht zu kümmern gehabt, sondern wollte vielmehr an die Stelle der völkerrechtlichen Verträge Rufslands seine eigenen Beschlüsse setzen, die rein staatsrechtliche Stellung Serbiens zur Pforte auch seinerseits völkerrechtlich regeln.

Für Serbien bedeutet mithin Art. 28 des Pariser Vertrages lediglich eine völkerrechtliche Sanktion des bestehenden staatsrechtlichen Zustandes auf Grund der Entwicklung von 1812, die durch den Firman von 1853 ihren Abschlufs gefunden hat. Es ergibt sich hieraus unseres Erachtens, dafs der Einwand, den wir vorausgestellt, in dieser Fassung nicht richtig sein kann, dafs ein genauer Entstehungstermin überhaupt nicht angegeben zu werden vermag. Damit ist auch die Frage einer Staatensuccesion bei Serbien wie bei den Donaufürstentümern zu verneinen[37], weil die Entwicklung zur Halbsouveränität eine ganz allmähliche war. Man kann lediglich die Behauptung aufstellen, dafs die Halbsou-

---

[37] Vgl. dogm. Teil § 23.

veränität aller Donaufürstentümer erst seit 1856 völkerrechtlich in Betracht kam.

Unsere Darstellung war ferner daraufhin gerichtet, an der Hand der Geschichte und der Verträge zu zeigen, dafs de iure alle Rechte des halbsouveränen Staates vom Suzerän sich herleiten, dafs der Sultan alles gegeben, der halbsouveräne Staat alles empfangen habe. Es ist dies eine Tatsache, auf welche wir im ganzen Laufe der Darstellung des öfteren werden zurückkommen müssen, eine Erscheinung, die in der Literatur der Abhängigkeitsverhältnisse nicht genügend gewürdigt worden, die aber zum Verständnis einer juristischen Begriffsbestimmung der Halbsouveränität von eminent praktischer Bedeutung ist, und die vor allem ein Hauptunterscheidungsmerkmal zwischen Halbsouveränität einerseits und dem modernen Protektorate andererseits bildet.

Die rechtliche Stellung Serbiens läfst sich demnach viel deutlicher als die der Moldau und Walachei in scharf abgegrenzte Perioden einteilen, wie folgt:

1. Rein lehensrechtliches Vasallitätsverhältnis von 1389 bis 1459.

2. Provinz von 1459—1812.

3. Privilegierte Provinz 1812—1856. Faktisches Interventionsrecht Rufslands[38].

4. Halbsouveränität von 1856—1878. Letztere kommt für uns allein dogmatisch in Betracht.

§ 3. Montenegro[1].

Montenegros rechtliche Stellung zur Türkei war bis zum Berliner Kongresse vielfach bestritten, indem nicht nur einzelne Schriftsteller, sondern auch die verantwortlichen Leiter einzelner Grofsmächte dieses Land als Vasallenstaat der Pforte bezeichneten

---

[38] Eine ausdrückliche Bezeichnung der Stellung Rufslands zu Serbien kommt in keinem Vertrage vor, während bei den Bestimmungen über die Moldau und Walachei von einem Protektorate gesprochen wird.

[1] Vaçlik, La souveraineté du Montenegro, Leipzig 1858. Vgl. ferner wieder die bei den Donaufürstentümern und bei Serbien zitierten Werke.

und behandelten. Andere dagegen sprachen von einer „de facto" Souveränität.

Schuld daran war die nicht genügende Beachtung der tatsächlichen Verhältnisse.

Montenegro war nicht blofs ein „de facto" souveräner Staat, wie der beliebte diplomatische Ausdruck lautet[2]; Montenegro war ein souveräner Staat[3], der sich zwar eine Reihe von Verpflichtungen auferlegen liefs, die aber seiner Souveränität keinen Eintrag taten.

Durch den Berliner Vertrag (1878) wurden diesem Lande viel schwerere Verpflichtungen als vor demselben aufoktroiert, und doch wird man ihm nach der communis opinio die Souveränität nicht absprechen können[4].

Vor der Schlacht am Amselfelde war Montenegro mit Serbien durch lehensrechtliche Bande verknüpft. Nach der Niederlage von 1389 war es das einzige serbische Land, welches nicht in Abhängigkeit geriet; selbst in den Tagen des Höhepunktes türkischer Macht unter Soliman II. (1519—1566) hatte es seine Selbständigkeit in blutigen Kämpfen bewahrt[5]. Rufsland hat es in seinen Verträgen mit der Pforte niemals erwähnt, was es als sogenannter Protektor aller Christen wahrscheinlich getan haben würde, wenn Montenegro wie die drei Donaufürstentümer unter osmanischer Herrschaft gestanden hätte.

Montenegro hat ferner seine Stellung zur Türkei stets durch Verträge geregelt, in welchen von einer Suzeränität nie gesprochen wird. Von Firmanen wie an die Donaufürstentümer, von einer Tributzahlung, von irgend welchen Beschränkungen,

---

[2] Bluntschli, R.D.J. XII p. 276 s., spricht von einer de facto Halbsouveränität Ostrumeliens und ebenso Martens, Völkerrecht, I p. 256. Lawrence, Commentaire, p. 249.

[3] Übereinstimmend: Engelhardt, R.D.J. XI p. 332, XXIV a. a. O.; Sirmagieff, p. 261. Choublier, p. 47 n. 3; Driault, p. 170; Berner, p. 7; Despagnet, p. 81 ff.; Gairal, p. 43; Martens, p. 266; Engelhardt, a. a. O. p. 50—54.

[4] A. A. freilich Martens, loc. cit. Despagnet, l. c. p. 83. Ähnlich auch Gairal, l. c. Lammasch, Grünhuts Zeitschrift, XI p. 419 ff.

[5] Vaçlik, p. 5 s.

auch nur von einem beschränkten Vertragsrechte dieses Landes dritten Mächten gegenüber ist ebenfalls nicht die Rede[6].

Im Protokoll Nr. 16 der Sitzung des Pariser Kongresses vom 26. März 1856[7] gab zwar der türkische Vertreter Aali Pascha die Erklärung ab: „Die Pforte betrachte Montenegro als integrierenden Bestandteil des ottomanischen Reiches und wünsche keine Änderung des gegenwärtigen Standes der Dinge in dieser Provinz." Wir verkennen keineswegs im allgemeinen die Bedeutung der Protokolle für die Erkenntnis völkerrechtlicher Verträge. Mag man immerhin das Eingehen auf die Motive eines Gesetzbuches für überflüssig oder gar für schädlich halten, für das Völkerrecht ist die Berücksichtigung derselben zum Verständnis des Vertrages unbedingt notwendig[8]. Indes kann man aus Protokollen nur insofern und insoweit auf die Absicht des Vertrages schlieſsen, als ihr Inhalt in die Verträge übergegangen ist oder sich wenigstens darauf bezieht. Dies erscheint ganz selbstverständlich, und doch ist es notwendig, ausdrücklich darauf aufmerksam zu machen, indem nur zu oft Protokollerklärungen in den Vertrag gewaltsam hineininterpretiert werden, während sie daselbst absichtlich fehlen. Die Hauptbedeutung der Protokolle liegt aber meines Erachtens in der Erkenntnis der gesamten politischen Konstellation und in der sich durch die Protokolle offenbarenden Stellungnahme der einzelnen Mächte zur einzelnen Frage. Die Erklärung Aali Paschas kann demnach schon deswegen nicht von Belang sein, weil sowohl in der Wiener Konferenz und in Vorverhandlungen zum Pariser Vertrage, wie in diesem selbst, Beschlüsse über den Rechtszustand Montenegros nicht gefaſst worden sind. Der Fürst von Montenegro erhob übrigens sofort Protest gegen diese Behauptung Aali Paschas[9]. Selbst die Illusion einer stillschweigenden Genehmigung ist dadurch gefallen.

---

[6] Engelhardt, l. c. p. 363.

[7] Martens, N.R.G. XV p. 738.

[8] Dernburg, Pandekten, I § 94 i. f. „Die Motive sind zwar ohne selbständige Bedeutung für die Rechtsgeschäfte, welche sie veranlaſsten; kundgegebene Motive sind jedoch unter Umständen für die Interpretation des Geschäftes wichtig, welches sie herbeiführten."

[9] Der Protest ist abgedruckt bei Vaçlik, p. 143, 144 s., und Lawrence, Comm. I p. 250. Gegen die türkische Auffassung lieſs Napoleon III. eine Erklärung im Moniteur vom 12/V 1858 abdrucken.

In dem drückendsten Friedensvertrage zwischen der Pforte und Montenegro von 1862[10] steht von einer Abhängigkeit kein Wort. Nur eine sehr harte Staatsservitut mufste es sich auferlegen lassen[11]. Dieselbe war indes nicht von langer Dauer[12].

In anderen Verträgen hatte die Pforte sogar die Unabhängigkeit des Fürstentums ausdrücklich anerkannt[13].

Schliefslich hatte Montenegro eine Reihe von Verträgen mit fast allen auswärtigen Mächten geschlossen[14], die nicht blofs grenznachbarliche Verträge waren, wie jene der Donaufürstentümer. Seine Unabhängigkeit war bereits vor dem Berliner Kongresse von allen Mächten, mit Ausnahme Englands, anerkannt[15].

Anspruch auf Vollständigkeit machen unsere Ausführungen nicht. Wir wollten nur in knappen Zügen die Tatsachen anführen, weswegen Montenegro nicht in den Bereich unserer Erörterungen fällt.

---

[10] Martens, N.R.G. XVII 2 p. 117.

[11] Art. VI: „La route de l'Herzégovine à Scutari, passant par l'interieur du Monténégro, sera ouverte au commerce. Sur le trajet de cette route, plusieurs points seront occupés par des troupes impériales, qui tiendront garnison dans les blockhaus. Les points à occuper seront désignés plus tard."

[12] Lawrence, a. a. O. p. 254. 1863 hatte die Pforte bereits die Räumung der Blockhäuser versprochen.

[13] Die Verträge sind angeführt bei Vaçlik, p. 84, 85—87, 125.

[14] Vaçlik, p. 73—82 (Österreich); p. 87—90 (England); p. 90—98 (Frankreich); p. 98—122 (Rufsland).

[15] Über die Stellung Englands: Lawrence, p. 252. Berliner Kongrefsprotokoll X (1. Juli 1878). Martens-Samwer, III 2ème Sér. p. 367. Lord Salisbury erklärte bezüglich der Fassung: „La sublime Porte reconnait définitivement l'indépendance de la principauté du Monténégro", dafs seine Regierung die Unabhängigkeit niemals anerkannt, und forderte Unterdrückung des Wortes „définitivement". Daraufhin erklärten die Vertreter der übrigen Mächte, dafs sie die Unabhängigkeit längst anerkannt hatten. Daher die Fassung in Art. 26 des Berliner Vertrages: „L'indépendance du Monténégro est reconnue par la S. Porte et par toutes celles des Hautes Parties contractantes, qui ne l'avaient pas encore admise." Über die Auffassung der Pforte conf. die Notifikation der Türkei an die Mächte vom 9. April 1877. St.A. XXXII Nr. 6361.

§ 4. Bulgarien[1].

Die Staatsgeschichte Bulgariens fängt mit dem Jahre 1878, mit dem Frieden von St. Stephano, an. Bis dahin war Bulgarien türkische Provinz (Paschalik)[2].

Es handelte sich im Friedensvertrage darum, einen halbsouveränen Staat gänzlich neu zu schaffen und nicht wie bei den Donaufürstentümern als das Ergebnis einer jahrzehntelangen rechtlichen Entwickelung anzusehen. Hier wurde aus privilegierten Provinzen, dort aus einer einfachen Provinz ein halbsouveräner Staat.

Die einzelnen Rechte, welche im Laufe der Jahre den Donaufürstentümern gewährt und deren Summe eben die Halbsouveränität ausmachten, wurden nun als „Einheit" für das neu zu konstituierende Fürstentum aufgestellt. Bulgarien hat alle „Zwischenstadien" übersprungen. Der Begriff der Halbsouveränität tritt uns erst hier in kristallisierter Form entgegen[3].

---

[1] Eine ausführliche Übersicht der politischen Ereignisse bis in die neueste Zeit mit reichen Literaturangaben gibt Choublier, a. a. O. p. 203 bis 279. Ferner: Driault, a. a. O. Berner, a. a. O. Sirmagieff, De la situation des États mi-souverains, thèse Paris 1889, p. 303—313. Balaktschieff, Die rechtliche Stellung des Fürstentums Bulgarien, J.D., Würzburg 1893. Despagnet, p. 103 s. Gairal, p. 113. Jellinek, Staatenverbindungen, a. a. O. Hachenburger, De la nature juridique du protectorat, thèse Paris 1896. Holtzendorff, II p. 109 ff. R.D.J. XIII p. 571 (Bluntschli); XVIII p. 378 ff., 512 ff., XIX p. 50 (Rolin-Jacquemyns); XXIV p. 147 (Merignhac); XXIV p. 345 (Engelhardt). R.G.D.J. III p. 513—537 (Coulbault). Brunswick, Le traité de Berlin 1878 (annoté et commenté). Eine ausführliche Interpretation des Vertrages von St. Stephano, sowie des Berliner Vertrages ist erschienen als Separatabdruck aus der Allgemeinen Zeitung unter dem Titel: Zur Beleuchtung des Friedenspräliminarvertrages zu St. Stephano und des Berliner Vertrages von einem Diplomaten. Stuttgart und Augsburg, Cottasche Buchhandlung 1879. Engelhardt, a. a. O. p. 54—62. Pischel, a. a. O. p. 57. Mulas, Il congresso di Berlino, Milano 1878.

[2] Auch Bulgarien war vor dem Einfalle der Türken in Europa ein selbständiges Reich. 1365 fiel es aber ganz unter türkische Herrschaft, und deshalb brauchen wir hier nicht näher auf die Zeit von 1365—1878 einzugehen. Hier kann schon gar nicht von einer etwaigen staatsrechtlichen Kontinuität gesprochen werden.

[3] Verfehlt erscheint uns die Auffassung Despagnets, a. a. O. p. 109, zwischen den drei Donaufürstentümern und Bulgarien unterscheiden zu

Zum Verständnis der rechtlichen Stellung Bulgariens zur Türkei sind drei Fragen aufzustellen, deren Beantwortung wir versuchen wollen.

1. Welches ist der Unterschied zwischen dem Fürstentum des Präliminarvertrages zu St. Stephano und dem des Kongresses zu Berlin?

2. Sind die Bestimmungen des Präliminarvertrages auch nach dem Berliner Vertrage von Gültigkeit, bezw. wie weit?

3. Ist Bulgarien noch heutzutage halbsouverän, oder ist es souverän geworden?

Ad 1. Der Friede von St. Stephano regelt die Stellung Bulgariens in den Artikeln 6—11, nachdem die ersten fünf Artikel sich mit Montenegro, Serbien und Rumänien beschäftigen.

Während im Pariser Vertrage die Bezeichnung „autonome Fürstentümer" nicht vorkommt, vielmehr der Inhalt der Autonomie bei Moldau und Walachei wie bei Serbien einzeln angeführt wird, faſst man bei Bulgarien alle Rechte und Pflichten zusammen mit dem Ausdrucke: „Principauté autonome tributaire"[4], wobei noch ausdrücklich erwähnt ist, daſs die Regierung (Gouvernement) eine christliche und die Miliz eine nationale sein solle, was sich übrigens von selbst aus dem weiteren Inhalte ergibt.

Die Freiheit des Kultus und der Religion, im Pariser Vertrage ausdrücklich hervorgehoben, werden als selbstverständlich angesehen.

Die Bestimmung der Grenze des Fürstentums wird durch eine russisch-türkische Kommission statt einer bulgarisch-türkischen erfolgen. Nicht einmal ein bulgarischer Vertreter wird zugezogen. Die Kommission soll bei der Grenzbestimmung die Nationalität der Bewohner und die topographische Lage berücksichtigen[5]. „Das sind alles sehr vage und langdauernde

---

wollen, indem er jenen auch von 1856—1878 den Staatscharakter gänzlich abspricht, für Bulgarien dagegen gleich bei seiner Entstehung den Charakter eines halbsouveränen Staates in Anspruch nimmt. Der Inhalt der beiden Verträge von Paris und Berlin spricht gegen eine solche Annahme. Sie wird sonst von niemandem geteilt. Es hängt dies vielleicht zusammen mit seiner unpräzisen Formulierung des Begriffes der Halbsouveränität überhaupt.

[4] Art. VI al. 1.

[5] Art. VI al. 2.

Verhandlungen in Aussicht stellende Punkte, bei denen sich als politisch bedeutsam herausstellt: dafs bei ihrer Erledigung Rufsland für Bulgarien handelt wie der Vormund des zu keiner eigenen Stimmführung berechtigten Minorennen, nur mit dem Unterschiede, dafs er diesem keine Rechnung abzulegen hat und die Dauer der Minorennität in das Urteil und den guten Willen des Vormunds gestellt ist“ [6].

Der künftige Fürst von Bulgarien soll vom Volke gewählt, von der Türkei mit Einwilligung der Mächte bestätigt werden [7]. Vor der Wahl des Fürsten soll in Philippopel eine Verfassung von bulgarischen Notabeln ausgearbeitet werden unter Aufsicht eines russischen Kommissars und in Gegenwart eines türkischen Vertreters. Auch wird noch ausdrücklich hinzugefügt, dafs sie auf Grund derjenigen der Donaufürstentümer von 1829 ausgearbeitet werden soll [8].

Diese Bestimmungen über eine neue Verfassung bedeuten nichts anderes, als dafs der russische Vertreter die Verfassung zu diktieren, der türkische stets beizustimmen habe, und dafs die Zwittergestalt von sogenanntem Protektorate und der Suzeränität, deren Mifsstände noch in frischer Erinnerung waren, wieder eingeführt werde [9]. Die Einführung der Neuordnung der Dinge, sowie die Beaufsichtigung ihrer Wirksamkeit soll zwei Jahre hindurch einem russischen Kommissar anvertraut werden. Nach Ablauf des ersten Jahres können, falls eine diesbezügliche allgemeine Übereinstimmung erzielt und es für notwendig befunden wird, Spezialdelegierte der Mächte sich an den russischen Kommissar anschliefsen [10]. Diese Konzession an die Mächte ist nur eine scheinbare und überdies unbestimmte, weil ja dem russischen Vertreter die Möglichkeit gegeben war, vor Anschlufs der ausländischen Vertreter die Verhältnisse nach seinem Belieben zu gestalten.

Nach Art. VIII al. 2 soll Rufsland bis zur Bildung einer

---

[6] Wie sehr richtig bemerkt wird, Allg. Ztg., a. a. O. p. 8.

[7] Art. VII al. 1.

[8] Art. VII al. 3.

[9] Eine Schilderung des russischen sogenannten Protektorates in den Donaufürstentümern von 1829—1856 in der Allg. Ztg., p. 8—13, namentlich p. 12.

[10] Art. VII al. 5.

Nationalmiliz das Land besetzt halten. Diese militärische Okkupation soll sich ebenfalls auf zwei Jahre erstrecken [11]. Die Höhe des Kontingentes soll nicht 50 000 Mann übersteigen. Die Kosten hat Bulgarien zu tragen [12].

Art. IX handelt vom Tribute, dessen Höhe nicht gleich festgelegt, sondern durch nachträgliche Vereinbarung Rufslands, der Pforte und der übrigen Mächte bestimmt werden soll. Die übrigen finanziellen Verpflichtungen soll Bulgarien mit der Türkei näher vereinbaren [13].

In Art. X werden Bulgarien mehrere Staatsservituten auferlegt, deren erste aber durch die österreichische Besetzung Bosniens und der Herzegowina, sowie des Sandschak Novi Bazar illusorisch wurde.

Endlich enthält Art. XI Bestimmungen über Landbesitz der Türken in Bulgarien. Alle sich darauf beziehenden Fragen sollen durch türkisch-bulgarische Kommissionen, natürlich unter russischer Aufsicht, entschieden werden.

Rufsland war bei Abschlufs dieses Präliminarfriedens bemüht, sein ausschliefsliches Übergewicht von 1829 zu erlangen; dabei konnte es sich aber nicht ohne weiteres über die Bestimmungen des Pariser Vertrages hinwegsetzen. Nur in wenigen Punkten (Art. V, VI al. 1, IX al. 1) hat Rufsland in Bezug auf Bulgarien scheinbar das Kollektiveinmischungsrecht der Mächte, das der Pariser Vertrag gewährleistete, anerkannt; in Wirklichkeit aber ist Rufsland über seine Vertragsbefugnisse im allgemeinen hinausgegangen, indem es die prinzipielle Integrität des türkischen Reiches ganz bedeutend verletzte [14], und betreffs Bulgariens hat es sogar die Abmachungen der Konstantinopler Konferenz von 1876 weit überschritten [15].

---

[11] Über die Bedeutung des Wortes „approximativ" in diesem Vertrage Allg. Ztg., p. 11.

[12] Art. VIII al. 3. Die Schwierigkeiten, diese Kosten zu tragen, sind geschildert Allg. Ztg., p. 14, 15.

[13] Art. IX al. 2.

[14] Mit Recht bemerkt die Allg. Ztg., p. 50, dafs mit Ausnahme der Art. XXIII, XXVIII, XXIX alle übrigen Artikel Verletzungen des Pariser Vertrages enthielten.

[15] Die Protokolle der Konferenz von Konstantinopel und die diplomatischen Verhandlungen sind abgedruckt: Aktenstücke aus dem Korrespondenzbureau des k. u. k. Ministeriums des Äufseren über orientalische Angelegen-

Aus welchen Gründen Rufsland sich über den Pariser Vertrag hinwegsetzte — Rechtsgründe werden es jedenfalls nicht gewesen sein — lassen wir dahingestellt[16]. Aufgabe des europäischen Konzertes war es daher, die orientalische Frage wieder auf Vertragsboden zurückzuführen.

Nach langwierigen und mühsamen diplomatischen Verhandlungen der Mächte, auf die wir nicht näher eingehen können[17], kam endlich der Berliner Kongrefs zu stande. Als Aufgabe stellte sich der Kongrefs, die orientalische Frage der letzten Jahre zu ordnen im Sinne der Ruhe Europas und in Übereinstimmung mit dem Pariser Vertrage[18].

Demgemäfs mufste der Kongrefs vor allem die Bestimmungen — wir bemerkten bereits, dafs es fast alle sind — des Präliminarvertrages revidieren, welche eine Verletzung des Vertrages von 1856 enthielten. Der Kongrefs wendet sich denn auch in Art. I der wichtigsten Frage zu, nämlich der Errichtung eines Fürstentums Bulgarien. Die einzige Abweichung dieses Artikels von Art. VI des Vertrages von St. Stephano ist die, dafs die Worte „sous la suzeraineté de S. M. J. le Sultan" hineingeschoben sind.

Wie es im Frieden zu St. Stephano Rufsland darauf ankam, seine Stellung zu Bulgarien vertraglich festzulegen, die des Sultans so ungenau wie möglich hinzustellen, ebenso kam es dem Berliner Kongresse darauf an, die Stellung Bulgariens zur Pforte so genau wie möglich zu präzisieren und eine Festsetzung Rufslands in Bulgarien auf Grund des Vertrages nach Möglichkeit zu verhindern.

Wir legen daher den eingeschobenen Worten in Art. I eine materielle Bedeutung bei und betrachten sie nicht als blofse Redaktionsverbesserung[19].

---

heiten vom 16. Mai 1873—1877 und 1878, 2 Bände, vor allem Bd. II p. 641 ff.

[16] Choublier, p. 117 s.

[17] St.A. XXXIII Nr. 6696 ff. Neumann, Recueil, N. S. tom. VI p. 5 s. Arch. dipl., tome X. Im Annualregister wird in charakteristischer Weise die erregte Stimmung in England vorgeführt. 1878, p. 1—34.

[18] Préambule des Berl. Vertrages. Martens-Samwer, N.R.G. 2ème Série tom. III p. 276.

[19] So Allg. Ztg., p. 58. Auch Balaktschieff, a. a. O. p. 80, bezeichnet ganz unzutreffend die Suzeränität der Pforte als „eine Vertrags-

Was der Kongreſs zwar unter dem Begriffe „Suzeränität“ versteht, ist weder im Texte noch in den Protokollen gesagt[20]. In Ermangelung einer näheren Bestimmung müssen wir daher auf den Pariser Vertrag von 1856 zurückgreifen, und da finden wir denn auch in den Artikeln über Serbien und die Donaufürstentümer die Essentialia dieses Begriffes, die sich ja auch in den Bestimmungen des Berliner Vertrages über Bulgarien wiederholen[21].

Wenden wir uns nun zu den weiteren Artikeln.

Der Flächeninhalt des zu schaffenden Fürstentums wird auf das richtig erscheinende Maſs reduziert[22]. Die Bestimmung der Grenze wird durch eine europäische Kommission erfolgen[23].

Bezüglich der Wahl des Fürsten ist die Fassung des Vertrages von St. Stephano beibehalten[24].

Eine bulgarische Notabelnversammlung soll das organische Statut ausarbeiten. Die Aufsicht durch einen russischen Ver-

---

bestimmung ohne Kraft und Geltung“. Das Resultat einer solchen vagen Behauptung ist folgende Deduktion, p. 80: „Bulgarien ist weder Provinz, noch halbsouveräner Schutzstaat, noch souveräner Staat. Liegt es nicht nahe, daſs es seine Stellung unter den Staaten fest zu begründen und einzunehmen trachte?“ Quid iuris?

[20] Vgl. über den Begriff der Suzeränität unten § 15.

[21] Gegen die Allg. Ztg., p. 57, möchten wir einwenden, daſs es gar nicht Aufgabe der Kongreſsmitglieder war, einen „unzweifelhaften Rechtsbegriff“ aufzustellen, dies ist vielmehr Sache der Wissenschaft. Eine genaue Vorstellung dessen, was die Kongreſsmitglieder schaffen wollten, kann man ihnen doch wohl zutrauen! Vgl. die Ausführungen Andrassys im Prot. Nr. 2, die allerdings in krassem Widerspruch stehen mit seinen späteren Ausführungen im ungarischen Parlamente am 27. Jan. 1886 (Drahtbericht der „Times“), wo er im Laufe der Darstellung zur Ansicht gelangt, „un État vassal est aujourd'hui un anachronisme“. Zitiert von Choublier, p. 243. Jellinek, Allg. Staatslehre, p. 159.

[22] Art. II.

[23] Art. II al. 9.

[24] Art. III. Auch hier haben wir uns gegen die Ansicht der Allg. Ztg., p. 13, zu wenden, wonach diese Bestimmung ins Lächerliche gezogen wird. Ihr Grundgedanke war schon im Präliminarvertrage ein sehr richtiger, es sollte nämlich nicht durch Familienbande das Fürstentum in die ausschlieſsliche Einfluſssphäre einer Groſsmacht gelangen. Mit Recht bemerkt Balaktschieff, a. a. O. p. 24, daſs dieser Artikel eine Unselbständigkeit dem Fürstentum hinsichtlich der Person des Regenten gab.

treter und das Beisein eines türkischen sind verschwunden[25]. Allerdings wird die Wirkung des Artikels bedeutend abgeschwächt durch Art. VI, wo noch bis zur Vollendung des Stututs die provisorische Administration Bulgariens durch einen russischen Kommissar zu erfolgen hat. Dieses Provisorium wird seinerseits wieder abgeschwächt durch das Kontrollrecht eines türkischen Kommissars mit den Konsuln der Mächte, die ad hoc delegiert wurden. Zugleich ist in diesem Artikel der Instanzenzug angegeben bei Nichtübereinstimmung der berechtigten Teile. Letzte Instanz soll nämlich die Botschafterkonferenz in Konstantinopel bilden. In der Tat wurde in der konstituierenden Versammlung der russische Kommissar zum Vorsitzenden gewählt, nur wurde nicht eine auf die „statuts organiques" von 1829 basierte Verfassung ausgearbeitet, sondern es wurde die serbische Verfassung von 1869 mit einigen bedeutenderen Modifikationen übernommen, zu denen vor allem das Prinzip der Volkssouveränität gehörte. Sie trägt das Datum vom 16. April 1879[26].

Auch Art. V bietet zu mehrfachen Erörterungen Anlafs. Inhaltlich stimmt er mit den Artikeln über Rumänien, Serbien und Montenegro, wo die Anerkennung der Unabhängigkeit an dieselben Bedingungen geknüpft ist[27], überein. Nur wird hier bei Bulgarien nicht von der Bedingung einer Anerkennung als halbsouveränen Staates gesprochen, es werden vielmehr diese Bestimmungen als Basis des öffentlichen Rechtes Bulgariens hingestellt. Sie gehen selbst der Verfassung vor, bilden also selbst der Verfassung gegenüber ius cogens; gegenteilige Bestimmungen der Verfassung wären null und nichtig. Bei Bulgarien wirkt dieser Artikel geradezu konstitutiv, bei den übrigen Schöpfungen des Berliner Vertrages jedoch blofs deklaratorisch.

Der Kongrefs verpflichtet die Bulgaren, sich an seinen

---

[25] Art. IV.

[26] Choublier, p. 205; abgedruckt St.A. XXXVI Nr. 7081. Arch. dipl., tom. X p. 61. Alles Nähere über die Ausarbeitung dieser Verfassung bei Balaktschieff, p. 36.

[27] Conf. für: Montenegro Art. 27; Serbien Art. 34; Rumänien Art. 44; für die Türkei im allgemeinen Art. 62. Fürst Bismarck bemerkte in der Konferenz bezüglich dieser Artikel, die bekanntlich im Vertrage von St. Stephano fehlten, dafs sie einen wesentlichen Fortschritt in der Zivilisation bedeuteten.

Art. V zu halten; er selbst setzt sich in direkten Widerspruch, wenn er in Art. I „elle aura un gouvernement chrétien et une milice nationale“ die Regierungsform regelt und eine christliche Regierung vorschreibt[28].

Wenn der Kongreſs unter „gouvernement“ bloſs den Fürsten versteht, dann kann man es kaum als Ausnahme auffassen, wenn er dagegen den ganzen Verwaltungsapparat meint, dann bildet diese Bestimmung eine solche Ausnahme, daſs für die Regel kaum etwas übrig bleibt, und der oben angeführte Vorwurf erscheint uns in einem solchen Falle vollauf berechtigt.

In Art. VII wird die Dauer der provisorischen Regierung bedeutend abgekürzt und, wie bereits erwähnt, einem russischen Kommissar übertragen.

Art. VIII bestimmt, wie bereits der Pariser Vertrag, daſs alle Handels- und Schiffahrtsverträge auch für Bulgarien gelten sollen, und daſs keine Änderung in den bisherigen vertraglichen Zuständen eintreten dürfe, bevor nicht die einzelne Macht zugestimmt habe[29].

Die Art und Weise, wie der Tribut berechnet werden soll, ist die des St. Stephanoer Vertrages[30].

Art. X handelt über die Schulden des Fürstentums gegenüber den Eisenbahngesellschaften und Übernahme der Bahn durch die bulgarische Regierung. Alles Nähere soll durch Verträge zwischen Bulgarien einerseits, der Türkei, Österreich und Serbien andererseits geregelt werden. Der Suzerän hat mithin in diesem Spezialfalle, von vornherein die Vertragsfähigkeit des halbsouveränen Staates anerkannt.

Auch Art. XI korrespondiert mit Art. VIII Abs. 1 des Präliminarvertrages.

Art. XII bestimmt endlich in sehr kurzer Fassung die Art der Regelung der Nachfolge, sowie die Behandlung bulgarischer Untertanen in der Türkei.

Dagegen fanden gerade diejenigen Punkte, welche am dringendsten einer Regelung bedurft hätten, nämlich die Frage

---

[28] Die Allg. Ztg. zieht p. 63 rücksichtslos diese scharfe Konsequenz.

[29] Heilborn führt a. a. O., p. 54 Anm. 56 zum Belege Art. 7 an. Gemeint ist wohl Art. 8.

[30] Conf. Art. IX beider Verträge.

des etwaigen Interventionsrechtes der Pforte, sowie die Frage über die Auslieferung von Verbrechern nirgends im Berliner Vertrage eine Berücksichtigung[31].

Nachdem wir die beiden Verträge kurz betrachtet, können wir nunmehr zur Beantwortung der ersten Frage schreiten:

Inhaltlich kennzeichnet sich der Präliminarvertrag von St. Stephano dadurch, daſs er: 1. Vor allem die Stellung Ruſslands zum Fürstentum ins Auge faſst[32]. 2. Das sogenannte Protektorat Ruſslands, wie es in den Donaufürstentümern bestand, wieder einführen will[33]. 3. Die rechtliche Stellung Bulgariens zur Pforte in den Hintergrund stellt[34]. 4. Sich mit wenigen Ausnahmen über den Geist des Pariser Vertrages hinwegsetzt[35].

Der Berliner Kongreſs charakterisiert sich dagegen dadurch, daſs er:

1. Die Bestimmungen des Friedens von St. Stephano mit denjenigen des Pariser Kongresses in Einklang zu bringen sucht — ein sehr schwieriges Beginnen — indem er den territorialen status quo der Türkei nach Möglichkeit aufrecht erhalten will[36]. Es kommt diese Absicht in der Schaffung eines halbsouveränen Staates Bulgarien zum Ausdruck, der ja nach wie vor völkerrechtlich „partie intégrante" der Pforte bleibt.

2. Daſs er gemäſs den Bestimmungen des Pariser Kongresses an Stelle des sogenannten Protektorates Ruſslands den Kollektiveinfluſs der Mächte zu setzen sucht[37].

3. Daſs er, um gerade Ruſslands faktische Stellung zu paralysieren, die rechtliche Stellung der Pforte gegenüber Bulgarien nach Möglichkeit regelt. Daher eine Reihe

---

31 Dieser letzte Punkt wird bereits von Brunswick gleich nach Abschluſs des Vertrages hervorgehoben.

32 Art. VI al. 2; Art. VII al. 3, 5; Art. VIII al. 2, 3; Art. XI al. 1.

33 Dies ergibt sich aus dem ganzen Geist des Vertrages, insbesondere aus Art. VII al. 3.

34 Die wenigen diesbezüglichen Bestimmungen, die meist unbestimmt gefaſst sind, in den Art. IX al. 2; X, XI.

35 Die Ausnahmen wären: Art. VII al. 1, 5; Art. IX.

36 Art. II.

37 Art. II al. 9; Art. III; Art. IV gegenüber der Fassung des Art. VII al. 3 von St. Stephano; Art. VIII al. 1; Art. IX.

die Suzeränität erläuternder Bestimmungen, die im Vertrage von St. Stephano fehlen[38].

Zusammenfassend glauben wir somit unsere erste Frage dahin beantworten zu können, daſs der Vertrag von St. Stephano ein von Ruſsland abhängiges Bulgarien schaffen wollte, der Berliner Kongreſs dagegen einen von der Pforte abhängigen halbsouveränen Staat.

Ad 2. Die Antwort auf die zweite Frage, ob und inwieweit beide Verträge nebeneinander gelten[39], muſs speziell bezüglich Bulgariens aus der Beantwortung unserer ersten Frage heraus negativ ausfallen, indem alle annehmbaren Stipulationen des ersteren in den Berliner Vertrag übernommen, alle unannehmbaren dagegen durch annehmbare ersetzt worden sind. Ganz allgemein wird man aber indes nicht behaupten können, daſs damals der Berliner Vertrag an die Stelle des Präliminarvertrages getreten sei. Er ist nur insoweit an seine Stelle getreten, als er seine Artikel korrigiert und als er Fragen erörtert, welche nicht in den Kompetenzbereich des ersteren fallen.

Erst durch einen nachträglichen Friedensvertrag wurde diese schwierige Frage des Verhältnisses beider Verträge zueinander beseitigt.

Diejenigen Bestimmungen des Präliminarvertrages, welche auch neben dem Vertrage von Berlin gelten sollten, wurden durch Friedensvertrag vom 8. Februar 1879[40] definitiv erledigt, so daſs jetzt der Vertrag von St. Stephano jede praktische Bedeutung verloren hat[41].

Ad 3. In neuester Zeit hat man den juristischen Beweis anzutreten versucht, daſs Bulgarien ein souveräner Staat geworden sei.

---

[38] Art. I; Art. II al. 9 i. f. Nr. 1; Art. III; Art. V; Art. VIII; Art. IX; Art. X; Art. XII.

[39] Über diese Frage vgl. Allg. Ztg., p. 77 ff.

[40] St.A. Bd. 36 Nr. 7059.

[41] Friedensvertrag vom 8/II 1879 Art. III: „Les stipulations du traité de St. Stefano, qui n'ont pas été abrogées ou modifiées par le traité de Berlin, sont réglées définitivement par les articles suivants du présent traité.“ A. A. Balaktschieff, a. a. O. p. 64, der dem Vertrage von St. Stephano mit unzureichenden Gründen subsidiäre Geltung beilegen will und das Bestehen des erwähnten Art. III des Friedensvertrages gänzlich zu übersehen scheint.

Zuerst hat dies Pradier-Fodéré[42] unternommen, sodann Rolin-Jacquemyns[43], Sirmagieff[44] und endlich mit gewissen Modifikationen Hachenburger[45].

Warum ist nach Pradier-Fodéré Bulgarien ein souveräner Staat?

Weil er sich selbst regieren kann auf Grund seiner eigenen Autorität und auf Grund seiner eigenen Gesetze; nun kommt aber die Einschränkung: In gewissen Beziehungen ist er von der Türkei abhängig und noch obendrein gestellt unter die Kontrolle und das Protektorat der Signatarmächte des Berliner Kongresses, eine Kontrolle, die nach Pradier-Fodéré eine Garantie seiner Souveränität und Verfassung bedeutet[46].

Der zweite Satz Pradiers ist die Negation seiner ersten Position für Halbsouveränität.

Selbst die Definition des souveränen Staates von Pradier[47] paſst unseres Erachtens keineswegs für Bulgarien, es kommen eben diesem Lande nicht alle Attribute der Souveränität zu.

Während sich Pradier-Fodéré sozusagen mit der bloſsen Behauptung begnügt, ohne auch nur den Versuch zu machen, dieselbe näher zu begründen, schlägt Rolin ein Verfahren ein, das an sich gebilligt werden kann. Ob wir freilich seine Beweisführung auch anerkennen können, das sei Gegenstand unserer Untersuchung.

Rolin-Jacquemyns führt die Souveränität Bulgariens auf die Vereinigung mit Ost-Rumelien und auf den serbisch-bulgarischen Krieg zurück, wodurch sich Bulgarien seine Unabhängigkeit erkämpft haben soll[48].

Die Vereinigung Bulgariens mit Ost-Rumelien bedeutet zweifelsohne eine Verletzung des Berliner Vertrages. Es erfolgte

---

42 Traité de droit international public, tom. I 1884 § 90 p. 163, und auch § 109 p. 195 bezüglich des Tributes.

43 R.D.J. XVIII (1886) p. 518 s. et XIX.

44 A. a. O. p. 303 s.

45 A. a. O.

46 § 90 p. 164.

47 § 87 p. 159. „Les états souverains sont ceux qui se gouvernent eux-mêmes par leur propre autorité et par leurs lois, sans dépendance d'une puissance étrangère." Vgl. auch die keineswegs annehmbare Definition der halbsouveränen Staaten im Anschlusse an Klüber, p. 176 Nr. 94. In dieselbe würde Bulgarien eher hinein passen.

48 R.D.J. XVIII p. 405. Rolin kommt zur emphatischen Äuſserung: „Le traité de Berlin, si respectable qu'il soit, n'est pas écrit d'une encre

nachdrücklichster Protest seitens der Pforte und der übrigen Mächte[49], vor allem von Seiten Rufslands[50].

Bulgarien verpflichtete sich aufserdem nachdrücklichst gleich nach der Vereinigung motu proprio die Süzeränität auch fernerhin anzuerkennen und den ganzen rückständigen Tribut zu bezahlen[51].

Nach den siegreichen Kämpfen gegen Serbien[52] machte Bulgarien weitere Versöhnungsvorschläge an die Türkei. Diesmal führten dieselben zu einem allseitig befriedigenden Resultat, indem am 4. April 1886 das Konstantinopeler Protokoll[53] von der Türkei und den Mächten unterzeichnet wurde, wonach, ähnlich wie bei der Moldau und Walachei, eine „quasi Personalunion“ ausgesprochen wurde, d. h. der Fürst von Bulgarien zum Gouverneur der türkischen privilegierten Provinz Ost-Rumelien auf je 5 Jahre ernannt, nachdem der Fürst hinsichtlich Bulgariens neuerdings die Süzeränität des Sultans anerkannt hatte. Gleich darauf schlofs Bulgarien einen defensiven Allianzvertrag mit der Pforte ab[54].

Es hat mithin die Vereinigung mit Ost-Rumelien an dem rechtlichen Verhältnis Bulgariens zur Pforte nichts geändert, es ist auch damit der Berliner Vertrag in keiner Weise alteriert oder irgendwie modifiziert worden.

Von einer Erkämpfung der Unabhängigkeit kann man meines Erachtens doch nur sprechen einem Lande gegenüber, gegen

---

meilleure, ni sur un parchemin plus solide, que les nombreux actes internationaux, qui l'ont précédé et qui tous ont réglé, dans les limites de la prévoyance humaine, les conditions de paix sur lesquelles s'entendaient, rebus sic stantibus, les hautes parties contractantes. Il suit de là que, si la fidelité aux traités est un devoir pour chacune des parties contractantes envers toutes les autres, les traités les plus solennels n'ont pas cependant la valeur d'une loi divine éternelle, d'une barrière infranchissable, devant laquelle doivent s'arrêter la marche de l'histoire et le développement normal des peuples.“

49 Über die diplomatische Geschichte conf. Choublier, p. 223 sq.

50 Coulbault, Une phase de la question bulgare. R.G.D.J. III p. 513.

51 In einem Schreiben des bulgarischen Ministers des Auswärtigen vom 30. September 1885 an die Vertreter der Grofsmächte in Sophia erklärte Bulgarien, die Souveränität des Sultans — es war wohl Suzeränität gemeint — vollständig anzuerkennen. St.A. XLVI Nr. 8858.

52 Die diplomatische Korrespondenz, den Krieg betreffend, St.A. XLVI Nr. 8865 ff. Arch. dipl. 2ème Série XIII p. 21—59.

53 St.A. XLVII Nr. 8997.

54 St.A. XLVII Nr. 8933.

welches man gekämpft hat. Es wäre also in diesem Sinne höchstens von einer Unabhängigkeitserkämpfung Bulgariens gegen Serbien die Rede[55]. Der Krieg wurde aber doch nicht um Abhängigkeit und Unabhängigkeit geführt, sondern um die Erhaltung des uti possidetis auf der Balkanhalbinsel. Überdies hat Serbien weder vor noch nach dem Kriege einen Augenblick gezögert, Bulgarien als halbsouveränen Staat zu betrachten. Dafs Serbien nicht an die Türkei den Krieg erklärte, und dafs diese wieder nicht, wie ihre Pflicht gewesen wäre, Bulgarien unterstützt hatte, war eine Ausnahme von der Regel und lag in der exzeptionellen Stellung, die damals der Suzerän einnahm. Allerdings wäre es die Pflicht Serbiens gewesen, vor allem sich an den Suzerän zu halten und von ihm Beseitigung des rechtswidrigen Zustandes in Ostrumelien zu verlangen[56]. Die serbische Regierung hat zwar gleich nach der Kriegserklärung an Bulgarien eine Note an die Vertreter der Mächte in Belgrad gerichtet, in der die Versicherung abgegeben wurde, dafs die serbische Aktion keineswegs gegen die Suzeränität der Pforte gerichtet sei. Die Erhaltung des status quo war beider Interesse[57]. Als es zum Friedensschlusse kam[58], da hat Serbien de iure einen Frieden mit der Pforte geschlossen, indem die Türkei zwei Delegierte nach Bukarest entsandte, als ersten einen türkischen Pascha, als zweiten einen Bulgaren, der als zweiter türkischer Delegierter im Vertrage bezeichnet wird, und der von Despagnet[59] geradezu den Namen „délégué subalterne“ empfangen hat. Die bulgarische Regierung hatte bereits vor dem Frieden in mehreren Depeschen anerkannt, dafs Bulgarien wegen seines Abhängigkeitsverhältnisses zur Türkei nicht direkt mit dem Feinde unterhandeln könne[60].

[55] Übereinstimmend R.D.J. XXIV p. 147.

[56] Mit Recht bemerkt Choublier, p. 239: „Il y avait là une manque de formes répréhensible et en droit la Turquie eût été recevable à se plaindre d'une agression si soudaine contre ses vassaux. Mais en fait le Sultan était peu disposé à soutenir la Bulgarie rebelle et il pardonnait volontiers à la Serbie son incorrection à son égard, parce qu'en déclarant la guerre à la Bulgarie les Serbes agissaient en ‚soutiens de sa puissance‘ et se constituaient ses gensdarmes.“

[57] St.A. XLVI No. 8887.

[58] Martens Samwer, N.R.G. XIV, 284.

[59] A. a. O. p. 106.

[60] So z. B. in der Depesche vom 16. November 1885. St.A. XLVI Nr. 8892.

Der Friedensvertrag enthielt nichts über Bulgariens Stellung zu Serbien; es sollte, so hieſs es in dem einzigen Artikel, lediglich der Friede auf Grund des status quo ante zwischen Serbien und Bulgarien wiederhergestellt sein, mit anderen Worten: Serbien sollte keinen Gewinn, keinen Verlust aus dem Kriege ziehen, Bulgarien das bleiben, was es früher war.

Selbst die Tatsache zugegeben, was übrigens keineswegs unbestritten ist, daſs die Kriegführung nur souveränen Staaten gebühre, so folgt daraus höchstens eine Rechtswidrigkeit von seiten Bulgariens, die es selbst durch den Friedensschluſs Serbiens mit der Türkei anerkannt hat.

Wir können demnach auch den Versuch Rolin-Jacquemyns, die Souveränität Bulgariens auf diese Art zu beweisen, als miſslungen betrachten.

Andere Gesichtspunkte macht Sirmagieff geltend[61].

Mit Recht bemerkt er in seinen Erörterungen, daſs der Tribut an und für sich nicht genügt, um Halbsouveränität zu konstituieren[62]. Auch die Hinzufügung in Art. I „sous la suzeraineté du Sultan“ erscheint ihm nicht genügend für die Annahme derselben[63]. Wir haben bereits an einer früheren Stelle über die Bedeutung dieses Zusatzes gesprochen[64].

Sirmagieff faſst ihn, im Gegensatze zu uns, als irrelevant auf, einmal weil er in den Protokollen nicht erörtert, anderseits weil, selbst wenn Bulgarien ein Vasallenstaat wäre, Vasallität und Souveränität keineswegs miteinander unvereinbar sind[65].

Sirmagieff fällt hier — bei der Geschichte der Suzerä-

---

[61] A. a. O. p. 303 s.

[62] p. 306: „Les principes que nous avons posés, nous ont permis d'affirmer que le tribut n'est pas un signe de mi-souveraineté, s'il n'y a pas d'autres stipulations enlevant à l'État tributaire certains droits essentiels à sa complète souveraineté.“

[63] p. 307: „Le mot de suzeraineté, employé pour désigner ses relations avec la Sublime Porte, ne suffit pas pour lui enlever des attributs qui sont considérés comme essentiels à sa souveraineté.“

[64] Conf. supra, p. 41.

[65] p. 188 s., 307: „Le mot de suzeraineté, en raison de son origine, pourrait nous faire croire à une situation de vassalité. Mais ici encore, nous nous reportons à ce que nous avons dit à propos des États vassaux; on peut être un État vassal, sans cesser d'être souverain.“

nität werden wir darauf noch näher einzugehen haben[66] — in den alten Fehler zurück, den er selber des öfteren in seinen Ausführungen vermieden wissen will, dafs er lehensrechtliche Suzeränität mit der modernen verwechselt. Er führt als analoge Beispiele Neapel und die deutschen Territorien an[67].

Zugegeben, dafs auf eine rein grammatikalische Interpretation nicht allein Gewicht zu legen sei, selbst zugegeben, dafs dem Worte Suzeränität in Art. I eine materielle Bedeutung nicht zukomme, so kann man noch lange nicht auf Souveränität schliefsen.

Die weitere Argumentation Sirmagieffs zu Gunsten der Souveränität Bulgariens beschränkt sich auf folgendes: Das Bestätigungsrecht des Fürsten durch die Pforte und das Anerkennungsrecht der Grofsmächte sprechen nicht für eine Abhängigkeit Bulgariens, sondern sollen lediglich dauernde Zustände im Fürstentum schaffen[68]. Zur Bekräftigung dieser seiner Behauptung bezieht er sich ganz allgemein auf das Protokoll des Berliner Kongresses vom 24. Juni 1878, dem wir eine solche Interpretation nicht zu geben vermögen.

Unserer Meinung nach bedeutet das Bestätigungsrecht der Pforte unter Genehmigung der Mächte einen solchen Eingriff in die innere Autonomie, dafs man von Souveränität nicht sprechen kann. Es unterscheidet sich dieses Bestätigungsrecht rechtlich jedenfalls nicht viel vom Ernennungsrechte der Hospodare in der Moldau und Walachei, indem auch hier das Volk einen der Pforte und den Mächten genehmen Fürsten wählen mufs[69]. Die Mifslichkeiten der Wahl einer nicht genehmen Persönlichkeit haben sich doch bei der Wahl des Fürsten Ferdinand nur zu deutlich gezeigt. Es bedeutet ferner das Bestätigungsrecht nicht lediglich die Erfüllung des Berliner Vertrages, dafs nämlich kein Angehöriger der Herrscherfamilie einer Grofsmacht auf den Thron Bulgariens gelangen könne[70].

Den übrigen politischen Erwägungen Sirmagieffs werden

---

66 Conf. infra, § 15.

67 Sirmagieff, l. c. p. 188.

68 p. 308.

69 A. A. Sirmagieff, p. 309. Vgl. dagegen Despagnet, p. 105, der mit uns übereinstimmt.

70 Despagnet, l. c.

wir juristische selbstverständlich nicht entgegensetzen. Wollen wir dagegen mit politischen Erwägungen erwidern, so möchten wir unsere Auffassung in zwei Fragen scharf formulieren, deren Beantwortung wir allen Kennern der orientalischen Frage überlassen.

1. Welches war der Grund der Einberufung des Berliner Kongresses [71]?

2. War das Hauptziel des Kongresses, lediglich für die Wohlfahrt der Balkanstaaten zu sorgen oder vielmehr zu sorgen für die Erhaltung des Weltfriedens [72]?

Fügen wir noch hinzu, dafs völkerrechtlich Bulgarien als „partie intégrante" der Pforte angesehen wird [73], dafs die Kapitulationen auch fernerhin für Bulgarien, weil es eben ein halbsouveräner Staat ist, gelten [74], dafs der Fürst von Bulgarien nicht Souverän im Sinne des Völkerrechtes ist [75], und dafs endlich der Berliner Vertrag bis jetzt keine Veränderung de iure erfahren hat, so glauben wir wohl berechtigt zu sein, die Souveränität zu negieren, Halbsouveränität anzunehmen. „Or pour qui examine la question sans parti pris, ce qui n'est pas toujours le cas de ceux qui l'ont exposée, il est hors de doute que la Bulgarie n'est qu'un État mi-souverain" [76]. Wir schliefsen uns diesen Ausführungen vollkommen an.

Hachenburger [77] will aus der Formulierung des Art. VIII des Berliner Vertrages: „Les traités de commerce et de navigation ainsi que toutes les conventions et arrangements conclus entre les puissances étrangères et la Porte et aujourd'hui en vigueur, sont maintenus dans la principauté de Bulgarie, et

---

[71] Die beste Antwort gibt unseres Erachtens darauf die Einleitung zum Berliner Vertrage.

[72] Ich erinnere an die berühmte, vielbesprochene und auch vielfach angefeindete Erklärung des Fürsten Bismarck: Der Berliner Kongrefs sei nicht dazu da, um für das Glück Bulgariens zu sorgen.

[73] Daher findet Bulgarien auch in der Donaukommission keine eigene Vertretung. Vgl. Art. 53 des Berliner Vertrages.

[74] Merignhac, Les capitulations et l'incident franco-bulgare. R.D.J. XXIV (1892) p. 159.

[75] Deutsches Reichsgericht. Entscheidungen des Reichsgerichts in Strafsachen, Bd. XXII (1892) p. 141.

[76] Despagnet, p. 105.

[77] A. a. O. p. 31—34.

aucun changement n'y sera apporté à l'égard d'aucune puissance, avant qu'elle n'y ait donné son consentement," die exzeptionelle Stellung Bulgariens, den essentialen Unterschied gegenüber den Donaufürstentümern, sowie die Möglichkeit, völkerrechtliche Verträge zu schliefsen, sehen[78].

In der Tat sprechen auch die Bestimmungen der Konvention vom 19. August 1858 Art. VIII[79] die Gültigkeit der türkischen Verträge für Vergangenheit, Gegenwart und Zukunft mit der gröfsten Deutlichkeit aus, ebenso auch Art. XX des Berliner Vertrages bezüglich Ostrumeliens: „Les traités, conventions et arrangements internationaux de quelque nature qu'ils soient conclus ou à conclure, entre la Porte et les puissances étrangères, seront applicables dans la Roumelie orientale, comme dans tout l'Empire ottoman."

Wir vermögen indes diese extensive Interpretation des Art. VIII al. 4 im Anschlusse an die meisten Schriftsteller nicht anzunehmen, weil sonst in dem erwähnten Artikel unbedingt darüber etwas Näheres hätte stehen müssen. Die Mächte haben vielmehr unseres Erachtens für die Zukunft nicht Vorsorge treffen wollen, weil sie zuerst eine nähere Regelung zwischen Bulgarien und der Pforte über alle wichtigen Fragen abwarten wollten. Der zweite Absatz desselben Artikels läfst ihnen ja gegen jegliche Abmachungen zwischen der Pforte und Bulgarien freie und offene Hand[80].

Aufserdem haben sich die Mächte in der Folgezeit des öfteren auf mit der Türkei abgeschlossene Verträge Bulgarien gegenüber bezogen und dieses völkerrechtlich, wie bereits mehr-

---

[78] p. 33: „Ce texte consacre donc entre la situation de la Bulgarie et celle où se trouvaient la Roumanie et la Serbie avant leur emancipation une différence essentielle."

[79] Art. VIII i. f.: „Comme par le passé, les traités internationaux, qui seront conclus par la Cour suzeraine avec les puissances étrangères, seront applicables aux Principautés dans tout ce qui ne porterait pas atteinte à leurs immunités." Martens, N.R.G. XVI, 2 p. 52.

[80] Art. VIII al. 4: „Les immunités et priviléges des sujets étrangers ainsi que les droits de jurisdiction et de protection consulaires tels qu'ils ont été établis par les capitulations et les usages resteront en pleine vigueur tant qu'ils n'auront pas été modifiés du consentement des parties intéressées."

mals hervorgehoben, als integrierenden Bestandteil der Pforte angesehen.

Wir sind demnach genötigt, auch die These Hachenburgers abzulehnen[81].

Allgemein ist es von der Wissenschaft und Staatenpraxis anerkannt, dafs Ostrumelien nichts weiter als eine privilegierte Provinz der Pforte sei[82]. Die Auffassung, dafs Ostrumelien ein halbsouveräner Staat sei, würde nicht einer juristischen, sondern lediglich einer politischen, tendenziösen Betrachtungsweise entspringen, auf die einzugehen hier nicht der Ort ist.

§ 5. Samos[1].

Bis auf den heutigen Tag hat Samos, die Insel des Archipelagus, die Privilegien behalten, welche in einer Note der Pforte an die Grofsmächte Frankreich, England und Rufsland vom 10. Dezember 1832[2] aufgezählt werden und durch einen Firman vom Jahre 1834[3] auch wirklich verliehen wurden.

Im Frieden von Bukarest (1812) ist bereits bei der Regelung der Lage Serbiens auf die Privilegien der Inseln des Archipelagus verwiesen worden[4].

Diejenige Insel, welche mit Hilfe der Mächte die meisten Vorteile erhielt, war Samos.

Um nun zu zeigen, dafs Samos, selbst durch den Firman vom Jahre 1834, kein halbsouveräner Staat — wie vielfach be-

---

[81] Für die Halbsouveränitat Bulgariens alle juristischen Schriftsteller, mit Ausnahme dieser vier.

[82] Die Stellung Ostrumeliens ist geregelt durch Art. 13—21 des Berliner Vertrages. R.D.J. XIII p. 580 (Bluntschli), XXIV p. 369 ff. (Engelhardt), idem, Les protectorats p. 61, Despagnet, p. 101, und fast alle Lehrbücher des Völkerrechtes. Bluntschli, a. a. O., spricht von einer de facto-Halbsouveränität; vgl. auch Martens, Völkerrecht, I p. 258.

[1] Eine kurze Geschichte gibt Holland, The European Concert in the Eastern Question, London 1885.

[2] Holland, p. 74. Testa, Recueil des traités de la Porte Ottomane avec les puissances étrangères, tome II p. 399—405. Aristarchi Bey, Législation Ottomane II p. 145.

[3] Holland, p. 76.

[4] Conf. supra p. 26.

hauptet[5] — geworden ist, genügt es meines Erachtens, die einschlägigen Bestimmungen dieses Firmans anzuführen.

Die Selbstverwaltung dieser Insel war folgendermafsen geregelt:

Die Regierung von Samos soll in den Händen einer eingeborenen Versammlung ruhen, deren Vorsitzender — stets ein Christ — von der Pforte mit dem Titel eines Fürsten ernannt wird. Bei Antritt seiner Stellung soll ihn stets ein türkischer Beamter begleiten und über die politische Lage der Samier nach Konstantinopel Bericht erstatten[6]. Das Einkommen des Fürsten soll bestehen aus dem Erlös für die Erteilung von Schiffspässen[7].

Samos darf keine Truppen halten[8], und der Tribut wird jährlich auf 400000 Piaster festgesetzt[9].

Nach jeder Wahl müssen sich die Deputierten von Samos nach Konstantinopel begeben, um dem Sultan den Ausdruck ihrer Ergebenheit und Dankbarkeit zu übermitteln[10].

Der Bischof von Samos wird vom Patriarchen zu Konstantinopel ernannt[11].

Die Mehrzahl der Völkerrechtslehrer steht bezüglich der Annahme der Nichtsouveränität von Samos auf unserer Seite[12].

§ 6. Kreta[1].

Selbst die neueste Gestaltung der Dinge auf dieser so unruhigen Insel hat in der rechtlichen Stellung zur Türkei keine

---

[5] So vor allem Calvo, Droit international, I p. 204.

[6] Art. 2—3.

[7] Art. 4.

[8] Art. 5. Zur Verhütung von Streitigkeiten zwischen Christen und Mohammedanern.

[9] Art. 5: „Les Samiens payeront directement à la Sublime Porte en tout et par tout un kharadj annuel de 400000 piasters.“

[10] Art. 6.

[11] Art. 8.

[12] Engelhardt, R.D.J. XX. Despagnet, p. 107. Martens, Völkerrecht, I p. 260.

[1] Die Literatur ist nicht klein. Vor allem machen wir aufmerksam auf die ausführliche Entwickelungsgeschichte der ganzen kretischen Angelegenheit von G. Streit, La question crétoise au point de vue du droit international. R.G.D.J. IV p. 61—104 et p. 446—483 et un exposé résumé de J. L. Deloncle dans la Revue encyclopédique, 1897, p. 345 sq. Ferner

Änderung gebracht. Sie hat nur der Insel, die bereits zur selben Zeit wie Samos gewisse Privilegien besafs[2], eine Reihe neuer hinzugefügt, nachdem sich die Regelung der rechtlichen Stellung durch Art. 23 des Berliner Vertrages[3] nicht als befriedigend erwiesen hatte.

Wie die Dinge heute stehen, hat Kreta die Schwesterinsel Samos in Bezug auf Privilegien bei weitem überholt; seine Stellung ist der Ostrumeliens analog.

Völkerrechtlich kommt daher auch sie nicht in Betracht, und erst recht gilt dies auch für die übrigen Inseln des Archipels.

Sache des türkischen Staatsrechtes ist es daher, alle Bestimmungen über diese Inseln zu geben.

Zweiter Abschnitt.
Mohammedanische Vasallenstaaten.

§ 7. Allgemeines.

Bande der Religion sind es, welche bis jetzt eine Trennung der mohammedanischen Vasallenstaaten von der Türkei verhindert haben[1].

Die Vorschriften des Korans üben eine tiefgreifende Wirkung

M. de S. G., La guerre de 1897. R.D.J. XXX p. 25—87 et p. 324—374. Vgl. ferner Choublier, La question d'Orient 1899, p. 316—353; Monicault, Le traité de Paris 1898, p. 227—253. R.G.D.J. VII (1900) p. 5—52. Fortsetzung folgt (Streit).

[2] Streit, a. a. O. p. 65. Das Protokoll der Konferenz vom 20. Februar 1830 zwischen England, Frankreich und Rufsland, in welchem die Forderungen der Inseln festgestellt werden, ist abgedruckt bei de Clercq, Recueil des traités de la France, tom. III p. 564, und Holland, European concert in Eastern question, p. 70 ff.

[3] Art. XXIII al. 1: „La Sublime Porte s'engage à appliquer scrupuleusement dans l'île de Crète le règlement organique de 1868, en y apportant les modifications qui seraient jugées équitables.“ Das organische Statut vom 8./20. Januar 1868 ist abgedruckt im englischen Blaubuch 1868, p. 67, und Holland, a. a. O. p. 77. Daselbst, p. 83, ist auch der Firman vom November 1878, welcher auf Grund des Art. 23 erlassen wurde, abgedruckt.

[1] Jellinek, Staatenverbindungen, p. 152.

auf das gesamte staatliche und gesellschaftliche Leben der Mohammedaner. Die Zusammengehörigkait aller mohammedanischen Staaten ist durch ihn bedingt [2].

Alle Aufstände Ägyptens in der neueren Zeit entsprangen zum Beispiel nicht dem Drange nach Trennung von der Türkei, vielmehr wollte der religiöse Fanatismus das grofse und mächtige Osmanenreich früherer Jahrhunderte, vom jungen, aufstrebenden Ägypten aus, wiederherstellen [3].

Keine Religion ist eine so geeignete Staatsreligion wie die mohammedanische; nicht eine Religion weist gröfsere Verschiedenheiten zur anderen auf wie der Islam zum Christentum. Die geringe Zusammengehörigkeit der christlichen sogenannten Vasallenstaaten zur Pforte, ihre zentrifugalen Bestrebungen kann man nur richtig würdigen, wenn man seine Aufmerksamkeit auf die religiösen Gegensätze lenkt.

Die Betrachtung sogenannter christlicher und der mohammedanischen Vasallenstaaten, die beide den Teil des Gesamtverhältnisses „Halbsouveränität“ bilden, welchen wir als halbsouveränen Staat bezeichnen, hat deshalb getrennt vor sich zu gehen [4]. Es sind eben zwei Spezies eines und desselben Genus.

Zwar finden sich gewisse gemeinsame Anhaltspunkte bei beiden Arten der Halbsouveränität, ihre gegenseitige Vergleichung trägt zum Verständnisse beider Verhältnisse bei, aber immer wieder gelangt man an einen Punkt, wo man sich die Frage stellen mufs: Wie ist es möglich, dafs man hier schon von einem halbsouveränen Staat sprechen kann, wie, dafs man dort nicht von einer Provinz spricht?

Die Antwort auf diese Fragen lautet immer wieder: Reli-

---

[2] Eine vortreffliche Würdigung des Einflusses des Korans auf das Staatsleben, sowie seiner Duldsamkeit anderen Religionen gegenüber, trotz prinzipieller Unduldsamkeit, im Gegensatze zu christlicher Unduldsamkeit trotz prinzipieller Duldsamkeit, gibt von Schack, Poesie und Kunst der Araber in Spanien und Sizilien, Bd. II, 2. Aufl., p. 311, zitiert von Heilborn, Das völkerrechtliche Protektorat, p. 16. Über den Einflufs der Religion aufs Völkerrecht Rivier, Lehrbuch, § 27 p. 202.

[3] Driault, Question d'Orient, p. 141.

[4] Übereinstimmend: Jellinek, a. a. O. p. 147, 150. Ullmann, Völkerrecht, p. 51.

giöse Zusammengehörigkeit, religiöse Verschiedenheit erklären diese Anomalien[5].

Die christlichen sogenannten Vasallenstaaten des näheren ins Auge zu fassen ist ja vor allem unsere Aufgabe. Die mohammedanischen wollen wir demnach nur in rechtsvergleichender Weise zur Darstellung bringen. Gleichheit und Verschiedenheit dieser Art und jener Art der Halbsouveränität soll uns beschäftigen.

Auf eine genaue Untersuchung der einzelnen Verträge, vor allem der vielen Firmane, welche an diese Staaten erlassen wurden, müssen wir verzichten, zumal da ja ihre Texte nur schwer zugänglich sind.

§ 8. Ägypten[1].

Der wichtigste mohammedanische halbsouveräne Staat der Pforte ist Ägypten.

Die Entwickelungsgeschichte ist dieselbe wie die der Donaufürstentümer. Bis zum Jahre 1840 war Ägypten einfache Provinz.

Durch die glücklichen Aufstände Mehemet Alis mufste sich die Pforte zu einer Reihe von Privilegien bequemen, die von den Mächten in einer Separatakte zur Londoner Konferenz vom 15. Juli 1840 näher festgesetzt wurden[2].

Der erste Firman wurde in diesem Sinne am 13. Februar

---

[5] Der Einflufs der Religion aufs Staatsleben zeigt sich in so hohem Grade, dafs sogar der Sultan über die entlegenen Suluinseln eine Autorität ausübt. Nach den Zeitungsmeldungen (1898) soll der Sultan der Türkei Mekkapilgern aus dem Sululande empfohlen haben, sich den Amerikanern zu unterwerfen, — ein Rat, den dieselben auch tatsächlich befolgten. Die Suluinseln standen bekanntlich vor dem spanisch-amerikanischen Kriege unter der Suzeränität Spaniens. Vgl. unten p. 70.

[1] Eine ausführliche geschichtliche Darstellung gibt Driault, La question d'Orient, p. 134—167. Ferner Holland, The European concert in Eastern Question, p. 89 ff.; Beach-Lawrence, Commentaire, I p. 256 ff.; Jellinek, a. a. O. p. 150, 151; Despagnet, p. 110—116; Gairal, p. 113 n. 2. R.D.J. XIV p. 355 (Martens). R.G.D.J. III p. 291 ff. (*,*,*). L'Égypte et les firmans. Pischel, a. a. O. p. 59. Hesse, Die staatsrechtliche Beziehung Ägyptens zur Hohen Pforte auf Grund der Firmane, Berlin 1897 (nicht erhältlich). Die einzelnen Firmane sind abgedruckt bei Holland, p. 101 s. St.A. XL p. 297—355.

[2] Holland, p. 93; auch in Martens, N.R.G. I p. 156.

1841 erlassen und durch den Firman vom 1. Juni desselben Jahres[3] reproduziert und ergänzt.

Ägypten wird dadurch zu einer nach Primogeniturordnung erblichen Statthalterschaft gemacht und die Nachfolge im Falle des Aussterbens des Mannesstammes vom Sultan in ausführlicher Weise geregelt. Bei den Donaufürstentümern wurde erst allmählich und ungerne die Erblichkeit der Fürsten anerkannt. Alles Weitere über die Thronfolge zu bestimmen, war aber nicht Sache des Sultans, sondern der einzelnen Länder[4].

Alle Verträge der Pforte haben auch bindende Kraft für Ägypten, eine selbstverständliche Bestimmung, die natürlich auch bei den Donaufürstentümern vorkam.

Die gesamte Erhebung der Steuern und aller übrigen Einkommen hat im Namen des Sultans zu geschehen. Aufser den gewöhnlichen Zöllen ist noch ein Tribut zu entrichten.

Ähnlich verhielt es sich in den Donaufürstentümern nach dem Frieden von Bukarest (1812)[5].

Das Münzprägungsrecht wird dem Statthalter eingeräumt; nur müssen die Münzen den Namenszug des Sultans auf dem Reverse tragen und türkischen Münzen ähnlich sein.

Die Zahl der Truppen wird auf 18000 festgestellt, und ein Kontingent von 400 Mann soll jährlich abwechselnd in Konstantinopel garnisonieren, ein Zeichen der Zusammengehörigkeit.

Serbien war an eine bestimmte Truppenzahl nie gebunden, Bulgarien ebenfalls nicht; Rumänien mufste sich dagegen eine solche Beschränkung auferlegen lassen[6].

Das Heer wird bei allen Donaufürstentümern als Miliz bezeichnet, um seinen rein defensiven Charakter zu kennzeichnen[7].

---

[3] Holland, p. 110. Martens, N.R.G. XVIII p. 490.

[4] Conf. p. 47. Investiturfirman an den Fürsten Milosch vom 3. August 1830. Vgl. dagegen Investiturfirman an den Fürsten Alexander Karageorgewitsch, dem die Erblichkeit des Thrones nicht gewährt wurde.

[5] Conf. p. 25.

[6] Firman vom 30. Oktober 1866. Neumann, Recueil, 2. S. tom. XII p. 819. Es durfte nicht mehr als 30000 Mann haben. Diese Bestimmung wurde indes niemals genau innegehalten.

[7] Jellinck, p. 149: „Theoretisch ist der Zweck des Heeres die Aufrechterhaltung der inneren Ordnung und die Defensive; faktisch war und ist es bestimmt, seine Feuerprobe im Kampfe mit den Truppen des Oberherrn zu bestehen.“ Vgl. Art. 26 des Pariser Vertrages (1856).

Das ägyptische Heer soll sich vom türkischen in nichts unterscheiden. Offiziersrang, Uniform, Flagge sollen dieselben sein.

Das Ernennungsrecht bis zum Obersten steht dem Khedive zu; für die höheren Chargen ist Genehmigung des Sultans erforderlich. Alle diese Bestimmungen kommen bei den Donaufürstentümern nicht vor[8].

Ohne Erlaubnis des Sultans darf der Statthalter keine Kriegsschiffe bauen. Die erbliche Statthalterschaft ist durch die Erfüllung all dieser Verpflichtungen bedingt.

Wir haben es für nötig erachtet, die einzelnen Bestimmungen dieses Firmans vorzuführen, um damit zu zeigen, daſs hier nur von einer privilegierten Provinz die Rede sein kann. Die meisten Schriftsteller erblicken dagegen nämlich bereits in diesem Firman die Halbsouveränitat Ägyptens[9].

Indes ist diese Auffassung unseres Erachtens nicht zutreffend, weil ja dieser Firman nur der Anfang zur Weiterentwickelung war, und vor allem weil ja durch diesen Firman keineswegs noch die administrative Autonomie in complexu gewährt wurde[10]. Eine solche erfolgte vielmehr erst durch den Firman von 1873.

Die wichtigsten nachfolgenden Firmane sind die vom 26. Mai 1866[11], wo frühere Bestimmungen über die Thronfolgeordnung eine Änderung erfahren, und wo der Tribut erhöht wird. Durch den Firman vom 8. Juni 1867[12] hat Ägypten einen bedeutenden Schritt zur Halbsouveränität gethan, indem vom Sultan dem Khedive das Gesetzgebungsrecht verliehen wurde und das Recht, „nicht-politische“ Verträge mit anderen Staaten zu schlieſsen. Von da an kommt erst Ägypten völkerrechtlich in Betracht. Den Abschluſs der Entwickelungeschichte zur Halbsouveränität bildet aber das Jahr 1873, wo in einem Firman vom 8. Juni

---

[8] Die Türkei machte allerdings auch für Serbien den Anspruch, die höheren Chargen über den Oberst hinaus ernennen zu dürfen; allein Serbien ging darauf nicht ein, und lange Zeit war die höchste Charge in Serbien eben der Oberst!

[9] Despagnet, p. 112. Martens, l. c. p. 355. Bonfils, p. 102. Vgl. dagegen die richtige Auffassung bei Jellinek, p. 150. R.G.D.J. III p. 294.

[10] Vgl. darüber dogm. Teil, § 19. e.

[11] Holland, p. 114.

[12] Holland, p. 118; N.R.G. XVIII p. 242.

alle bisherigen Privilegien, enthalten[13] in den Firmanen von 1865, 1866, 1867, 1869, 1872, zusammengefaſst werden.

Dieser Firman ist das Grundgesetz des halbsouveränen Staates Ägypten. Die wichtigsten Bestimmungen desselben sind:

Die Nachfolge nach Primogeniturordnung wird von neuem bestätigt. Neue Bestimmungen über eine etwaige Regentschaft werden hinzugefügt.

Die zivile und finanzielle Administration, d. h. also die administrative Autonomie, wird dem Khedive zu eigenem Rechte[14] übertragen. Das Recht, nicht-politische Verträge zu schlieſsen, wird von neuem gewährt, auch das Recht, Anleihen aufzunehmen, ohne Erlaubnis der Pforte, Ägypten eingeräumt. An eine bestimmte Höhe seines Heeres ist der Khedive nicht mehr gebunden.

Das Münzrecht wird unter denselben Bedingungen wie früher gewährt. Das Recht, eine eigene Flagge zu führen, die höchsten Chargen im Heere zu ernennen, steht auch jetzt dem Khedive nicht zu.

Ebenso darf er ohne Genehmigung keine Kriegsschiffe bauen.

Bei der Errichtung gemischter Tribunale 1875 wurde, da ja prinzipiell dieses Recht Ägypten zustand, die französische Gesetzgebung daselbst eingeführt.

Nunmehr besaſs Ägypten die administrative Autonomie in complexu in vollem Umfange, sowie das Recht, im Völkerrechte handelnd aufzutreten[15].

In welchem Verhältnisse stehen nun die Rechte und Pflichten Ägyptens zu denen der Balkanstaaten?

---

[13] Holland, p. 121.

[14] Über eigenes Recht vgl. dogm. Teil, § 19. f.

[15] Der Verfasser in der R.G.D.J. III p. 301 will auch jetzt nicht die Halbsouveränität Ägyptens anerkennen, weil der Khedive die ihm gewährten Rechte nicht persönlich und nicht zu eigenem Recht (gemeint ist wohl „kraft eigenen Rechtes") genieſst. Auſserdem fordert er zur Halbsouveränität ein zum mindesten teilweises Entäuſsern von Souveränitätsrechten. Eine ganz falsche Vorstellung! Wir hoffen, daſs sie durch unsere dogmatische Darstellung ihre Widerlegung finden wird. „Il suffit de lire avec quelque attention le firman de 1873, pour se convaincre, que le Sultan n'a pas entendu abandonner au Khédive ses droits souverains sur l'Égypte, qu'il a simplement entendu lui en déléguer l'exercise." Das ist ja eben Halbsouveränität!

Das Mandatsverhältnis in den ersten Anfängen der Entwickelungsgeschichte Ägyptens ist deutlich sichtbar, die Widerruflichkeit wird oftmals betont, und es sind Beispiele vorhanden, wo in einem Firman ein Privileg gegeben, im anderen wieder genommen wird, und umgekehrt[16]. Selbst als die Privilegien in Form der Übertragung zu eigenem Rechte, als „unwiderruflich“ verliehen wurden, hat der Sultan durch nachfolgende Privilegien frühere aufgehoben oder verändert[17].

Bei den christlichen halbsouveränen Staaten wurde dieses Recht des Widerrufes nie betont und nie ausgeübt, nicht einmal vor dem Pariser Kongresse, weil ja die Stellung zur Pforte durch völkerrechtliche Verträge garantiert war[18]; vor 1856 war es die Garantie Rufslands, nachher die Kollektivgarantie der Mächte. Zu den begrifflichen Erfordernissen gehört indes die Frage der Widerruflichkeit nicht. Der Einflufs der Türkei auf die ägyptische Armee wäre bei den Balkanstaaten unmöglich; man würde da nicht mehr von Halbsouveränität sprechen können.

Kein Münzprägungsrecht ist für die christlichen halbsouveränen Staaten, wie bizarr es auch klingen mag, ein gröfseres Recht als das bedingte Münzprägungsrecht Ägyptens mit dem Namenszuge des Sultans. Hier zeigt sich so recht eigentlich der von uns erwähnte Einflufs der Religion, mithin die Notwendigkeit eines anderen Mafsstabes. Dieser religiöse Einflufs gibt sich auch kund bei der Ernennung der höchsten geistlichen Beamten, die durch den Sultan erfolgt, und bei den Ordensauszeichnungen. Ägypten besitzt keine wie die anderen christlichen Vasallen-

---

[16] Firman vom 27. Mai 1866, modifiziert die Thronfolgebestimmungen des Firmans von 1841; ferner die verschiedenen Firmane, wo die Höhe des Tributes verschieden bestimmt wird (Holland, p. 110, 114).

[17] Nach dem Firman vom 29. November 1869 darf der Khedive keine Anleihen aufnehmen ohne Genehmigung des Sultans; im Khat vom 25. September 1872 dagegen darf er es, während er es wieder nach dem Investiturfirman vom 2. August 1879 nicht darf (Holland, p. 118, 120, 127). Die Investiturfirmane von 1878 an Tewfik Pascha, sowie der vom 27. März 1892 an Abbas Pascha weisen, verglichen mit dem Firman von 1873, ganz bedeutende Beschränkungen auf.

[18] Übereinstimmend Jellinek, a. a. O. p. 150, der sich aber meines Erachtens infolge seiner Definition des eigenen Rechtes zu strikte an das Wort „unwiderruflich“ der Firmane hält.

staaten, vielmehr wird eine gewisse Anzahl von türkischen Orden jährlich dem Khedive zur Verfügung gestellt[19].

Die Okkupation Ägyptens durch England seit 1882 hat die rechtliche Stellung dieses Landes zur Türkei nicht beeinflußt, und dies wird selbst vom Okkupanten anerkannt[20].

Immerhin ist die Möglichkeit einer Komplikation der Rechtsstellung Ägyptens durch eine etwaige Anerkennung der Okkupation Englands gegeben. Die rechtliche Beurteilung dieser zwiefachen Stellung müßte nach der Analogie derjenigen der Donaufürstentümer zu Rußland und zur Türkei bis 1856, Annams zu China und Frankreich, Tunis' zur Türkei und Frankreich erfolgen.

§ 9. Barbareskenstaaten[1] (Algier, Tripolis, Tunis).

1. Algier.

1520 gab der damalige Fürst Chaireddin Algier dem Sultan zum Lehen.

Der Sultan übte auch bis zum Jahre 1710 seine lehensherrlichen Befugnisse in ausgedehntester Weise aus. Durch Erteilung von bedeutsamen Vollmachten an den Pascha blieb der Sultan bloß dem Namen nach auch weiterhin Lehensherr. Diese nominelle Lehensherrlichkeit fand ihr Ende durch den Krieg Algiers mit Frankreich von 1830 und die nachfolgende Annexion.

Die meisten Lehrbücher des Völkerrechtes erwähnen diesen früheren Vasallenstaat der Pforte nicht mehr.

2. Tripolis.

Tripolis ist seit 1835 in eine rein türkische Provinz verwandelt worden, in welcher der Statthalter nach Belieben vom Sultan ein- und abgesetzt wird.

---

[19] Nach einer persönlichen Mitteilung.

[20] Die Stellung Englands zu Ägypten wird ausführlich erörtert. R.G.D.J. III p. 305—313 (***). Engelhardt, Les protectorats, p. 66—70. Despagnet, Essai sur les protectorats, p. 113, ibid. von ihm zitiert Plauchut, L'Égypte et l'occupation anglaise, Revue des Deux Mondes 1er et 15 décembre 1888 et 1er et 15 janvier 1889. Weitere Literaturangaben bei Bonfils, Manuel de droit international 1901, p. 104 n. 1.

[1] Heffter-Geffcken, § 19 p. 50 n. 8 (G.). Travers Twiss, I, 92.

3. Tunis[2].

Auch Tunis stand wie die beiden anderen Barbaresken-staaten in einem lehensrechtlichen Abhängigkeitsverhältnisse zur Pforte. Bei jeder neuen Thronbesteigung wurde ein Tribut an die Pforte entrichtet, und der Bey wurde durch Investitur Firman bestätigt[3].

Tunis schloſs selbständig Verträge mit fast allen Mächten, und seit 1859 kümmerte es sich nicht mehr um die Stellung zur Türkei.

1871 wurde ihm jedoch ein Firman wieder aufoktroiert mit wesentlichen Beschränkungen seiner Souveränitätsrechte, und 1875 erkannte Tunis freiwillig die Suzeränität der Pforte wieder an.

Völkerrechtlich wurden auch im vorigen Jahrhundert die Barbareskenstaaten als Bestandteile der Türkei betrachtet, und die Mächte wandten sich öfter wegen der Seeräubereien in den marokkanischen Gewässern an die Pforte, und letztere gab auch ihre Verantwortlichkeit in mehreren Verträgen, wie z. B. im Vertrage von Belgrad 1789, Sistowo 1791, Jassy 1792, Akkerman 1826, zu[4].

Gegen den Protektoratsvertrag zu Kasr Said, der von Frankreich Tunis 1881 aufgenötigt wurde, hatte die Pforte zu wiederholten Malen ausdrücklichsten Protest erhoben[5].

---

[2] R.D.J. XIII (1881) p. 331—341 (Engelhardt), der auch die Suzeränität der Pforte leugnet. Jellinek, p. 151; Heilborn, a. a. O. p. 76; Martens, Völkerrecht, I § 61; Despagnet, p. 196—203, der auch zur Leugnung der Suzeränität der Pforte gelangt; Lawrence, I p. 257; Bonfils, p. 97, daselbst ausführliche Literaturangaben n. 1.

[3] Heilborn, a. a. O. p. 78. A. A. Jellinek, der anführt, daſs kein Tribut gezahlt werde. Wenn auch zwar der Tribut nicht alljährlich entrichtet wurde, so kann man doch von einem solchen unseres Erachtens auch hier bei Tunis sprechen, wofern er nur periodisch bei Eintritt eines gewissen Ereignisses zu entrichten war, entsprechend dem lehensrechtlichen laudemium. Engelhardt und Despagnet, p. 203, sind der Ansicht, daſs der Tribut lediglich als religiöse Gabe an das Haupt des Islams zu entrichten wäre, — eine Auffassung, die uns aber zu eng erscheint. Bulmerincq, Völkerrecht p. 193, führt Tunis als Beispiel eines tributären souveränen Staates an. Die Fehler sind offensichtlich!

[4] Heffter-Geffcken, loc. cit.

[5] Über die diplomatische Korrespondenz vgl. St.A. XXXIX p. 37—122, vor allem aber das Rundschreiben des türkischen Ministers des Auswärtigen

Beide Arten der Abhängigkeit sind denn auch in der Tat miteinander schwer vereinbar, indem auf der aktiven Seite eine Teilung von Rechten nicht gut möglich ist, auf der anderen Seite es nicht gut angeht, zwei Herren zu dienen.

Wie die Dinge heute stehen, kann man wohl sagen, dafs das Protektorat die Halbsouveränität absorbiert habe.

Der Abschlufs des Protektorates war aber jedenfalls ein völkerrechtswidriger und stand nicht viel hinter der Okkupation Ägyptens durch die Engländer zurück.

Die Abhängigkeit aller Barbareskenstaaten hatte vorwiegend ihren Grund in der religiösen Zusammengehörigkeit mit der Pforte, wie denn in den Tunesischen Moscheen Gebete für den Sultan abgehalten wurden und ähnlich wie in Bosnien noch abgehalten werden. Mohammed-es-Sadok, der die politische Abhängigkeit von der Türkei nicht anerkennen wollte, erklärte einmal dem französischen Geschäftsträger in Tunis: „Je reconnais l'autorité du Sultan comme les catholiques reconnaissent celle du pape: rien de plus.“ [6]

Dritter Abschnitt.

Andere von der Wissenschaft als „halbsouverän“ bezeichnete Staaten.

§ 10. Krakau, Ionische Inseln, Andorra, San Marino, Monaco.

Alle diese Miniaturverhältnisse haben entweder nur rein historisches Interesse oder aber, man wird es ruhig aussprechen dürfen, nur lokale Bedeutung.

Wir führen sie nur deshalb an, um an ihnen die im dogmatischen Teile zu besprechende begriffliche Verwirrung zwischen den einzelnen Abhängigkeitsverhältnissen zu zeigen [1]. Eine ausführliche Schilderung gehört unseres Erachtens nicht zur Aufgabe einer modernen völkerrechtlichen Arbeit.

---

an die Botschafter, in welchem die Pforte Beweise für ihre Souveränität über Tunis anführt, Nr. 7473. Vgl. dagegen Nr. 7472.

[6] Zitiert von Despagnet, a. a. O. p. 203.

[1] Dogm. Teil § 18.

Sowohl die Republik Krakau wie die Ionischen Inseln[2] sind Schöpfungen des Wiener Kongresses und werden in den Verträgen als völlig freie, unabhängige Staaten nur bezeichnet[3]. Die Schutzmächte bei Krakau[4], England bei den Ionischen Inseln[5] behielten sich so grofse Einmischungsrechte in die inneren Angelegenheiten vor und übten sie in der Folgezeit auch tatsächlich in einem Mafse aus, dafs kaum von einer Halbsouveränität, geschweige denn von einer Souveränität die Rede sein kann.

Immerhin gibt es Schriftsteller, die beide Länder zu den vollsouveränen Staaten zählen[6], andere betrachten sie als halbsouveräne Staaten im Sinne von sogenannten Vasallenstaaten[7], dritte erblicken ein Kollektivprotektorat[8] im modernen Sinne, endlich gibt es auch solche, die einen Unterschied zwischen Protektion und Protektorat aufstellen[9] und Krakau, sowie die Ionischen Inseln als Protektionsstaaten bezeichnen. Die subtile Unterscheidung soll in dem vertraglichen Verhältnis auf der einen und der Auferlegung auf der anderen Seite bestehen.

Einige wenige, die Theorie und Praxis in Einklang zu bringen suchen, finden in diesen sogen. Staaten nichts anderes

---

[2] Wheaton, Histoire des progrès du droit des gens, II p. 128–132. Beach-Lawrence, Commentaire, I p. 225—231. Wheaton, Éléments, II p. 298 s. Phillimore, I p. 100 s. (Ionische Inseln). Jellinek, St.V. p. 128 ff. Despagnet, p. 73—77. Sirmagieff, p. 191. R.D.J., XXV p. 463 ff. (Krakau), p. 49 ff. (Ionische Inseln) (Engelhardt). Dandolo, Le protectorat anglais aux îles Ioniennes, Paris 1861, zitiert von Sirmagieff, Engelhardt, a. a. O. p. 168—180, 116—125, 125—132, 102—105, 94—101.

[3] Wiener Kongrefsakte, Art. 6, für Krakau. Protokoll 44 vom 4. Juni 1815 des Wiener Kongresses und Pariser Vertrag vom 5. November 1815.

[4] Wiener Kongrefs, Art. 9. Sogar die Verfassung Krakaus vom 3. Mai 1815 war nur von den Vertretern der Schutzmächte unterschrieben. Conf. Pölitz, Europ. Konstit., III p. 48, zitiert von Jellinek, p. 128; ferner das Abkommen zu Teplitz 1836.

[5] Verfassung vom 29. Dezember 1817. Die Hauptpunkte angegeben bei Wheaton, Éléments, I p. 46, und Phillimore, I p. 102; vollständig abgedruckt Martens, N.R. II p. 663 und Herstlets, Treaties, I p. 47.

[6] Z. B. Jellinek, a. a. O. p. 128 ff.

[7] Klüber, § 33. Phillimore, I p. 100. Calvo, I a. a. O.

[8] Alles Nähere Jellinek, a. a. O. p. 127.

[9] Bornhak, p. 21. Dagegen kommt auch dieser Schriftsteller speziell bei der Betrachtung Krakaus und der Ionischen Inseln zu dem unseres Erachtens richtigen Resultate, dafs es sich hier nicht um Staaten handle.

als mit „selfgovernement" ausgestattete Gebietskörperschaften, und diesen Schriftstellern schliefsen wir uns vollauf an[10].

Auch die Republik Andorra[11], die unter dem Schutze Frankreichs und des Bischofs von Urgel (nicht Spaniens) steht, hat weder diplomatische Vertretung noch Polizei und Justizhoheit. Aufserdem ist es unmöglich, dafs ein Staat sich unter den weltlichen Schutz eines Bischofs begibt, der doch niemals einen Staat repräsentiert. „Telle est la situation de cette seigneurie relevant de nôtre pays et de l'évêque d'Urgel, dernier vestige d'une institution du moyen-âge dont on a voulu faire un État protégé et qui n'a même jamais été un État." [12]

Ein Steinmetz, namens Marino, war Ende des vierten Jahrhunderts aus Dalmatien nach Italien herübergekommen und begründete eine Einsiedlung auf dem Berge Titan. Es entstand bald eine kleine Kolonie, der Kern der heute noch bestehenden „republichetta" San Marino[13].

Durch den Lauf der Jahrhunderte wufste diese kleine Republik, dank ihrer natürlichen Lage und dank des mächtigen und ständigen Schutzes des Heiligen Stuhles, ihre lokale Unabhängigkeit bis auf den heutigen Tag zu bewahren. Selbst das neugegründete italienische Königreich respektierte die althergebrachte Unabhängigkeit dieser Republik von 8000 Einwohnern und garantierte ihr dieselbe durch die Verträge vom 22. März 1862 und vom 27. März 1872.

Das Fürstentum Monaco stand seit Anfang des 15. Jahrhunderts abwechselnd unter der Einzelprotektion von Florenz und der Kollektivprotektion von Florenz, Mailand und Savoyen, endlich auch unter dem Schutze Frankreichs. Trotz Inkorporation an Frankreich 1792 kam es bereits nach kurzer Zeit

---

[10] Wheaton, Éléments, I p. 47, der aber diese Auffassung nur für die Ionischen Inseln teilt. Konsequenterweise müfste er sie auch unbedingt meines Erachtens für Krakau vertreten. Übereinstimmend Travers Twiss, a. a. O. I p. 40.

[11] Bezüglich Andorras die trefflichen Ausführungen bei Despagnet, a. a. O. p. 77—81. R.D.J. XXVIII p. 445 (Engelhardt). Derselbe, Les protectorats, 1896, p. 125—132. Weitere Literatur bei Bonfils, Manuel 3ème ed. 1901 p. 95 n. 1.

[12] Despagnet, a. a. O. p. 81.

[13] Engelhardt, Les protectorats, p. 102 ff. Despagnet, p. 71 ff. R.D.J. XXV p. 466 ff. (Engelhardt).

unter den Schutz Sardiniens und verblieb unter Sardiniens Schutz bis zum bekannten Turiner Vertrag von 1860, in dem es seinen Protektor wechselte[14].

Beide Staaten sind als kleinste Typen souveräner Staaten zu erachten. Monaco genießt noch außerdem das volle Gesandtschaftsrecht[15].

Beide Staaten müssen sich aber, vermöge ihrer unglücklichen geographischen und physischen Lage, in manchen Beziehungen Beschränkungen auferlegen lassen.

§ 11. Annam, Tonkin, indische Fürsten, Indianerstämme in Nordamerika, Daimios in Japan, Mosquitos, Suluinseln.

Der Vollständigkeit halber wollen wir auch diese einzelnen, so verschieden gearteten Abhängigkeitsverhältnisse anführen. Wir tun dies vorwiegend deshalb, weil sie oft von der Wissenschaft unter die Kategorien europäischer Verhältnisse gesetzt und an der Hand europäischer Abhängigkeitsverhältnisse gemessen werden. Uns erscheint die Anwendung des gleichen Maßstabes gänzlich verfehlt. Es sind dies vielmehr staatliche Beziehungen, welche auf einer ganz anderen Grundlage beruhen.

So ist das Verhältnis Annams (Tonkins) zu China[1], das oftmals als Suzeränität oder Protektorat bezeichnet wird, ein auf chinesischem Lehenrecht beruhendes Abhängigkeitsverhältnis, welches schon mehr als 1000 Jahre besteht und seinen Grund hat im „respect moral“, das China als ältestes und einflußreichstes Land der gelben Rasse besitzt[2].

Diese sogen. Suzeränität Annams besteht aber einzig und

---

[14] Engelhardt, a. a. O. p. 94—102. Despagnet, a. a. O. p. 69—71. R.D.J. XXV p. 466 ff. (Engelhardt). Nähere Literaturangaben: Bonfils, a. a. O. p. 95 n. 2.

[15] San Marino hat nur einen Geschäftsträger in Paris.

[1] Heilborn, p. 73. Despagnet, p. 186 ff. Engelhardt, Les protectorats de l'Indo-Chine. R.D.J. XXIX p. 225 ff. (Annam), p. 605 (Tonkin). Pouvourville, Des différents modes de protectorat dans l'extrême Orient français. R.G.D.J., tom. V p. 207 s. Bonfils, p. 98. Speziell über die Beziehungen zu China R.D.J. XV p. 321—339, 452—477, 587, 596; XVI p. 39—54 (Castonnet Desfosses).

[2] Pouvourville, a. a. O. p. 209.

allein darin, dafs eine chinesische Gesandtschaft den König von Annam bestätigt. Damit erreicht die Abhängigkeit ihr Ende[3].

Ebenso verhält es sich mit den Daimios in Japan. Ein lokales Abhängigkeitsverhältnis des japanischen Lehenrechtes. Beide liegen für uns gänzlich aus dem Bereiche unserer Betrachtung.

Auch die indischen Fürsten[4] haben wir in diesen negativen Abschnitt eingereiht, einmal weil sie nach fast allgemein anerkannter Ansicht ihre Staatsnatur eingebüfst haben, sodann weil England ihre nationalen Sitten und Gewohnheiten nach Möglichkeit aufrechtzuerhalten suchte. Zum Studium der Selbstverwaltung können die Abhängigkeitsverhältnisse der indischen Fürsten zu England förderlich sein; für uns sind sie belanglos.

Ähnlich verhält es sich mit den Indianerstämmen in Nordamerika[5]. Auch die von den Indianerstämmen bewohnten Territorien stehen unter der Hoheit der Union, welche ihnen ihre eigene Verwaltung belassen hat. Es zeigt sich auch hier wieder deutlich das Prinzip der Schonung der Empfindlichkeit einer halbzivilisierten Rasse. Das amerikanische „supreme court“ hat zwar in einem konkreten Falle die Cherokees-Indianer als Staat bezeichnet[6], kein Beweis, dafs sie auch ein Staat sind. Es steht ihnen vielmehr gar kein Recht zu, Beziehungen irgend welcher

---

[3] Pouvourville, p. 208.

[4] Charles Lewis Tupper, Our Indian Protectorate, London 1893. Lee Warner, Protected princes of India, 1894. R.D.J. XXIX p. 461 s. (Engelhardt). Law Quarterly Review, IX p. 341 sq. (Lyall.). Despagnet, a. a. O. p. 142. Bornhak, Einseitige Abhängigkeitsverhältnisse, p. 27, bezeichnet die rechtliche Stellung Englands zu den indischen Fürsten als Protektorat.

[5] Jellinek, St.V. p. 153. Wheaton, Éléments, I p. 50. Beach-Lawrence, Commentaire, I p. 264 ff. Calvo, I § 71 p. 208. Kent, Commentaries, III p. 331 sq. Fiore, I p. 301. Holtzendorff, Handbuch, II p. 102, nennt ihre Stellung eine „fiktive Halbsouveränität“. Pischel, a. a. O. p. 60. Einen Ausdruck, den auch Pischel, p. 57, im Anschlusse an Holtzendorff meines Erachtens mit Unrecht gebraucht, weil die Frage des völkerrechtlichen Verkehrs nicht zu den wesentlichen Begriffsmerkmalen der Suzeränität gehört. Vgl. auch Schlief, Die staatsrechtliche Stellung der Territorien im Archiv für öffentl. R., Bd. IV p. 314. Am ausführlichsten neuestens Stoerk, Über die Rechtsverhältnisse der Indianer in den Vereinigten Staaten von Nordamerika. Greifswald 1891.

[6] 5. Peters 1.

Art zu dritten Mächten zu unterhalten und ihr Gebiet zu veräufsern.

Ähnlich ist auch das Verhältnis Nicaraguas zu den Mosquitos[7]. Durch Vertrag vom 28. Januar 1860[8] verzichtete England auf das Protektorat über die Mosquito-Indianer und erkannte die Souveränität Nicaraguas über diese Gebiete an, jedoch unter der Bedingung, dafs den Mosquitos volle Selbstverwaltung eingeräumt werde.

Endlich wäre noch die Stellung der Suluinseln hervorzuheben, von denen wir nur wissen, dafs sie unter der Suzeränität Spaniens standen[9], und dafs sie nach dem Verluste der Philippinen durch Vermittlung der Pforte sich unter amerikanischen Schutz gestellt haben[10].

§ 12. Die Türkei[1].

Wenn Despagnet, a. a. O. p. 116, die Behauptung aufstellt, dafs der Charakter der Halbsouveränität für die Türkei von den Publizisten anerkannt ist, so ist das für uns der beste Beweis, was man alles unter den Begriff der Halbsouveränität subsumieren will. Wenn dann dieser Begriff an Verschwommenheit leidet, so kann das nicht wundernehmen.

Zu Gunsten einer Halbsouveränität der Pforte stützt man sich vorwiegend auf ihre Verträge mit Rufsland[2], namentlich auf den Vertrag von Unkiar-J-Skelessi 1833, auf die Finanzkontrolle seitens Englands und Frankreichs 1855, auf den Pariser Vertrag, Artikel 9, auf die syrische Angelegenheit 1860, auf das Londoner Protokoll 1875, ferner auf die durch den Berliner

---

[7] Jellinek, St.V. p. 154.

[8] Martens, N.R.G. XVI 2 p. 374—380.

[9] Stubbs, a. a. O. p. 26.

[10] Nach Zeitungsberichten. Conf. oben p. 58 Anm. 5.

[1] Über die rechtliche Stellung der Türkei gegenüber dem europäischen Konzert, sowie über die Reformen in der Türkei ist vor allem zu konsultieren Engelhardt, La Turquie et le Tanzimat, zwei Bände. Derselbe, Les protectorats, p. 74—81. Despagnet, a. a. O. p. 116—122. R.D.J. XII p. 363 (Engelhardt). Spalaïkovitsch, La Bosnie, p. 90 ff.

[2] Eine hübsche Zusammenstellung dieser Verträge bei Phillimore, I p. 88, insbesondere aber Holland, The Treaty relations of Russia and Turkey, Lond. 1878.

Kongreſs geschaffenen neuen Verhältnisse, vor allem aber auf seinen Art. 62 und neuestens auf die armenische und kretische Angelegenheit.

Trotz dieser — man wird es zugeben — bedeutsamen Eingriffe in türkische Souveränitätsrechte vermögen wir darin lediglich obligatorische Selbstbeschränkungen zu sehen, wie sie jeder Staat übernehmen kann und unter Umständen übernehmen muſs.

Wenn man die Türkei zu den halbsouveränen Staaten zählen will — wir würden aus bekannten Gründen dabei lieber den Ausdruck Protektionsstaat anwenden —, so ist nicht abzusehen, warum man nicht China, Griechenland, Portugal, demnächst auch Spanien und Serbien als halbsouveräne Staaten betrachtet. Geht man den nächsten natürlichen Schritt weiter, so blieben als souveräne Staaten nur die Groſsmächte und unter diesen auch nur die primi inter pares Ruſsland[3], England, die Vereinigten Staaten und eventuell Deutschland. Schlieſslich käme man glücklich dahin, daſs alle Staaten halbsouveräne sind. Es würde an die Stelle des Begriffs der Souveränität ein funkelnagelneuer Begriff der Halbsouveränität treten.

Wenn sich ferner Despagnet zur Begründung seiner These auf die moderne Diplomatie stützen will[4], so findet er zwar den Ausdruck Halbsouveränität nirgends vor, wohl wird aber von einer Vormundschaft (Duc Decazes, Depesche vom 10. Januar 1876), von einer relativen Unabhängigkeit (Lord Salisbury, Berliner Kongreſsprotokoll 2 vom 17. Juni 1878) gesprochen. Es sind dies alles aber unseres Erachtens Phrasen, die sich durch die zeitweilige Hilflosigkeit der Pforte erklären. Wenn man die Pforte zur Zeit des Berliner Kongresses als unter Vormundschaft stehend bezeichnete, so entsprang dies der damaligen ungünstigen Lage derselben.

Gerade die Pforte ist es, welche Anfeindungen aller Art zu ertragen hat. Wollte man ihr doch trotz der klaren Bestimmung des Art. VII des Pariser Vertrages den Charakter eines Völkerrechtsgenossen absprechen[5]!

---

[3] Könnte man dann auch nicht etwa nach dem Pariser Kongresse von einer Halbsouveränität Ruſslands sprechen?

[4] Despagnet, a. a. O. p. 116, 117.

[5] So Martens, Konsularwesen, p. 560 ff.; derselbe, Völkerrecht, § 41, und endlich R.D.J. IX p. 49 s. (Martens). Vgl. die treffliche

Das europäische Konzert hat sich doch bereits im Pariser Kongresse als Hauptaufgabe gestellt, die Integrität der Pforte zu schützen, sie vor jeder einseitigen Bevormundung zu bewahren. Das europäische Konzert ist, wie sonderbar es auch klingen mag, eben wegen der Interessenverschiedenheit der einzelnen Teile desselben, wegen der Wachsamkeit und Eifersucht einer Macht gegen die andere der beste Hort für die Souveränität der Türkei.

§ 13. Transvaal[1].

Durch den Friedensschlufs zwischen England und den bisherigen Burenrepubliken (Juni 1902) ist ein Abhängigkeitsverhältnis verschwunden, welches der Wissenschaft grofse Schwierig-

---

Widerlegung durch Heilborn, a. a. O. p. 14. Martens will eine Bekräftigung seiner Behauptung in der Fortdauer der Kapitulationen erblicken. Mit Recht führt Heilborn, a. a. O., dagegen aus: „Nun ist zwar einzuräumen, dafs diese letzteren nur in Staaten aufsereuropäischer Kultur und nichtchristlichen Bekenntnisses bestehen und zu dem Zwecke eingeführt sind, das daselbst nicht hinlänglich geschützte Leben und Eigentum der Europäer sicher zu stellen, dafs sie dagegen in den christlichen Staaten europäischer Gesittung unbekannt sind. Aus dieser Tatsache ist aber nicht mit Notwendigkeit zu folgern, dafs ein aufsereuropäischer Staat allein unter der Bedingung ihrer Aufhebung in die europäische Völkerrechtsgemeinschaft eintreten könne. Inhaltlich stellen sich die Kapitulationen dar als Verzichte eines Staates auf einen Teil seiner richtenden Gewalt, also auf die Ausübung einer seiner Grundfunktionen. Aber soll ein Staat in beschränktem Umfange dem nicht ebensogut entsagen können wie der Ausübung eines Staatshoheitsrechtes? Letzteres ist hinsichtlich der Staatsdienstbarkeiten unbedingt zulässig. Deshalb kann das Fortbestehen der Konsulargerichtsbarkeit in der Türkei die ausdrückliche Aufnahme dieser in das europäische Konzert nicht entkräften.“

[1] Die Literatur über die Stellung Transvaals zu England ist ungemein grofs. Für den Juristen kommen vor allem in Betracht: R.D.J. XIII (1881) p. 194—212 (de Louter), daselbst auch die ältere Literatur zitiert. XXVIII (1896) p. 117—135 (de Louter). XXVIII (1896) p. 268—300 (Westlake). R.G.D.J. III (1896) p. 26—46 und 166—189 (Heilborn). V p. 555—606 (Despagnet). VII (1900) p. 84—172 (Despagnet). Desjardins, im „Correspondant“ vom 25. Februar 1896 p. 639—671 und idem, eodem 25. September 1899 p. 1025—1035. Lettre à Sa Majesté la Reine du Royaume-Uni de la Grande-Bretagne et d'Irlande. Rosin, Deutsche Juristenzeitung I (1896) p. 62 ff. Kelke, Law Quarterly Review, XII p. 227. M' Illraith, eodem p. 113, 215. Westlake, The Transvaal war 1899, 2nd ed.,

keiten bereitete. Die sich anschliefsende Darstellung über das Verhältnis Transvaals zu England hat nunmehr blofs historische Bedeutung. Aus einem Staate ist Untertanland geworden.

Eine gänzlich gesonderte Betrachtung erforderte bis jetzt die Rechtsstellung der Südafrikanischen Republik Transvaal zu Grofsbritannien und Irland.

Bei keinem Abhängigkeitsverhältnis sind jemals so verschiedene und entgegengesetzte Auffassungen zur Geltung gekommen wie gerade bei Transvaal. Vasallenstaat, protegierter Staat, abhängiger Staat, unabhängiger Staat, alle diese Bezeichnungen werden gebraucht, von den einen behauptet, von den anderen geleugnet, von keinem aber eigentlich bewiesen.

In den Bereich unserer Erörterung fällt vor allem die Untersuchung, ob England Suzeränitätsrechte über Transvaal hatte? Die Entwickelungsgeschichte bis zum Jahre 1881 weist auf Halbsouveränität hin.

Nachdem die Kapkolonie am Anfange des vorigen Jahrhunderts durch England erobert worden, zogen die Herren des Landes, die Holländer, in grofsen Scharen (trecks) nach Norden, um neue Ansiedelungen zu gründen. Immer weiter von den Engländern nach Norden gedrängt, gelang es den Buren endlich nach vielfachen Kämpfen mit den Eingeborenen, in den vierziger Jahren sich eine neue Heimat zu schaffen. Das nördlich vom Vaal gelegene Gebiet wurde dann von den Engländern, da es ihrer Machtsphäre gänzlich entrückt, bereits am 17. Januar 1852 durch die Konvention am Sandflusse (Zandrivier) als unabhängiger Staat anerkannt, und zwei Jahre später folgte auch die Anerkennung des Oranje-Freistaates [2]. Von einer Suzeränität wurde damals nicht gesprochen. Die Duldung der Sklaverei im nördlichen Burenstaate, sowie die oftmalige Besiegung der Buren

---

gibt anschaulich die Entwickelungsgeschichte des Verhältnisses beider Länder zueinander, namentlich aber ders., L'Angleterre et les républiques boers, Paris 1901 p. 1—82. Baty, International law in South Africa. London, Stevens and Haynes 1901. Bar, Der Burenkrieg. Hannover 1900. Pischel, a. a. O. p. 66. G. G. Phillimore, British suzerainty over the Transvaal Law Magazine 1899. Pierantoni, L'impero britannico e la republica del Transvaal 1899. Bonfils, Manuel, p. 102.

[2] Dafs es sich auch wirklich um die Anerkennung der Unabhängigkeit handelte, zeigen ihre von England vollständig getrennten auswärtigen Beziehungen dritten Mächten gegenüber. Westlake, Transvaal war, p. 9.

durch die Basutos[3] gab den Engländern die willkommene Veranlassung, nach voraufgegangenem Plebiszit[4], durch bloſses Dekret vom 12. April 1877, Transvaal zu einer Kolonie zu erklären[5].

Durch dieses einfache Dekret allein, das noch obendrein im Widerspruch mit der Anerkennung von 1852 stand, hat England gewiſs nicht die Souveränität über Transvaal erlangt. Der Inhalt der Dekrete wurde jedoch verwirklicht und auch als solcher von den Buren anerkannt. Durch konkludente Handlungen war England souverän geworden und Transvaal eine bloſse Kolonie. Dies ist auch aus dem Friedensvertrage vom 3. August 1881 zu ersehen[6]. Im Prätoria-Vertrage liegt nämlich nach Form wie nach Inhalt die tatsächliche Anerkennung der bisherigen kolonialen Stellung Transvaals, und nicht ist daraus ein bisheriger Staatscharakter jenes Landes zu entnehmen. Als Emanation seines eigenen Willens, der den Buren auferlegt wird, erklärt sich England bereit, denselben die administrative Autonomie zu gewähren, die Leitung der auswärtigen Beziehungen behält aber England im weitesten Umfange für sich. Stricto sensu ist es gar kein Vertrag, sondern eine Konzession seitens Englands, vergleichbar den Firmanen der Türkei[7]. Die Stellung Englands wird im Vertrage an mehreren Orten als Suzeränität bezeichnet[8].

Prinzipielle Unabhängigkeit nach innen, prinzipielle Ab-

---

[3] Eine Schilderung der traurigen Zustände im neugegründeten Staate Transvaal bis 1877 gibt Westlake, R.D.J. p. 271.

[4] Vgl. über die gewaltsame Art und Weise, wie das Plebiszit erlangt wurde, Despagnet, p. 565. Die Protestnote Transvaals bei Desjardins, „Corresp.“ 1896, p. 650.

[5] Die Annexionsakte sowie auch der Protest der Buren ist abgedruckt im Annuaire de l'Institut de droit international, tom. II p. 279 sq. (1879 bis 1880). Über die Rechtswidrigkeit dieser Annexion cf. de Louter, R.D.J. XIII p. 197.

[6] Martens Samwer, N.R.G., 2 Ser. X p. 166 s. St.A. XL p. 193 Nr. 7672.

[7] Desjardins, Corresp. 1896 p. 657, will wegen der vorübergehenden Natur dieses Vertrages einen Vergleich mit den halbsouveränen Staaten der Türkei nicht zulassen, meines Erachtens aber mit Unrecht. Ebenso Rehm, a. a. O. p. 75, mit sonderbarer Begründung.

[8] Preamble, Art. 2, 18.

hängigkeit nach aufsen sind charakteristische Merkmale der Halbsouveränität. Gerade der Gebrauch des Wortes suzerän einer Republik gegenüber zeigt, dafs diesem Begriffe nicht mehr ein lehensrechtlicher Charakter, wo das persönliche Treueverhältnis gerade als wesentlich erscheint, zugesprochen werden kann[9]. Nimmt man noch den bedeutenden Einflufs Englands infolge seiner Machtstellung auf die inneren Angelegenheiten, die privilegierte Stellung des englischen Residenten, das Truppendurchzugsrecht hinzu, so wird man nicht leugnen können, dafs im sogenannten Prätoria-Vertrage von 1881 ein typisches Beispiel der Halbsouveränität vorliege.

Eine ganz andere Gestalt hat nun aber die rechtliche Stellung Englands zur Südafrikanischen Republik angenommen durch den Londoner Vertrag von 1884[10], welcher an die Stelle des alten Vertrags treten sollte, vorausgesetzt, dafs er vom Volksraad genehmigt würde (shall when ratified by the Volksraad of the South African Republic, be substituted for the articles embodied in the Convention of 3rd August 1881, which latter pending such ratification, shall continue in full force and effect).

Vor allem ist dies eine zweiseitige Willenserklärung im wahren Sinne des Wortes, wie sie zwischen zwei Staaten abgeschlosssen zu werden pflegt. Inhaltliche Änderungen sind:

---

[9] Ganz unerfindlich ist daher die Ansicht Despagnets, a. a. O. p. 567, in dem Vertrage von 1881 eine lehensrechtliche Abhängigkeit zu sehen. Selbst lehensrechtliche Formen wie bei den Donaufürstentümern finden sich hier nicht einmal vor. Auch die Annahme Heilborns, R.G.D.J. III p. 40, dafs es sich nicht um Suzeränität handeln könne, weil Transvaal keine Heeresfolge zu leisten braucht, glauben wir durch unsere allgemeinen Erörterungen über Suzeränität (Hist. Teil § 15) widerlegen zu können. Vgl. aufserdem die richtige Auffassung von Westlake, R.D.J. XXVIII p. 274, 275: „Aucune autre suzeraineté n'était établie, que celle qui peut être déduite des articles mêmes," und derselbe in Transvaal war p. 13: "But it was not to be an indefinite suzerainty; it was expressed in the preamble to be on the terms of the ensuing articles. And indeed the convention, with its long array of articles, would have been a mere sham if any indefinite suzerainty outside those articles had been intended to be reserved." Ders., L'Angleterre, p. 57.

[10] Martens Samwer, N.R.G. II. Ser. t. X p. 180 s. St.A. XLIV p. 371. Mit Recht bemerkt de Louter, R.D.J. XXXI (1899) p. 324: „Une comparaison minutieuse des deux textes démontre, luce clarius, que les relations des deux États ont complétement changés."

Das Wort Suzeränität ist einmal gänzlich verschwunden. Transvaal wird wieder als Südafrikanische Republik bezeichnet. Die so ausgedehnten früheren Rechte Grofsbritanniens haben einigen wenigen Verpflichtungen Transvaals Platz gemacht, nämlich: keine Sklaverei im Lande zu dulden, die religiöse Freiheit zu respektieren, keine Aufenthaltsbeschränkungen Fremden aufzuerlegen, Handels- und Vertragsfreiheit zu gewähren und keine höheren Taxen aufzuerlegen als den Eingeborenen selbst (Art. 14)[11]. Vor allem aber keine Verträge mit anderen Staaten zu schliefsen — den Oranje-Freistaat ausgenommen — ohne Genehmigung Ihrer Majestät der Königin[12].

Kann man nun auch nach 1884 von einer Suzeränität Englands über Transvaal sprechen?

Die Annahme englischer Zeitungen und einiger weniger englischer Schriftsteller, dafs die Präambel des Vertrages von 1881 durch den neuen Vertrag nicht aufgehoben sei, läfst sich leicht widerlegen[13].

Mit Recht bemerkt bereits Westlake, dafs eine solche extensive Interpretation kaum sich auf einen Privatvertrag anwenden lasse, um wie viel weniger auf internationale Verträge, die gewöhnlich eine freiere Formulierung aufweisen[14].

Es ist ferner zur Genüge bekannt, dafs die Konvention von 1881 nur mit dem gröfsten Unwillen vom transvaalischen Volksraad aufgenommen, dafs die Deputation 1884 in der Absicht nach England gereist war, sich dieser lästigen Fessel zu entledigen.

---

[11] Art. 8, 9, 13, 14.

[12] Art. 4. Aus welchem Grunde England die Vertragsfreiheit Transvaals zugelassen hat mit dem Oranje-Freistaat, darüber lassen sich nur politische Vermutungen aufstellen. Conf. diesbezüglich Despagnet, R.G.D.J. V p. 600.

[13] Rosin, Deutsche Juristenzeitung I (1896) p. 62. Despagnet, a. a. O. p. 584. Heilborn, R.G.D.J. III p. 41 u. a. m. Ein in gewissen Beziehungen ähnlicher Streit herrscht auch über die Präambel der deutschen Reichsverfassung.

[14] R.D.J. XXVIII p. 275. „Nous ne pouvons adopter cette manière de voir, car elle repose sur une interprétation trop strictement littérale qui pourrait difficilement s'appliquer même à un document privé et qui semble être certainement en désaccord absolu avec le style large et libéral dans lequel les documents internationaux sont généralement conçus et rédigés.“ Vgl. auch derselbe in Transvaal war, p. 14 n. 1, und ders., l'Angleterre p. 60.

Die Einleitung von 1881 kann ferner auch einfach darum nicht gelten, weil ja der Vertrag von 1884 bereits eine eigne Präambel aufweist, die noch dazu im Widerspruche mit der von 1881 steht [15].

Lord Derby hat überdies ausdrücklich in einem Briefe vom 15. Februar 1884, an die Deputation gerichtet, erklärt, „dafs er die Kopie einer neuen Konvention“ — nicht der neuen oder der erneuerten Konvention — der Deputation zuschicke, und dafs die Regierung Ihrer Britischen Majestät den Vorschlag mache, „dieselbe an Stelle der Konvention von Pretoria zu setzen (substitute)“ [16]. In dieser Kopie sind alle diejenigen Ausdrücke, welche unterdrückt werden sollen, eigenhändig von Lord Derby eingeklammert, darunter auch die ganze Einleitung der Konvention von 1881, ebenso sind die Worte „subject to the suzerainty of her Majesty“ beseitigt [17]. Dieses blofse Einklammern und Streichen von Worten ist zwar unseres Erachtens noch kein stichhaltiger Beweis für die Absicht einer Neuregelung, wie vielfach angenommen, sondern es konnte ja ebensogut damit zum Ausdrucke gelangen, dafs Änderungen zwar in Einzelheiten stattfinden, die Grundauffassung aber bestehen bleiben solle; es mufsten auch noch die anderen Momente mit in Betracht gezogen werden.

Im übrigen war es nicht die Frage der Substitution resp. Neuschaffung eines Vertrages, welche vor allem die Deputation und Lord Derby beschäftigten, vielmehr bestand die Uneinigkeit zwischen beiden Teilen darin, dafs die Buren sich auf die Konvention von 1852 beriefen, die Engländer dagegen die Geltung jener Konvention bestritten, weil sie gar keine Lebenskraft mehr besitze. Dieselbe war auch unseres Erachtens, trotz des Namens

[15] Louter, R.D.J. XXVIII p. 125. „Impossible pour tout esprit impartial et perspicace de prétendre que la suzeraineté survit, quand toutes les conséquences disparaissent et que les termes mêmes, qui pourraient en rappeler le souvenir sont évités à dessein.“

[16] Westlake, p. 65.

[17] Dieses interessante Dokument ist abgedruckt in der Note des Dr. Leyds vom 16. April 1898, in welcher er in ausführlicher Weise die Auffassung der Suzeränität Englands zu widerlegen sucht. Der Inhalt dieser Note, sowie die Kopie der Konvention von 1884, angegeben bei Despagnet, a. a. O. p. 593 und 598.

Konvention, ebenso wie der Pretoria-Vertrag, eine unilaterale Erklärung Ihrer Britischen Majestät, analog den Firmanen der Pforte[18].

Noch eine andere Möglichkeit einer Konstruktion der Suzeränität bliebe offen, ohne Rücksicht auf die Präambeln beider Verträge.

Transvaal ist durch den sogenannten Pretoria-Vertrag im Jahre 1881 von England geschaffen worden[19]; das Verhältnis von Staat und Territorialabteilung hat sich in ein Verhältnis der „Halbsouveränität" verwandelt. Alle Rechte stehen präsumptiv dem Suzerän zu. Eine grofse Gruppe von Rechten, nämlich die sogenannten inneren Hoheitsrechte, hat England 1881 an Transvaal zu eigenem Rechte übertragen. Durch den neuen Vertrag von 1884 wird das Verhältnis zwischen Transvaal und England in seinen Einzelheiten neu geregelt. Ist nun damit das ganze frühere Verhältnis von Grund aus geändert? Mit anderen Worten: spricht auch weiterhin die praesumptio für den Suzerän? An und für sich trifft der Satz bei der Halbsouveränität zu, dafs die praesumptio est semper pro suzerano[20]. England kann meines Erachtens kaum diesen Satz nach 1884 für sich in Anspruch nehmen. Erstens stehen dieser Auffassung die bündigsten Erklärungen des Vertreters der englischen Regierung entgegen, zweitens schliefst Wort und Geist des Londoner Vertrages eine solche Auffassung aus. Wenn ein suzeräner Staat aller seiner Rechte sich begibt und nur sich einige wenige Verpflichtungen vorbehalten läfst, dann hört damit meines Erachtens das Verhältnis der Halbsouveränität ipso iure auf. Es ist dies immerhin der einzig juristisch erhebliche Punkt, an den sich juristisch erhebliche Kontroversen knüpfen könnten.

Eine ganz sichere Beantwortung dieser so bestrittenen Frage der Suzeränität läfst sich nur bei gründlicher Kenntnis der

---

[18] A. A. Desjardins, Corresp. 1896, p. 663.

[19] Chamberlain scheint in seiner berüchtigten Depesche an Sir A. Milner vom 16. Oktober 1897 eine ähnliche Auffassung zu haben, sie wird nur nicht deutlich ausgesprochen, und er stützt sich zumal irrigerweise auf den Londoner Vertrag von 1884, der zweifelsohne nicht blofs die Form eines solchen hat, sondern auch wirklich ein solcher ist. Despagnet, p. 592.

[20] Über die Ausnahmen, welche dieser Satz erleiden kann, vgl. dogm. Teil § 19.

Protokolle sowie der mündlichen Verhandlungen, die dem Vertrage voraufgingen, geben. Es wäre ja dann vielleicht möglich, trotz der scheinbar ganz unzweideutigen Erklärung Lord Derbys und trotz der gegen die Suzeränität sprechenden Abfassung des Londoner Vertrages, dafs die Ansichten beider Gegner unversöhnt geblieben sind, dafs der Londoner Vertrag lediglich einen modus vivendi bedeute, und dafs die Entscheidung der Suzeränitätsfrage, temporum ratione habita, für einen späteren, günstigeren Zeitpunkt hinausgeschoben wurde. Das publizierte Aktenmaterial dürfte vielleicht zu einem non liquet berechtigen. Mit diesen politischen Kombinationen haben wir uns nicht weiter zu beschäftigen. Indes scheint doch die ganze Entwickelung der Angelegenheit auf diese Möglichkeit hinzudeuten.

Seit 1884 wurde sowohl von England wie von der Südafrikanischen Republik in den diplomatischen Schriftstücken sorgfältigst vermieden, diese Frage auch nur zu erwähnen. Selbst nach dem Jamesonschen Einfall blieb sie unerörtert. Erst 1897 glaubte Chamberlain den günstigen Zeitpunkt für gekommen, dieselbe von neuem aufzurollen[21].

Auch die Regierung von Transvaal scheint bis in die neueste Zeit denn doch der englischen Suzeränitätsauffassung Rechnung getragen zu haben, denn erst am 19. August 1899 erklärte Präsident Krüger in Beantwortung des bekannten Schreibens von Sir Alfred Milner, in welchem die englischen Forderungen formuliert waren, dafs Transvaal dieselben unter drei Bedingungen annehme: dafs sich die britische Regierung nicht mehr in die inneren Angelegenheiten einmische, auf die Suzeränität Verzicht leiste und auf ein Schiedsgericht einwillige[22].

Wir glauben, dafs sich aus der ganzen Darstellung der Schlufs

---

[21] In der erwähnten Depesche an Sir A. Milner.

[22] Zitiert von de Louter, R.D.J. XXI p. 335. Westlake, The Transvaal war, p. 30. Aus der ganzen neuesten Korrespondenz über die Transvaalangelegenheit ergibt sich meines Erachtens zur Genüge, dafs nicht die Suzeränitätsfrage unmittelbar Veranlassung zum Kriege gegeben habe, dafs vielmehr vor allem Art. 14 der Konvention von 1884 in seiner praktischen Anwendung denselben verursacht habe. A. A. freilich Desjardins, im Correspondant 1899, p. 1028, der die Suzeränitätsfrage als Ursache zum Kriege hinstellt, und, weil eben eine theoretische Frage, ein Schiedsgericht vorschlägt. Über die Stellung der Uitländer vgl. R.D.J. XXXI p. 451—463 (Yves Guyot). Für eine schiedsrichterliche Lösung auch Bar p. 9.

ziehen lasse, daſs die Suzeränitätsfrage, so wie sie bis jetzt aufgestellt und an der Hand des positiven Materials zu beantworten war, verneint werden müsse, weil die Gegengründe alles, was sich für die Suzeränität sagen läſst, bei weitem überragen.

Mehrere Publizisten haben den Begriff des Protektorates zur Anwendung bringen wollen, um die Stellung Transvaals zu England zu charakterisieren, so vor allem Westlake[23] und Heilborn[24].

Beide Schriftsteller halten an der bis jetzt üblichen Definition des Protektorates fest: ein vertragliches Verhältnis zwischen zwei Staaten, wonach der eine sich verpflichtet, Schutz zu gewähren, der andere dagegen, sich an die Politik des Oberstaates zu halten[25].

Eine solche Konstruktion ist meines Erachtens mit dem Vertrage von 1884 unvereinbar, auſserdem sprechen noch gegen sie eine Reihe anderer gewichtiger Gründe.

Im letzterwähnten Vertrage kommt das Wort Protektorat gar nicht vor. Daraus allein kann man zwar nicht schlieſsen, daſs es kein Protektorat ist. Wenn man aber aus einem Suzeränitätsverhältnis plötzlich ein ganz anderes Verhältnis schaffen will, so müſste davon Erwähnung geschehen. Eine Vermutung besteht jedenfalls dafür nicht.

Eine Verpflichtung, Transvaal zu schützen, hat England ebenfalls nicht übernommen[26]. Transvaal darf sogar ohne Zu-

---

[23] Westlake, R.D.J. XXVIII p. 278 i. f. Ders., L'Angleterre, p. 67, jedoch bereits mit wesentlichen Modifikationen, die sich unserer Auffassung nähern.

[24] Bereits in seinem völkerrechtlichen Protektorate p. 32 und R.G.D.J. III p. 40. Auch Rivier, Principes du droit des gens, 1896 tom. I, vertritt die Auffassung des Protektorates; eine Begründung fehlt jedoch. Zu dieser Auffassung neigt auch Gairal, p. 113 n. 2; a. A. Hachenburger a. a. O. p. 95.

[25] Heilborn, Das völkerrechtliche Protektorat, p. 37. Despagnet, Essai sur les protectorats, p. 51. „Le protectorat et le lien contractuel établi entre deux États, en vertu duquel l'un, tout en n'entendant tenir que de lui-même son existence comme puissance souveraine, cède à l'autre l'exercise de certains de ses droits de souveraineté interne ou d'indépendance extérieure, à la charge par l'autre de le défendre contre les attaques internes ou externes aux-quelles il pourrait être en butte et de l'aider dans le développement de ses institutions et la sauvegarde de ses intérêts.“

[26] Übereinstimmend de Louter, XXXI p. 328, und Despagnet, R.G.D.J. V p. 576, der sehr richtig bemerkt, daſs diese abstrakte Ver-

stimmung Englands Verträge mit dem Oranje-Freistaat abschliefsen[27]. Aufserdem hat Transvaal das Protektorat über das Swaziland erlangt[28]. Ein für protegierte Staaten ziemlich ungewöhnlicher Vorgang, dafs sie auch ihrerseits Protektoren werden, denn wer des Schutzes des Anderen bedarf, ist kaum geeignet, selber Schutz zu gewähren. Indes würde ich begrifflich immerhin die Möglichkeit eines solchen Unterprotektorates zugeben[29].

Die Verpflichtung zum Schutze kommt, wie bereits erwähnt, ebenfalls nicht vor. Westlake[30] nimmt daher, ohne genügenden Grund, um seiner Konstruktion eines Protektorates treu zu

---

pflichtung, den Unterstaat zu schützen, eine „conception théorique du protectorat dont la pratique n'offre pas d'exemples" sei. Vgl. ferner Desjardins, Corresp. 1896, p. 667 s.

27 Darum nennt es Heilborn, R.G.D.J. III p. 45, ein „Protectorat sui generis". Auch der allzu subtilen Unterscheidung de Louters, XXXI p. 329, in „protectorats en thèse" und „protectorat en réalité" vermögen wir nicht zu folgen. Die Schwierigkeit der Konstruktion eines Protektorates würde sicherlich noch gesteigert — abgesehen von dem bereits bestehenden Allianzvertrage —, falls Transvaal, was ihm ja nach Art. 4 der Londoner Konvention zusteht, mit dem Oranje-Freistaat in ein bundesstaatliches Verhältnis treten würde.

28 Art. 11 der Londoner Konvention stipulierte die Unabhängigkeit dieses Landes, 1890 und 1893 wurde durch Konventionen ein Kondominium Englands und Transvaals über dasselbe errichtet. In der Konvention vom 10. Dezember 1894 zwischen England und der Südafrikanischen Republik wird ein Protektorat Transvaals über dieses Land errichtet. Art. 2, 3. Abgedruckt R.G.D.J. II p. 13 s. (Dokument). Ferner eine Konvention vom Oktober 1898. Westlake, L'Angleterre, p. 80.

29 A. A. Despagnet, R.G.D.J. V p. 577 und Desjardins, Corresp., 1896 p. 670. „Trois puissances sont limitrophes; la première dit un jour à la seconde: ‚Vous n'êtes pas en état de vous défendre vous même, et je me charge de vous protéger'; puis quelques jours après: ‚Notre voisin n'est pas plus que vous à même de se défendre: il sera votre protégé.'" „Cela ne se comprend guère; cela ne s'était jamais pratiqué, si ce n'est peut-être, en apparence, dans l'Inde anglaise, ou quelques petites principautés en sous-ordre relevés dans les conditions les plus variées, des États indigènes."

30 R.D.J. XXVIII p. 278 i. f. Nach ihm ist es ein Protektorat, weil „le contrôle britannique des relations internationales de la république entraîne nécessairement la conséquence qu'elle doit accorder à son faible voisin la protection que ce voisin est empêché de chercher pour lui-même par d'autres alliances." Von einer solchen Verpflichtung steht aber im Londoner Vertrage kein Wort.

bleiben, die Schutzpflicht Englands, obwohl nirgends ausgesprochen, als selbstverständlich an.

Am wenigsten stimmt aber die Konstruktion eines Protektorates damit überein, daſs Transval pleno iure, proprio nomine Verträge mit anderen Staaten abschlieſsen darf, und daſs ihm aktives und passives Gesandtschaftsrecht zukomme.

In den Fehler der entgegengesetzten Übertreibung fallen dagegen meines Erachtens diejenigen Schriftsteller und auſserenglischen Zeitungen, die Transvaal als einen vollkommen unabhängigen Staat hinzustellen suchen. In neuester Zeit hat man den Beweis dieser Behauptung darin erblickt, daſs die Südafrikanische Republik in einer amtlichen Zuschrift des Kolonialministers Chamberlain an die Britisch-Südafrikanische Gesellschaft als „Fremdmacht", als fremder Staat bezeichnet wurde, und daſs im Vertrage von 1884 an die Stelle des früheren Residenten ein Konsul treten sollte[31].

Der Einfluſs Englands spiegelt sich in der Entwickelungsgeschichte Transvaals wieder.

Eine Bindung von seiten eines Staates gerade in Bezug auf seine äuſseren Hoheitsrechte, vor allem auf das Vertragsrecht, ist mit der Stellung eines vollkommen unabhängigen Staates schwer vereinbar.

Was ist nun aber nach all den voraufgegangenen Erörterungen Transvaal? Halbsouveränität, Protektorat haben wir abgelehnt, bleibt noch übrig die Konstruktion eines souveränen Staates.

Nimmt man den von der überwiegenden Mehrzahl der Schriftsteller anerkannten, relativen Begriff der Souveränität an, so wird einer solchen Konstruktion keine Schwierigkeit im Wege stehen. Transvaal ist durch Art. 4 des Londoner Vertrages in ein obligatorisches, dauerndes Verhältnis zu England getreten, wonach ein gewisses Kontrollrecht Englands über seine auswärtigen Beziehungen für statthaft erklärt wird.

---

[31] So z. B. Deutsche Kolonialzeitung vom 27. Juli 1899: „England und die Südafrikanische Republik" von Karl Blind, p. 265 ff. Wenn Blind diesen Unterschied zwischen Residenten und Konsul als allgemeinen völkerrechtlichen Satz hinstellt, so irrt er sich. Man kann höchstens von einem englischen Usus in dieser Beziehung sprechen.

Despagnet[32] und de Louter[33] bezeichnen dieses Verhältnis Transvaals zu England als Auferlegung einer Staatsservitut. Damit wird aber dem Worte Servitut im öffentlichen Rechte ein ganz anderer Sinn beigelegt als im Privatrecht. Wenn man das Wort im öffentlichen Rechte gebraucht, so hat man es gewifs aus dem älteren Rechte, dem Privatrechte, übernommen. Man mufs es dann aber auch nur auf die dem Begriffe im Privatrechte zu Grunde liegenden Tatsachen anwenden. Wenn wir bei Errichtung von Blockhäusern auf montenegrinischem Gebiete von einer Servitut gesprochen haben, so hatte das seine Berechtigung, denn es lag wirklich eine Belastung des Bodens vor. Was diese Schriftsteller veranlafst haben mag, von einer Servitut zu sprechen, ist das dauernde Verhältnis. Der obligatorische Charakter liegt unseres Erachtens auf der Hand, es ist eben eine Zustandsobligation[34].

Die Bezeichnung Transvaals als abhängigen Staat möchten wir von unserem Standpunkt aus lieber vermeiden, einmal, weil

---

[32] R.G.D.J. t. V p. 586.

[33] de Louter, R.D.J. XXXI p. 329. „Comment définir cette dénomination du droit international qui soumet un État, d'ailleurs indépendant, à une obligation nettement déterminée, vis-à-vis d'un autre État? Cette anomalie est une institution, ou plutôt une antiquité, qui s'appelle une servitude du droit des gens (servitus iuris gentium) et qui diffère de la servitude du droit privé en ce qu'elle ne constitue pas un droit réel (ius in re aliena), mais un droit entre deux personnes du droit international (subjecta iuris gentium).“

[34] Vergleichbar einem Beamtendienstverhältnis. Conf. Steinbach, Erwerb und Beruf, Wien 1896, p. 13. „Auch das Verhältnis des Beamten zum Staate wird zweifellos durch Vertrag begründet. Sehr zutreffend bemerkt in dieser Hinsicht Laband, in seinem Staatsrecht des Deutschen Reiches, 4. Aufl. 1901, Bd. I p. 406: „Der Staat mufs den Willen erklären, die individuell bestimmte Person in seinen Dienst zu nehmen, und der Beamte mufs einwilligen, in diesen Dienst zu treten. „Aber“ — fährt der Autor fort — „dieser Vertrag ist kein Kontrakt des Obligationenrechts, sondern er begründet ein Gewaltverhältnis des Staates, eine besondere Gehorsams-, Treue- und Dienstpflicht des Beamten, andererseits eine Pflicht des Staates zum Schutze und zur Gewährung des zugesicherten Diensteinkommens“ .... „eine Verletzung der Dienstpflicht seitens des Beamten ist kein Kontraktsbruch, sondern ein Vergehen (Dienstvergehen), entsprechend der Felonie des Lehensmannes. Die Erfüllung der Beamtenpflichten ist nicht Kontraktserfüllung, sondern Erfüllung der übernommenen Treue- und Gehorsamspflicht.“

man dann vielfach leicht zu einer unrichtigen Vorstellung über die Souveränität gelangen könnte — obwohl die beiden Begriffe eigentlich gar nichts miteinander zu tun haben —, vor allem aber, weil wir gerade den Begriff der Abhängigkeit als einen Oberbegriff der Unterbegriffe Halbsouveränität und Protektorat aufgestellt haben. Der abhängige Staat Transvaal kann aber unter das Schema unserer Abhängigkeitsverhältnisse nicht gebracht werden. Es ist vielmehr ein Verhältnis, das sich eher vergleichen liefse mit den neutralisierten Staaten, wie es z. B. die Schweiz und Belgien sind, die eben auch eine dauernde obligatorische Verpflichtung übernommen oder denen eine solche auferlegt worden ist.

Wir würden deshalb unseres Erachtens lieber auf eine kurze Ausdrucksweise zur Bezeichnung der bisherigen Stellung Transvaals zu England, wie vielfach geschehen, verzichten und Transvaal als einen obligatorisch verpflichteten Staat bezeichnen, worunter die Beschränkung in der Ausübung gewisser Hoheitsrechte gemeint ist. Es ist dies eine Obligation, die unter Umständen auch die Person ergreift, die auch den status der Person berühren kann[35].

Ein solches Verhältnis läfst sich auch in Europa leicht denken zwischen einer Grofsmacht und einem in ihrer Macht und Interessensphäre liegenden Kleinstaat und selbst zwischen den Grofsmächten untereinander.

---

[35] Ähnlich Westlake, L'Angleterre, p. 60. Transvaal wurde zur Haager Konferenz nicht eingeladen, während der halbsouveräne Staat Bulgarien eine Einladung empfing.

Zweites Kapitel.

Geschichte der Suzeränität und der Halbsouveränität.

Erster Abschnitt.

Begriffliche Entwickelung der Suzeränität.

§ 14. Allgemeines.

Die Worte „Suzeränität" und „Suzerän" werden heute noch gebraucht, um das Verhältnis gewisser Oberstaaten zu ihren Unterstaaten zu bezeichnen.

Über die Bedeutung und Anwendung dieser Worte herrscht lebhafte begriffliche Verwirrung [1].

Die Wissenschaft verwendet diese Terminologie vorwiegend für lehensrechtliche Abhängigkeitsverhältnisse, als welche sie auch die Unterstaaten der Pforte bis jetzt betrachtete [2].

---

[1] Über die wissenschaftlich verschiedenen Auffassungen werden wir am Ende dieser Betrachtung über die Suzeränität eingehen. Hier möchten wir auf eine Begriffsverwirrung aufmerksam machen, die vielfach von journalistischer Seite begangen wird, indem das Wort suzerain fälschlich gerade umgekehrt für den Vasallen gebraucht wird. Auch Vaçlik, La souveraineté du Monténégro, p. 46, scheint in diesen Fehler zu verfallen. Sogar das deutsche Reichsgericht (R.G. in Strafsach. XXII p. 145) in einer mehrfach zu erwähnenden Entscheidung spricht von einem „suzeränen und tributären Fürstentum Bulgarien". Es ist dies wohl eine absichtliche Breviloquenz des Reichsgerichtes, korrespondierend dem adjektivum „tributär". Über die verschiedenen Auffassungen der englischen Staatsmänner: Stubbs, a. a. O. Über die Auffassung Chamberlains: Hansard, Parliamentary debates sess. October 1899.

[2] Bonfils, Manuel de droit international 1901, p. 102.

Die Staatenpraxis hält sich dagegen nicht an diese wissenschaftliche Abgrenzung, sondern wendet das Wort auch in einem weiteren Sinne an. So kommt es z. B. im Pretoria-Vertrage von 1881 zwischen England und Transvaal[3], im Protektoratsvertrage zwischen Frankreich und Abomé vom 29. Januar 1894 Art. 1[4] und noch vielfach bei den indischen Fürsten vor zur Bezeichnung der dominierenden Stellung Englands[5].

Auch wir werden im Anschlusse an Wissenschaft und Praxis an dem Worte Suzeränität festhalten, um den herrschenden Teil des Gesamtverhältnisses, das wir Halbsouveränität nennen, zu bezeichnen, ohne damit sagen zu wollen, dafs es sich um lehensrechtliche Verhältnisse handle.

Wir behalten diese Terminologie lediglich deswegen bei, weil einmal das Wort gerade zur Bezeichnung der rechtlichen Stellung der Türkei im modernen publizistischen Sprachgebrauch gang und gäbe, weil es sich in den modernen neueren völkerrechtlichen Verträgen vorfindet, und endlich, weil, wie bereits erwähnt und wie noch zu beweisen, gewisse Lehensförmlichkeiten sich auch bei der modernen Halbsouveränität vorfinden können.

Zur Begründung dieser bisher nicht üblichen beschränkten Anwendung des Wortes müssen wir auf die Fragen eingehen, wo, wann und wie der Begriff der Suzeränität entstanden, wie er sich weiter entwickelt hat, und, speziell uns angehend, welche tatsächlichen Verhältnisse diesem Begriffe bei den Unterstaaten der Türkei zu Grunde liegen.

§ 15. Begriff der Suzeränität[1].

a) Ursprüngliche Bedeutung.

Das Wort „suzerän“ ist wie das verwandte Wort „souverän“ französischen Ursprungs und soll im Beginne des 15. Jahrhunderts aufgetaucht sein in der Nähe von Angers[2]. (Note 2 siehe S. 87.)

---

[3] Vgl. oben p. 74.

[4] Rouard de Card, p. 188. Vgl. auch ders. p. 182, 183.

[5] Lee Warner, „The protected princes of India“, 1894, preface, p. VIII. Shepheard, Suzerainty, p. 437.

[1] Stubbs, Feudal suzerainty and relations between suzerain and vassal States, Lond. 1883. Separatabdruck aus dem „Law Magazine“ 1883. Kelke, Modern Suzerainty in der Law Quarterly Review, XII p. 215—229,

M.B.

Die Ableitung des Wortes ist sehr bestritten.

Jedenfalls wird man, ebenso wie man mit ziemlicher Sicherheit das Wort „Souveränität“[3] nicht mehr vom Worte supremus[4], sondern von supra, superanus = superior, superanitas — ein Wort des mittelalterlichen Latein — soveranitas[5] ableitet, das Wort „Suzeränität“ vom lateinischen susum und sursum herleiten können, zumal da sich im mittelalterlichen Latein ein diesem Begriffe korrespondierendes Wort, nämlich suseranus, surseranus vorfindet[6].

Gewifs besteht, das wird man nicht leugnen können, eine Verwandtschaft zwischen Souveränität und Suzeränität in ihrem ursprünglichen Gebrauch. Darauf deutet ja bereits die Auffassung Pasquiers[7], der es geradezu als Korruption des Wortes souverän zu betrachten scheint, und die etymologische Ableitung des Wortes bei Littré[8] und anderen von sus = superieur.

---

an den sich vorwiegend unsere etymologische Entwickelung anschliefsen wird. Shepheard, Suzerainty, in the journal of the society of comparative legislation. New Series no. III December 1899. Skeat, Etymological Dictionary of the English language 1882. Dietz, Etymologisches Wörterbuch der romanischen Sprachen 1887. Körting, Lateinisch-Romanisches Wörterbuch 1891.

[2] Kelke, p. 215. Über seine Entstehung als Exemption des dominium mundi der römisch-deutschen Kaiser vgl. Pischel, p. 14.

[3] Vgl. Näheres darüber bei Schneller, a. a. O. p. 163 ff.

[4] So auch Homorat, Dictionnaire provençal français u. Schneller, p. 163.

[5] Über die verschiedene Bedeutung des Wortes souverain vgl. La Curne de St. Palayé, Dictionnaire de l'ancien language français, IX p. 512. Littré, Dictionnaire de la langue française, t. II 2 p. 2025. Eine richtige etymologische Ableitung der Worte souverain und suzerain gibt Scheler, Dictionnaire d'Etymologie française, Bruxelles 1888. Übereinstimmend Jellinek, Allg. Staatsl. I, p. 407 Anm. 4. Vgl. unten p. 89 Anm. 14.

[6] Skeat, a. a. O. p. 615. Dietz, p. 312. Körting, p. 699. Kelke, p. 215, ist dagegen der Ansicht, dafs es sich in keiner romanischen Sprache und auch nicht im mittelalterlichen Latein vorfindet.

[7] Etienne Pasquier, Les Recherches de la France, Paris 1621, livre VIII chap. 19: „De ces mots, Maistre, Souverain, Suzerain, Sergent“ gibt zuerst in ausführlicher Weise die Entwickelung des Wortes Souverain. Im weiteren Verlaufe seiner Darstellung scheint Pasquier indes tatsächlich das Wort suzerain mit souverain identifiziert zu haben, denn obwohl es im Titel des Kapitels steht, kommt es im Texte nirgends vor. Er zitiert nur die Ableitung des Wortes durch Cujaz vom lateinischen Caesarianus. Conf. Cujaz, Neapolitanische Ausgabe 1722, t. IX, col. 1483. Conf. Anm. 19.

[8] Littré II 2 p. 2110. Etym.: „Mot composé avec sus en haut, comme souverain l'est avec super.“

Kelke hat die ursprüngliche Bedeutung des Wortes in den einzelnen coutumes von Frankreich genau geprüft [9] und ist zu dem Ergebnis gelangt: 1. dafs das Wort niemals vom König als solchen gebraucht wird; es wird nur dann gebraucht, wenn er als spezieller Lehensherr irgend eines Gutes angeführt wird; 2. der Gebrauch der Worte suzerain und vassal als korrelater Begriffe ist im 15., 16., 17. Jahrhundert gänzlich unbekannt, vielmehr erfordert die lehensrechtliche Suzeränität drei Personen, suzerain, vassal und arrière vassal.

Dies beweist, dafs die Bedeutung des Wortes eine andere geworden ist [10]. In der Tat finden sich z. B. in den coutumes der Bourgogne Beispiele, die diese Behauptung Kelkes zu bestätigen scheinen [11].

Man bediente sich jedoch auch häufig, um das Verhältnis zwischen diesen drei Personen zu bezeichnen, der Worte: seigneur souverain, seigneur supérieur, chef seigneur, seigneur dominant, seigneur feodal etc. [12].

Aus diesem Grunde ist die Wahrscheinlichkeit sehr grofs, dafs die Adjektiva suzerain und souverain in Verbindung mit dem Substantiv seigneur von 1400—1600 vielfach identisch gebraucht wurden [13].

Beide Worte bedeuten somit zu dieser Zeit niemals höchste,

---

[9] p. 216. Nach ihm begegnet das Wort in den coutumes der Bretagne 1456, Tourraine 1506, Chartres 1508, Loudun 1517, Marche 1521, Bourbon 1521, Termonde 1611; ferner in den coutumes von Maine, Anjou, Tours, Poitou unbestimmten Datums.

[10] Kelke, p. 216. "If B holds land of A, and C of B, than A is seigneur to B, and suzerain to C. B is vassal to A, and seigneur to C. C is arrièrevassal to A, and vassal to B. Feudal suzerainty required three persons. This alone proves that the word in the mouth of a modern international jurist has travelled very far from its original meaning." Daher ist es auch falsch, wenn Sirmagieff, a. a. O. p. 179, wo er über lehensrechtliche Abhängigkeit spricht, den Satz aufstellt: „le propriétaire qui concédait les fiefs prenait le nom de suzerain;“ es müfste unbedingt heifsen „de seigneur“.

[11] Observations sur la coutume du duché de Bourgogne, II p. 59, 60, 197, 198.

[12] Kelke, p. 216.

[13] Kelke, p. 216.

auch nicht königliche, sondern nur höhere Gewalt[14] oder Lehensherrlichkeit.

Pasquier[15] gelangt bei der Entwickelung des Wortes souverain zu dem Ergebnis, dafs es gegen Anfang des 16. Jahrhunderts[16] nur den König als souverän bezeichnet. „Par ainsi voila comme d'un mot de Souverain qui s'employoit communément à tous ceux qui tenoient les premières dignitez de la France, mais non absolument, nous l'avons avec le temps accomodé au premier de tous les premiers, je veux dire au Roy."

Damit wurde endgültig die Trennung zwischen suzerän und souverän vollzogen.

Wie wird das Wort nach dieser Trennung angewandt?

Der Ausdruck suzerain beschränkt sich in der Folgezeit nach Furetière auf die Ducs, Comtes et autres grands Seigneurs possédant des fiefs de dignité qui relèvent immédiatement du Roy[17].

Das Wort suzerain ist überhaupt vom Anfange an im allgemeinen ziemlich selten gebraucht worden, es hatte, man könnte fast sagen, nur lokale Bedeutung. In vielen coutumes, auch in allen diplomatischen Aktenstücken, sowie in den Edikten

---

[14] Kelke, p. 217. "Neither word imported royalty, nor even supremacy, only superiority. Any one was sovereign or suzerain, who had two ranks of vassals below him", daher der Satz: chaque baron est souverain dans sa baronie. Übereinstimmend G. Meyer, Staatsr. p. 17. „Souverain (lateinisch „superanus", italienisch „soverano", französisch „sovrain") bezeichnet ursprünglich nicht den Inhaber der höchsten Gewalt, sondern nur einen höher Stehenden (superior). Souveränität wurde daher in Frankreich nicht blofs dem Könige, sondern auch den Baronen zugeschrieben; doch verstand man unter ‚sovrain', wenn das Wort ohne weiteren Zusatz gebraucht wurde, regelmäfsig den König." Siehe auch Anm. 5.

[15] Pasquier, a. a. O. p. 713.

[16] Kelke sagt Mitte des 16. Jahrhunderts.

[17] Zitiert von Kelke, p. 217. Über die sonstige Bedeutung des Wortes im französischen Sprachgebrauch conf. Pasquier, l. c. p. 712. Die Richter werden z. B. ebenfalls als suzerains bezeichnet. Auch daraus ersieht man indirekt, dafs die Verwandtschaft mit dem Worte souverain eine sehr grofse ist, indem heutzutage noch von der Souveränität der Gerichte gesprochen wird. Man sprach auch von cours souverains der französischen Parlamente. Pischel, a. a. O. p. 14. Über andere Bedeutungen des Wortes souverain und der furchtbaren Begriffsverwirrung Rehm, Allg. Staatsl. p. 58, und Pischel, p. 26 n. 1.

und Ordonanzen kommt das Wort nicht vor, was sicherlich nicht der Fall gewesen wäre, wenn es offizielle Anerkennung gefunden hätte[18].

Im vorigen Jahrhundert wird das Wort im oben geschilderten Sinne zur Bezeichnung der damaligen Abhängigkeitsverhältnisse sehr selten gebraucht, dagegen wird es üblich, alle Abhängigkeitsverhältnisse der Vergangenheit, wo man bis dahin den Lehnsherrn einfach seigneur nannte, jetzt auf ihn die Bezeichnung suzerain anzuwenden[19]. Mit diesem unterschiedslosen Gebrauch der Worte seigneur und suzerain ist es auch selbstverständlich üblich geworden, suzerain und vassal als korrelate Begriffe aufzufassen.

Das Adjektivum suzerain, früher nur in Verbindung mit dem Worte seigneur, synonym dem seigneur souverain, dominant, etc. wird jetzt substantivisch gebraucht und ist synonym dem Worte seigneur.

Dies die Bedeutung des Wortes suzerän zur Bezeichnung des lehensrechtlichen Verhältnisses von Person zu Person.

b) Bedeutung des Wortes im 19. Jahrhundert.

Wann und wie wird nun das Wort im Verhältnis der Staaten zueinander gebraucht?

Die Antwort darauf lautet: in diesem Sinne kommt das Wort im 17. und 18. Jahrhundert überhaupt nicht vor. Erst in den Staatsverträgen des 19. Jahrhunderts taucht es zum ersten Male auf[20]. Wir finden es im Vertrage zwischen Rufsland und der Pforte, die Ionischen Inseln betreffend, von 1800, im

---

[18] Conf. Kelke, p. 219.

[19] Kelke, p. 217 i. f. and p. 218, der auf das Buch von Brussel, L'usage des Fiefs aufmerksam macht, wo ein Kapitel den Titel führt: „Tout Seigneur avait etc.", während im ganzen Kapitel das Wort suzerain statt seigneur gebraucht wird. Conf. Anm. 7.

[20] Kelke, p. 20. Mit Recht bemerkt er, dafs sich das Wort unbedingt in einigen Verträgen hätte vorfinden müssen, falls es damals üblich gewesen wäre; vor allem weist er hin auf den Vertrag zwischen Ludwig XIV. und dem Herzog von Lorraine von 1704, wo das Wort hätte stehen müssen, aber nicht gestanden hat. Auch in den Kapitulationen der Türkei an die Fürstentümer kommt es nicht vor; die modernen Herausgeber übersetzen freilich das betreffende türkische Wort mit „suzeraineté".

Pariser Vertrage von 1814, im Londoner Vertrage von 1827 über Griechenland.

Da wir uns hier speziell mit dem Worte „Suzeränität", vor allem mit der Suzeränität der Pforte beschäftigen wollen, so können wir alle Fragen, welche sich an die Vasallität, die verschiedenen Arten der lehensrechtlichen Vasallität[21], an die Frage der Vereinbarkeit von Souveränität und Vasallität knüpfen, übergehen, und verweisen auf die ausführlichen Erörterungen in den Lehrbüchern des Lehenrechts[22], vor allem aber auf Herbert Pernice, „Summum principum Germanorum imperium num possit et quatenus possit nexui feudali subjectum esse". Halae 1845, auf Stubbs, Feudal suzerainty and relations between suzerain and vassal Staates, und Wippermann, „Steht die Grafschaft Waldeck unter hessischer Lehensherrlichkeit" 1847, wo in ausführlicher Weise auf alle die wichtigen Fragen des Lehensrechts eingegangen wird.

Hier wollen wir vielmehr sehen, in welcher Bedeutung das Wort „Suzeränität" im 19. Jahrhundert vorkommt.

Der Vertrag zwischen der Pforte und Rufsland von 1800, betreffend die Ionischen Inseln[23], ist ein typisches Beispiel für die lehensrechtliche Abhängigkeit, wie sie ja von der Türkei mit gewissen Modifikationen bereits bei ihrem Erscheinen in Europa vielfach begründet wurde, wie denn überhaupt die Türkei schon von Bodin als typisches Land des Lehensrechtes hingestellt wird[24].

Im Artikel 1 dieses Vertrages heifst es: „Les îles formeront une république soumise à titre de suzeraineté à la Sublime Porte", und weiter in demselben Artikel „S. M. l'empereur Ottoman et ses successeurs, étant suzerains de la susdite république, c'est à dire seigneurs, princes et protecteurs et la dite république étant

---

[21] Bodin, I cap. 9. Landmann, Der Souveränitätsbegriff Bodins, 1896, J. D. Leipzig, p. 43 ff. und Stubbs, a. a. O. p. 16, 17.

[22] Gerber-Čosack, Deutsches Privatrecht, p. 185. Stobbe-Lehmann, Handbuch des deutschen Privatrechtes, II 2 1897 p. 363 f. u. a. m.

[23] Martens, R. VII p. 41. Neu bestätigt durch den Vertrag von Amiens 1802.

[24] Bereits v. Martitz, in der Zeitschrift für gesamte Staatswissenschaften, Tübingen Bd. XXXII p. 563, bezeichnet die Türkei als das klassische Land des Lehensrechtes. Vgl. auch Heilborn, a. a. O. p. 4.

vassal de la S. P. c'est à dire dépendante, soumise et protégée . . . . etc."

Man sieht hieraus, daſs die korrelaten Begriffe suzerain-seigneur auf der einen und vassal auf der anderen Seite zur Bezeichnung der gegenseitigen Beziehungen zwischen der Türkei und den Ionischen Inseln angewandt werden, im selben Sinne wie zum Beispiel das Verhältnis Neapels zum Heiligen Stuhle.

Vergleicht man dagegen die Verträge Ruſslands und der Pforte, die Donaufürstentümer betreffend, namentlich die Friedensverträge von 1774 und 1812, so wird man eine annähernde Bestimmung vergebens suchen. Es fehlt überhaupt eine lehensrechtliche Präzision der Stellung beider Fürstentümer zur Türkei [25].

Im Pariser Vertrage vom 30. Mai 1814 [26] Art. 8 verzichtet Frankreich „à tous les droits de souveraineté, de suzeraineté et de possession sur tous les pays et districts etc.".

Was unter Suzeränität in diesem Vertrage gemeint ist, ist nicht gesagt. Es wird sich hier wohl auch wieder um lehensrechtliche Suzeränität handeln.

Endlich findet sich das Wort „Suzeränität" in diesem Sinne im Londoner Vertrage vom 6. Juli 1827 [27] Art. II al. 2, wo es heiſst: „Les Grecs relevront du Sultan comme d'un Seigneur Suzerain, et en conséquence de cette suzeraineté ils payeront à l'Empire Ottoman une redevance annuelle, dont le montant sera fixé une fois pour toutes d'un commun accord."

„Ils seront gouvernés par des Autorités qu'ils choisiront et nommeront eux-mêmes, mais à la nomination desquelles la Porte aura une part déterminée."

Hier hält man sich, wie ersichtlich, noch genau an Ausdrücke des Lehensrechts.

Daſs aber sowohl die Stellung der Ionischen Inseln auf Grund des Vertrages von 1800 wie die Stellung Griechenlands zur Türkei sich nicht viel unterschieden hätte von derjenigen der Donaufürstentümer nach 1856, brauchen wir kaum näher auszuführen. Immerhin war damals eine Gleichstellung der Ionischen

---

[25] Vgl. oben p. 12 ff. und 26 ff.

[26] Martens, N.R. II 1, p. 13. Ghillany, Dipl. Handbuch, I p. 303.

[27] Martens, N.R. VII p. 282, 465. Ghillany, II b p. 390.

Inseln und Griechenlands mit den Donaufürstentümern nicht beabsichtigt. Es zeigt sich dies am besten daraus, dafs man sich bei der Regelung der Stellung der Ionischen Inseln keineswegs auf die Donaufürstentümer bezog, dafs man sich aber auf letztere bezog, um die Stellung der Tetrapolis, Prevesa, Parga, Vonitza und Butrinto näher zu regeln [28].

Im übrigen hatten beide Verträge eine höchst geringe praktische Bedeutung. Sie waren nur vorübergehender Natur. Der erste Vertrag, der von grofser Bedeutung für die Folgezeit war, und in dem das Wort „Suzeränität" wieder vorkommt, war der Pariser Vertrag vom 30. März 1856 [29], und im Anschlusse an diesen kommt das Wort dann in allen weiteren Verträgen und Protokollen vor, die sich, sei es zur näheren Durchführung der Bestimmungen des Pariser Kongresses, an denselben anschliefsen, wie die Pariser Konvention vom Jahre 1858, sei es überhaupt in der Folgezeit auf orientalische Angelegenheiten sich beziehen. Seit 1856 ist der Ausdruck „Suzeränität" so recht eigentlich zur Bezeichnung des Verhältnisses der Türkei zu ihren Unterstaaten üblich geworden.

Was ist nun der Inhalt dieser modernen Suzeränität?

Vorab ist festzustellen, dafs der Inhalt derselben kein lehensrechtlicher ist. Die Entwickelung der Donaufürstentümer und Serbiens haben wir an einem anderen Orte bereits gegeben und demnach die rechtliche Stellung dieser Fürstentümer in mehrere Perioden zerlegen können, von denen wir die erste Periode in allen drei Ländern als lehensrechtliche bezeichneten und die Gründe dieser unserer Annahme an der Hand der Verträge näher ausführten [30].

Auch der Pariser Vertrag gibt zwar nicht ausdrücklich eine allgemeine Begriffsbestimmung des Wortes „Suzeränität", und auch in den Protokollen sucht man eine solche vergebens, aber doch ergibt sich deutlich aus dem Vertrage, dafs er nicht eine lehensrechtliche Abhängigkeit meint, sondern dafs er einen neuen Begriff damit aufstellen will, der uns nach Wesen und Inhalt in den übrigen Artikeln des Pariser Vertrages vorgeführt

[28] Art. VIII. Martens, N.R. II p. 45.

[29] Martens, N.R.G. XV p. 770. Übereinstimmend Pischel, p. 31 n. 1.

[30] Vgl. oben p. 18, 33.

wird. Der Kongreſs hat eben dieses Wort „Suzeränität“ in den internationalen Sprachgebrauch eingeführt und an denselben Konsequenzen geknüpft, indem er einzelne nähere Bestimmungen trifft. Es war auch nicht Sache des Kongresses, Begriffe zu schaffen, vielmehr war nur Sache des Kongresses, einen praktischen modus vivendi — wenigstens einen leidlichen Zustand — aufzustellen, aus dem die Wissenschaft dann in der Zukunft ihre Begriffe abstrahieren sollte.

Vergleichen wir auſserdem die Bestimmungen des Pariser Kongresses, in welchem das Wort „Suzeränität“ vorkommt, mit den vorher besprochenen Verträgen unseres Jahrhunderts, so ist hier im Pariser Kongresse von einer Erläuterung des Begriffes suzerain im Sinne der früheren Verträge, d. h. von seigneur = suzerain keine Rede.

Es würde unseres Erachtens kaum der ratio des Kongresses entsprechen, im 19. Jahrhundert lehensrechtliche Zustände, die mit der modernen Staatsauffassung gänzlich unvereinbar, wieder einführen zu wollen[31].

Nach diesen vorhergehenden Erläuterungen glauben wir, ohne jeglichen Kommentar, die Bestimmungen des Pariser Kongresses, die sich auf unseren Gegenstand beziehen, der Reihenfolge nach aufzählen zu können:

Art. 22. „Les principautés de Valachie et de Moldavie continueront à jouir sous la suzeraineté de la Porte et sous la garantie des puissances contractantes, des privilèges et des immunités dont elles sont en possession“ etc. . . . „Il n'y aura aucun droit particulier d'ingérance dans leurs affaires intérieures.“

Art. 23. „La sublime Porte s'engage à conserver auxdites principautés une administration indépendante et nationale, ainsi que la pleine liberté de culte, de législation, de commerce et de navigation“ . . . etc.

Art. 25 al. 2. „L'entente finale avec la puissance suzeraine sera consacrée par une convention conclue à Paris entre les hautes parties contractantes, et un hatti-chériff, conforme aux stipulations de la convention, constituera définitivement l'organisation de ces provinces“ . . . etc.

---

[31] Über die nähere Begründung vgl. unten p. 99 ff.

Art. 28. „La principauté de Servie continuera à relever de la sublime Porte, conformément aux hats impériaux qui fixent et déterminent ses droits et immunités" . . . etc.

Al. 2. „En conséquence, ladite principauté conservera son administration indépendante et nationale, ainsi que la pleine liberté de culte, de législation, de commerce et de navigation."

Der Berliner Vertrag vom 13. Juli 1878[32] stellt Bulgarien als ein autonomes, tributpflichtiges Fürstentum hin unter der Suzeränität der Pforte.

Art. 1. „La Bulgarie est constituée en Principauté autonome et tributaire sous la suzeraineté de S. M. I. le Sultan, elle aura un gouvernement chrétien et une milice nationale."

Der Inhalt dieser Suzeränität ist, wie bereits erwähnt, in den nachfolgenden Artikeln des Näheren erläutert.

Die Suzeränität von 1878 ist ihrem Wesen nach dieselbe wie die von 1856. Sie hat nur, wie schon hervorgehoben, durch einzelne Bestimmungen eine vollkommenere Gestalt empfangen[33].

Auch Bulgarien ist ein halbsouveräner Staat wie die Donaufürstentümer; der Fürst wird durch einen Investiturfirman von der Pforte bestätigt, er ist zur Treupflicht verbunden. Das Fürstentum zahlt einen Tribut; von einer Verpflichtung zur Heeresfolge wird allerdings nicht gesprochen. Wegen dieser lehensrechtlichen Formen geht nun die Auffassung der meisten Schriftsteller dahin, dafs es sich hier bei den Unterstaaten der Türkei um lehensrechtliche Abhängigkeitsverhältnisse handle.

Vor allem vertreten diese Auffassung unter vielen Arntz[34],

---

[32] Martens-Samwer, N.R.G. 2 Série III p. 276 ff.

[33] Vgl. oben p. 41.

[34] R.D.J. IX p. 43. Er sagt ungefähr folgendes: Die lehensrechtliche Suzeränität ist ein lehensrechtlicher Ausdruck, wo er die Gesamtheit der Rechte des Lehensherrn gegenüber dem Vasallen bezeichnet, und ist mit Unrecht in das Völkerrecht übernommen worden. Die Suzeränität hat nach ihm mit der Souveränität nichts gemein. Dies ist so wahr, sagt Arntz, dafs manchmal „que le sujet était le suzerain de son souverain et le souverain était le vassal de son sujet de qui il avait reçu un fief". Gegen diese Ausführungen Arntz' ist einzuwenden, dafs der Begriff nun einmal im Völkerrechte vorkommt; unsere Aufgabe ist es, denselben nach Möglichkeit zu präzisieren und nicht gleich über ihn ein abfälliges Urteil zu fällen. Der lehensrechtliche Begriff ist überhaupt nicht übernommen, weder mit Recht noch mit Unrecht. Alle Beispiele, die Arntz gegen die

Stubbs[35], welcher der Durchführung dieses Gedankens seine ganze Abhandlung gewidmet hat, ferner Jellinek[36], Bluntschli[37], Calvo[38], Fiore[39], Martens[40], Phillimore[41], Heffter[42] u. a. m. und neuerdings Heilborn[43], der sich hauptsächlich an Stubbs anschliefst und ebenfalls die Verpflichtung des Vasallen in Treue, Ehrfurcht und Heeresfolge findet. Heilborn geht sogar so weit, zu erklären, dafs auch das Protektorat in der Lehensherrlichkeit seine Wurzel finde[44]; ferner Despagnet[45], Gairal[46], Piedelièvre[47], Ullmann[48], Liszt[49], Bonfils[50], Rivier[51].

Nur andeutungsweise ist der Standpunkt folgender Schriftsteller zu erklären. Holtzendorff[52], der zwischen Halbsouveränität und Protektorat nicht unterscheidet, gibt zu, dafs die historischen Anknüpfungspunkte vorzugsweise im vasallitischen

---

Suzeränität anführt, sind aus dem Lehenrechte genommen, können daher unmöglich für moderne völkerrechtliche Verhältnisse in Betracht kommen. Übereinstimmend Sirmagieff, p. 181.

[35] Vor allem p. 15, 22. "The comprehensive idea of the dependence of a State as vassal on another as suzerain is derived from and analogous to that of the feudal state of dependence of an individual vassal on his seigneur, and the conditions attaching to the dependence may be considered as identical."

[36] St.V. p. 147, wo er im Anschlufs an die deutschen Lehensverhältnisse die Vasallenstaaten der Türkei anführt.

[37] Reg. 76.

[38] I p. 204.

[39] I p. 301.

[40] I p. 251.

[41] I p. 119.

[42] § 19 p. 49, § 22 p. 55.

[43] Heilborn, a. a. O. p. 57, 129.

[44] Ders., a. a. O. p. 57.

[45] A. a. O. p. 48. Ders., Cours de droit international public 1899, p. 81.

[46] p. 75, 112.

[47] I p. 87, 91.

[48] p. 51.

[49] Liszt, Völkerrecht, 1898 p. 31.

[50] p. 94 Nr. 188.

[51] A. Rivier, Lehrbuch des Völkerrechtes, 1899 p. 103 n. 2, und ders., Principes I p. 81.

[52] Handbuch des Völkerrechtes, II p. 98, 99.

Verhältnis des mittelalterlichen Lehenswesens ruhen. Dabei vermischt er die moderne Suzeränität mit der lehensrechtlichen, indem er den Mangel der Souveränität auf seiten des Vasallen nicht als unbedingt notwendig hinstellt und als Beispiel Neapel anführt.

Eine ähnliche Stellung nehmen auch Bulmerincq[53] und Pradier-Fodéré[54] ein, vor allem aber Brie[55], der zugibt, dafs mit der Abnahme des Lehensbandes auch die Lehensverbindung zwischen Staaten eine wesentliche Abschwächung erfahren habe, so dafs die Unterordnung des Vasallenstaates unter die Lehensgewalt nicht als notwendig angenommen werden mufs. Es wird nach Brie heutzutage vielmehr hauptsächlich nur die lehensrechtliche Terminologie angewandt, so namentlich zum Bezeichnen des Verhältnisses der Türkei zu den von ihr abhängigen Staaten, und insofern nähert sich seine unserer Ansicht.

Auf der anderen Seite sind einige wenige Schriftsteller, die bereits das Unzutreffende dieser gewaltsamen Zurückführung auf lehensrechtliche Abhängigkeit eingesehen haben und als essentialia der Suzeränität nicht diese lehensrechtlichen Verpflichtungen erblicken, so vor allem Hall[56], Westlake[57], Hachenburger[58], Sirmagieff[59], Pischel[60] und neuestens Shepheard[61] und Kelke[62], der aber meines Erachtens viel zu weit geht,

---

[53] Bulmerincq, p. 193.

[54] tom. I no. 110 p. 195 et 199 i. f.

[55] St.V. p. 33 und p. 33 n. 4.

[56] Hall, International law, p. 25.

[57] Westlake, R.D.J. XXVIII p. 274, 275.

[58] Hachenburger, p. 24 n. 1. „Il ne s'agit pas là, ainsi qu'on l'a fait remarquer, de rapports féodaux. L'hommage ne porte pas préjudice aux droits territoriaux du vassal qui conserve aussi le droit de traiter avec les États étrangers dans la mesure pourtant où le lien féodal reste intact.“ Wie ersichtlich, nicht ganz präzis, trotz des guten Vorsatzes!

[59] Sirmagieff, p. 181.

[60] Pischel, a. a. O. p. 31, namentlich aber p. 44: „Das jetzige Verhältnis der Suzeränität hat mit den von dem Lehnrecht geschaffenen Zuständen nicht das mindeste gemein, und haben daher alle Hinweise auf mittelalterliche Auffassung und Bedeutung nicht die mindeste Beweiskraft.“ Im Widerspruch freilich mit seiner eigenen Behauptung p. 33.

[61] Shepheard, p. 432 ff. u. 438, der zwischen „suzerainty in feudal sense“ und „suzerainty by treaty“ unterscheidet. Seine Definition der Suzeränität p. 437 ist aber unseres Erachtens eine viel zu enge.

[62] A. a. O. p. 224.

wenn er überhaupt jegliche lehensrechtliche Beziehung auch in der früheren Zeit bei der Türkei leugnet und vielmehr die Rechtsstellung derselben zu ihren Unterstaaten mit der des Grofskönigs zu seinen Satrapen vergleicht[63]. Damit ist doch noch immer nicht gesagt, wie das Verhältnis des Grofskönigs zu seinen Satrapen gewesen ist. Es fehlt ein Beweis[64].

Man wird unseres Erachtens nicht bestreiten können, dafs die von der Pforte in früheren Jahrhunderten geschlossenen Verträge lehensrechtliche waren, wie denn auch die heutigen Beziehungen zu den moslemitischen Unterstaaten Abhängigkeitsverhältnisse des moslemitischen Lehensrechtes bilden dürften, allerdings mit bedeutsamen Modifikationen des modernen Staats- und Völkerrechtes.

Die Gründe, warum man bei den christlichen Unterstaaten der Pforte nicht von einer lehensrechtlichen Abhängigkeit sprechen kann, liegen unseres Erachtens in folgendem:

Die Donaufürstentümer sind, wie wir bereits dargetan, Ende des vorigen und anfangs dieses Jahrhunderts noch Provinzen gewesen.

Die Pforte hat auf Grund der Verträge mit Rufsland sich verpflichtet, den Donaufürstentümern gewisse Privilegien zu gewähren. Diese wurden einzeln, stückweise den Fürstentümern durch einseitige Willenserklärung der Pforte an dieselben verliehen, und zwar geschah dies in der im türkischen Staatsrechte üblichen Form von Firmanen. Die Fürsten der Donaufürstentümer und Serbiens wurden, als die Abschüttelung der türkischen Herrschaft so weit fortgeschritten war, auch dann von der Pforte nicht als Lehensmannen — das wäre ja gewissermafsen eine Anerkennung ihrer geringen Abhängigkeit gewesen — betrachtet, sondern als blofse Statthalter, die ebenfalls durch sogenannten

[63] Ibidem: „The Turkish Empire was modelled not on feudal principles; rather it is comparable with that of the great king and his satrapies, or other Eastern Empires."

[64] Zu den letzterwähnten Schriftstellern gehört nur scheinbar Boeresco, R.G.D.J. IV p. 337, der zwar eine lehensrechtliche Abhängigkeit leugnet, aber andererseits im Suzeränitätsverhältnisse nichts anderes als eine ungleiche Allianz sieht und keine genügende Scheidung zwischen der Abhängigkeit durch die alten Kapitulationen und der Abhängigkeit auf Grund der neueren Verträge bei den Donaufürstentümern macht.

Investiturfirman[65] in die Statthalterschaften eingesetzt werden. Die Form blieb dann auch noch nach 1856, trotz des Pariser Kongresses, trotz der Schaffung halbsouveräner Staaten, dieselbe, weil ja nach türkischer Staatsauffassung sich im Verhältnisse zur Türkei nichts geändert, weil diese halbsouveränen Staaten auch nach 1856 für die Türkei nichts weiter als privilegierte Provinzen waren, eine Auffassung, die unmöglich allgemein maſsgebend sein kann. Die Türkei sah eben in der Halbsouveränität die Eigenschaft, eine privilegierte Provinz zu sein.

Trafen bei den Donaufürstentümern nach 1856 die essentialia der lehensrechtlichen Vasallität zu, wie sie sich z. B. vorfinden im Verhältnisse Genuas zu Frankreich, Neapels zum Heiligen Stuhle, der deutschen Territorien zum Reiche oder Serbiens zur Türkei 1389? Bekanntlich wurden bei der lehensrechtlichen Vasallität gefordert das homagium, die Heeresfolge und ein Tribut.

Was das homagium betrifft, so wurde dieses zwar in jedem Investiturfirman neu hervorgehoben. Den halbsouveränen Fürsten ward ursprünglich auch dieselbe Behandlung zu teil wie den übrigen Statthaltern; auch sie sollten einen Fez tragen und türkische Uniform, weil sie eben nichts anderes als türkische Beamte in den Augen der Pforte waren[66]. Sie muſsten ferner bei Besuchen in Konstantinopel dem Sultan ihre Huldigungen darbringen, die neben dem übrigen Zeremonial auch im Küssen des Saumes des Gewandes — nicht der Hand — bestanden. All dies wurde aber von halbsouveränen Fürsten niemals ausgeführt, und die Pforte zeigte sich später in praxi viel milder und verzichtete auf diese Äuſserlichkeiten.

---

[65] Auch Berat genannt, was gewöhnlich mit „Lehensbrief“ übersetzt wird. Diese Art der Übersetzung ist ungenau. Nicht jeder Berat ist Lehensbrief. Jeder Statthalter wird durch Berat in seine Provinz eingesetzt, daher die Übersetzung „Bestallungsurkunde“ viel zutreffender.

[66] Charakteristisch hierfür ist ein Brief des Groſsveziers Reuf Pascha an den Fürsten Michael vom Jahre 1842. Da derselbe von den Serben zur Abdankung gezwungen wurde und an seiner Stelle Fürst Alexander Karageorgevitch zum Fürsten gewählt wurde, fordert der Groſsvezier den Fürsten Michael auf, alle seine Insignien, wie Fez, Orden und Uniform, dem neugewählten Fürsten zu übergeben. Nil Popow, Geschichte Serbiens, Bd. IV p. 455 (serbisch aus dem Russischen übersetzt).

Weder Fürst Carol von Rumänien noch Fürst Michael und Fürst Milan von Serbien hielten sich an diese Bestimmungen bei Besuchen beim Sultan. Sie hatten ihre eigene Uniform, waren von Offizieren ihres eigenen Heeres begleitet, kamen auf Schiffen mit eigener Flagge.

Nur der Fürst von Bulgarien hatte in jüngster Zeit dieses alte Zeremoniell bei seinem Besuche in Konstantinopel wieder getreulich befolgt, und zwar tat er dies allerdings nicht in der Eigenschaft als Fürst von Bulgarien, sondern als Vali (Gouverneur) der Provinz Ostrumelien[67]. Aber selbst wenn er es als Fürst von Bulgarien getan hätte, würde man in dem Auffrischen dieser Zeremonialfrage nicht ein begriffliches Moment der modernen Suzeränität finden können, sondern eine reine Formalität, die, ob sie nun ausgeführt wird oder nicht, an dem bestehenden Rechtsverhältnis zwischen Suzerän und Halbsouverän nichts ändert. Der Inhalt des Rechtsverhältnisses wird unseres Erachtens dadurch nicht berührt.

Viel wichtiger ist die Tributfrage, die allein ein interessantes Thema zur ausführlichen Bearbeitung geben würde.

In den neueren Lehrbüchern wird meistens hervorgehoben, dafs der Tribut eine reine Förmlichkeit sei, ein blofses Zeichen der Abhängigkeit, dafs er deshalb auch nicht begriffsnotwendig sei. Ein Tribut könne auch fehlen, und man könne immerhin auf Halbsouveränität schliefsen[68]. Die letztere Behauptung ist zwar richtig, die erste trifft dagegen in den meisten Fällen nicht zu. Der Tribut war vielmehr fast bei allen halbsouveränen Staaten kein blofses Zeichen der Abhängigkeit, sondern Zahlung

---

[67] Nach einer persönlichen Mitteilung aus Konstantinopel. Auch Fürst Milosch meldete sich 1835 bei seinem ersten Besuche in Konstantinopel wie jeder andere Untertan dem Sultan zur Audienz, trug dabei den Fez und machte Fufskufs. Ausführliche Schilderung des ganzen Zeremonials bei Petrowitsch, a. a. O. I p. 305 ff.

[68] Pradier Fodéré, § 109 p. 195. Holtzendorff, Handbuch, II p. 99. Martens, I p. 250. Daher erachten alle diese Schriftsteller denselben mit der Souveränität sehr wohl vereinbar und führen als Beispiel die Zahlung eines Tributes seitens einzelner Grofsmächte an die Barbareskenstaaten an. Die Bezeichnung dieser Zahlung als Tribut erscheint uns willkürlich. In diesem Falle ist es lediglich eine Zahlung an Räuber, damit sie einen in Ruhe lassen. Von staatsrechtlichen Verhältnissen kann keine Rede sein.

für gewährte Konzessionen, eine Schadloshaltung der Türkei für entgangenen Gewinn[69].

Dafs es sich nicht um eine blofse Form handeln kann, zeigt die relativ hohe Zahlung der privilegierten Provinz Samos[70] — 400 000 Piaster —, vor allem aber der Tribut Ägyptens an die Pforte[71] — 750000 £ —, wobei wir hier wieder betonen, dafs man diesen nur mit Vorsicht zum Vergleiche heranziehen kann, weil ja religiöse Einflüsse mitspielen.

Im dogmatischen Teil müssen wir dann noch des näheren auf die möglichen Komplikationen, was alles im Tribute mit einbegriffen sein kann, eingehen[72].

Die Heeresfolge, auf die vielfach ein so grofses Gewicht gelegt wird, findet sich eigentlich bei keinem Halbsouveränitätsverhältnisse vor.

Begrifflich würde es allerdings entsprechen, da ja der halbsouveräne Staat „partie intégrante“ des suzeränen Staates ist — dies aber die alleinigen Gründe — und weil der Suzerän die Schutzpflicht hat, dafs die Kriege des Suzeräns auch Kriege des halbsouveränen Staates sind.

Die vasallitische Heeresfolge, wie sie im Mittelalter ganz selbstverständlich war, findet sich nirgends mehr vor. Nur ein Anklang daran zeigt sich bei Ägypten, bei dem die lehensrechtliche Beziehung hervortritt, und bei dem der lehensrechtliche Charakter nicht abzustreifen ist, und gerade mit Beziehung darauf. Im übrigen hat auch diese Heeresfolge Ägyptens ihre Besonderheiten[73]. Tunis hat dagegen eine Pflicht zur Heeresfolge niemals

---

[69] Z. B. für Serbien Firman vom Jahre 1833. Abgedruckt Matitsch, Staatsrecht des Fürstentums Serbien, p. 50 (serbisch). Da sollte der Tribut entrichtet werden für die Überlassung der Erhebung der Zölle. Es zeigt sich Ähnliches auch bezüglich Ägyptens. Vgl. Separatakte zur Londoner Konferenz vom 15. Juli 1840. Art. V: . . . . „Mais le Sultan consent qu'à condition du paiement régulier du tribut susmentionné, Méhémet-Ali et ses descendants perçoivent au nom du Sultan et comme délégué de Sa Hautesse, dans les provinces dont l'administration leur sera confiée.“ Martens, N.R.G. t. I p. 161; Tkalac, p. 263.

[70] Vgl. oben p. 54.

[71] Der erste Firman über die Bestimmung der Höhe des Tributes ist vom Jahre 1841. Die Höhe betrug 80000 purses.

[72] Vgl. dogm. Teil § 24.

[73] R.D.J. XIII p. 331 (Engelhardt).

zugegeben und im Krimkriege nur als Verbündeter mitgewirkt, und zwar als Verbündeter Frankreichs[74]. Weder Serbien noch die Donaufürstentümer haben jemals an der Seite der Pforte gekämpft; die Pforte hatte es gar nicht verlangt; vielmehr hat die Pforte, zum Danke, dafs Serbien 1854 neutral geblieben ist, motu proprio versprochen, alle Privilegien, die ja, da sie gegenüber Rufsland erklärt, durch den Krieg hinfällig geworden, wofern sie nicht bereits staatsrechtliche Sanktion erhalten hatten, auch fernerhin sorgfältigst zu beachten und den Serben noch nachträglich ihren Wünschen entgegenzukommen[75].

Stubbs, a. a. O., freut sich, feststellen zu können, dafs die Heeresfolge der Halbsouveränität begrifflich innewohne, weil ja Ägypten im Kriege gegen Rufsland dem Sultan Heeresfolge geleistet habe.

Abgesehen davon, dafs die Bande mit der Türkei viel inniger sind, so ist dies geschehen, weil die ägyptischen Truppen infolge der Firmane durch den Chediwe dem Sultan unterstehen. Sie hatten aber den Charakter nicht von Hilfstruppen, sondern von einem organischen Teile der türkischen Armee[76]. Daraus, dafs sie 1878 mit der Türkei gemeinsame Sache machten, folgt nicht die Verpflichtung zur Heeresfolge. Es konnte ja lediglich der Anschlufs aus Sympathie für die Türkei erfolgt sein, wie die christlichen halbsouveränen Staaten aus Antipathie sich gegen die Pforte gewendet haben[77].

Das feindselige Verhalten Rumäniens und Serbiens gegen die Türkei im russisch-türkischen Kriege war ohne Zweifel

---

[74] Vgl. oben p. 64.

[75] Vgl. oben p. 31.

[76] A. A. Jellinek, a. a. O. p. 151. „Eine direkte Unterordnung unter die Kriegshoheit des Sultans ist indes auch für Ägypten nicht vorhanden. Dem Charakter des Staatenstaates entsprechend untersteht die ägyptische Armee dem Oberherrn nur durch das Medium des Khediwe, und die ägyptischen Truppen haben demgemäfs im letzten Kriege mehr den Charakter von Hilfstruppen als den eines organischen Teiles der türkischen Armee gehabt.“

[77] Übereinstimmend Kelke, p. 224: „I do not see any resemblance to the ban and arrière ban, if not under the express provisions of some firman. I fancy it was a matter of grace on Egypt's part or say rather of policy.“

ein rechtswidriges, darüber wird man sich nicht hinwegsetzen können[78].

Aus der Nichtverpflichtung zur Heeresfolge folgt nicht das Recht zur Feindseligkeit. Es wird aber wohl kaum jemand annehmen, dafs die Folge der Rechtsverletzung seitens der Donaufürstentümer bei einem etwaigen siegreichen Kriege der Pforte im Verluste der Halbsouveränität gemäfs lehensrechtlichen Grundsätzen gelegen wäre.

Dafs die Heeresfolge nicht Begriffsmerkmal der Halbsouveränität sein kann, ergibt sich noch neuerdings aus der Tatsache, dafs die Pforte 1886 mit Bulgarien einen Defensivallianzvertrag abschlofs[79]. Hätte es eines solchen wirklich bedurft, wenn die Heeresfolge ein Begriffsmerkmal der Halbsouveränität gewesen wäre?

Welches nun die charakteristischen Merkmale der Halbsouveränität sind, damit haben wir uns nicht hier, sondern im dogmatischen Teile des näheren zu beschäftigen[80].

Auf die Bedeutung des Wortes „Suzeränität" im Pretoria-Vertrage von 1881 haben wir bereits bei der Betrachtung der rechtlichen Stellung Transvaals zu England hingewiesen[81].

Bei den indischen Fürsten ist das Wort suzerainty dagegen in späteren Verträgen vielfach an die Stelle des Wortes alliance gesetzt worden. Heutzutage bedeutet es einen blofsen Deckmantel für die vollständige Absorption der meisten indischen Fürstentümer — Nepal und Bouthan ausgenommen —, die lediglich Selbstverwaltungskörper mit Besonderheiten des indischen Rechtes und indischer Sitten darstellen[82].

Die rein lehensrechtliche Suzeränität und Vasallität sind heutzutage gegenstandslos geworden.

[78] Übereinstimmend Sirmagieff, a. a. O. p. 263. Serbien insbesondere hatte 1877 kaum einen glimpflichen Frieden mit der Pforte geschlossen. Trotzdem erklärte es von neuem der Pforte ohne Grund den Krieg, und zwar erst, nachdem Plewna gefallen war! Conf. Rolin-Jacquemyns, R.D.J. X p. 5 ff., und die Proklamation des Sultans an das serbische Volk, wo er sich über die Undankbarkeit beklagt. Martens-Samwer, N.R.G. 2. Sér. III p. 234, 235.

[79] Vgl. oben p. 48.

[80] Dogm. Teil § 19.

[81] Vgl. oben p. 75.

[82] Lee-Warner, a. a. O.

Die letzten Überreste zeigten sich noch in dem gescheiterten Versuche Napoleons, die Lehenbarkeit wieder künstlich einzuführen durch die Errichtung des Schweizerischen Bundes, des Rheinbundes, der Lehensherrlichkeit über Holland und Monaco, vor allem aber durch die Schaffung kleiner Fürstentümer unter seiner Suzeränität, wie derjenigen von Piombino, Ponte Corvo, Neuchâtel, Benevent, Lucca (Lucques).

Ihr beschauliches Ende erlebten diese letzten Reminiszenzen aus längst vergangener Zeit in der Grafschaft Knyphausen in Oldenburg.

Auch für die sogenannten Tributärstaaten sind keine Beispiele mehr vorhanden.

Von der Etymologie des Wortes „suzerain“ ausgehend haben wir die mannigfachen Phasen, welche dieses Wort durchgemacht, betrachtet und die Auffassungen einer Anzahl von Schriftstellern angeführt, welche uns in der Annahme bestärkt haben, dafs dem Worte „Suzeränität“ heutzutage ein anderer Sinn zu Grunde gelegt werden mufs.

Wir glauben deshalb, ohne den tatsächlichen Verhältnissen Gewalt anzutun, das Wort suzerän nicht mehr im lehensrechtlichen Sinne gebrauchen zu müssen, wobei wir freilich den lehensrechtlichen Ursprung bereitwilligst anerkennen, sondern vielmehr den Begriff der Suzeränität lediglich als Teil des Gesamtverhältnisses der Halbsouveränität hinstellen zu sollen, als einen modernen völkerrechtlichen Begriff.

Zweiter Abschnitt.

Begriffliche Entwickelung des Wortes „Halbsouveränität“.

§ 16. Begriff der lehensrechtlichen Halbsouveränität.

Fast alle Schriftsteller, welche sich mit Staatenverbindungen beschäftigen, begnügen sich in ihren Erörterungen damit, Johann Jacob Moser als den Erfinder des Begriffes „Halbsouveränität“ zu bezeichnen [1]. Einige wenige üben dabei ganz allgemein eine scharfe Kritik an seiner Terminologie [2]; man hat es aber nicht

[1] Jellinek, Staatenverbindungen, p. 39. Ders., Allg. Staatsl. I p. 445. Sirmagieff, p. 168. Despagnet, p. 24. Hachenburger, p. 8 n. 1 u. a. m. Holtzendorff, II, p. 102 n. 2.

[2] Bornhak, p. 6.

versucht, den Moserschen Begriff der Halbsouveränität an der Hand seiner Werke näher zu prüfen.

Was versteht nun J. J. Moser unter seinem Begriffe der Halbsouveränität[3]?

Um eine klare Vorstellung von der Moserschen Halbsouveränität zu gewinnen, müssen wir vorher auf seinen Begriff der Souveränität und des Lehensrechtes eingehen und sehen, in welche Beziehung er seinen neugebildeten Begriff zu diesen beiden anderen Begriffen setzt.

Eine präzise Definition der Souveränität suchen wir bei Moser vergebens. Er führt zwar in seinen Werken eine reiche Fülle von Material vor, eine rechte Übersicht fehlt aber, und eine scharfe Terminologie ist dabei auch nicht zu erwarten.

Nach Moser wird souverän in zweifachem Sinne gebraucht, um die Unabhängigkeit und den absoluten Herrscher[4] zu bezeichnen. Nach dieser Erklärung identifiziert Moser schlechtweg halbsouveräne Herren mit souveränen Prinzen[5]. An einer anderen Stelle, bei der Besprechung des Zeremonials, behauptet Moser, was ja auch von seinem Standpunkte richtig ist, daſs gewisse halbsouveräne Fürsten den kleinen vollsouveränen Fürsten vorgehen. Als Beispiele führt er unter anderen die deutschen Kurfürsten an[6]. Auch eine scharfe Unterscheidung zwischen

---

[3] Moser, J. J., Versuch eines europäischen Völkerrechtes, I. Teil, 1777, p. 26 ff., und Beiträge zum europäischen Völkerrecht in Friedenszeiten, I. Teil, 1778, p. 39 und 508.

[4] Mos, Versuch § 1, p. 2. „Das Wort: Souverain wird in dem Völkerrechte, und in dem gemeinen Leben, in unterschiedenem Verstand gebraucht." „Forderist wird es in eigentlichem und engerem Sinne genommen; und zwar wiederum auf zweyerley Weise je nachdem von einem Staat, oder von einem Regenten, die Rede ist." „Ein Staat heiſst souverain, welcher unabhängig ist, das ist dem kein anderer Staat oder Herr in weltlichen Sachen etwas zu befehlen hat." Und dann weiter p. 3 oben: „Ein Regent aber wird souverän genannt, wann seine Regierungsrechte durch keine Reichsgrundgesetze eingeschräncket seynd." „In uneigentlichem und weitläufftigerem Verstand hingegen nennet man mehrmalen auch die hernach beschriebene halb-souveraine Herrn ebenfalls schlechtweg souveraine Prinzen."

[5] loc. cit.

[6] Moser, Versuch, I. Teil, p. 43: „Es ist ferner ein in dem Europäischen Völkerrecht ausgemachter Saz: Daſs ein halbsouverainer Herr oder Staat eine höhere Würde besizen kan, als ganz souverainer." Ohne des Königs von Böhmen gedenken zu wollen, bezieht sich Moser auf: „1) die

Abhängigkeit und Unabhängigkeit sucht man bei ihm vergebens[7]. Den Einfluſs der Macht auf die Gleichheit der Staaten läſst er ebenfalls mitspielen, und die Politik kommt dabei auch zu ihrem Rechte[8].

Eine Definition der Halbsouveränität fehlt[9]. Moser wendet das Wort vorwiegend an, um die Stellung des einen Fürsten zum anderen zu bezeichnen[10].

Den Unterschied zwischen halbsouveränen und ganzsouveränen

---

geist- und weltliche Churfürsten, 2) auf die Erz- und Bisthümer, 3) auf die weltliche alt-Fürstliche Häuser und 4) in seiner Maaſse, auf die vier Gräfliche Collegia, des Teutschen Reichs“.

[7] Moser, Versuch, p. 10: „Es gehet auch wohl an, daſs ein einiger groſser Herr, in verschiedener Absicht, 1) ganz unabhängig- und 2) darneben doch auch ein einem Oberhaupt untergebener Reichsstand seye.“

[8] p. 41: „Der Stärkere befiehlt zwar dem Schwächeren nichts; aber er nöthiget ihn doch zu manchem, darzu er der Stärkere, sich nicht verstünde, wenn es andere an ihn verlangten: Der Stärckere gibt Subsidien, damit ihme der Schwächere dagegen zu Dienste stehe; der Schwächere nimmt sie auch, und stehet dafür dem Stärkeren zu Dienste. Der Stärckere hat nicht leicht einen Überfall u. a. zu befahren; wohl aber der Schwächere“ etc. etc.... oder z. B. p. 8: „Indessen kan es solche Fälle geben, wann der Lehenherr merklich gröſser ist, als der Lehenmann, und jener diesem gutes oder böses thun kan, der Vasall, dem Lehenherrn zu Gefallen, zuweilen etwas thut, daſs er auſserdem etwa nicht gethan hätte.“

[9] Moser, Versuch, p. 26: „Endlich gibt es in Europa gewisse Regente und Staaten, welche man als halb-souverain ansehen kann. Dann ganz souverain seynd sie nicht, weil sie ein wahres und würckliches Oberhaupt über sich haben, welches ihnen in vielen Stücken zu befehlen hat: Sie seynd aber auch keine solche Unterthanen, wie die ihnen (resp. an Stand und Würden) gleich hohe Personen in anderen Reichen; sondern sie seynd in dem Besitz mancher ansehnlicher Gerechtsamen, welche sonsten Majestäts-Gerechtsamen seynd, und nur denen ganz unabhängigen Herrn und Staaten zustehen.“

[10] In diesem Sinne fassen wir auch seine Worte auf: Moser, Beiträge, p. 508: „Es ist wahr, daſs der Ausdruck: Halb-Souveraine bishero in denen Staatsschrifften noch nicht üblich ist: In dessen kan doch nicht gelaugnet werden, daſs es in einigen Europäischen Reichen Regenten gibt, welche: 1) zwar nicht ganz unabhängig seynd; aber 2) doch viele sonst nur denen Souverainen eigene Gerechtsamen besitzen, deren alle anderen Reichs- und Landstände, wann sie auch Prinzen von Königlichem Geblüt wären, (!) entbehren müssen: Ich finde also noch mals ganz keinen Anstand, in einem Lehrbuch diese mittlere Gattung zwischen Souverainen und Unterthanen mit dem ganz wohl auf sie paſsenden Ausdruck von Halbsouverain zu belegen.“

Herren und Staaten glaubt Moser in den ungleich höheren Gerechtsamen der letzteren zu finden[11].

Als Halbsouveräne führt Moser die geistlichen und weltlichen Kurfürsten, die Prälaten, Grafen und Reichsstädte[12], den Prinzen von Oranien, Nassau, Modena, Monaco, Gonzaga, Masserano, Kurland und Semigallien und erst im Anschlusse daran die Moldau und Walachei an. Begründet hat er die Zusammenstellung der deutschen Verhältnisse mit den Donaufürstentümern nicht. Worin die Ähnlichkeit besteht, verschweigt er.

Wie verhält sich nun Mosers Halbsouveränität zu seiner Lehenbarkeit?

„Lehenbarkeit hebt die Souveränität nicht auf.“[13] Einige seiner halbsouveränen Staaten standen aber zugleich in einem lehensrechtlichen Verhältnisse. Ob man nun daraus schliefsen darf, dafs lehensrechtliche Abhängigkeit und Halbsouveränität identifiziert werden sollen, kann zweifelhaft sein. Er selbst sagt es an keiner Stelle, und im Moserschen Sinne wäre es eine contradictio in adiecto, denn dann würden Halbsouveränität und Lehenbarkeit dasselbe bedeuten, während er doch den Satz aufstellt, dafs Lehenbarkeit Souveränität nicht aufhebe. Es würde dann Halbsouveränität nicht die Souveränität ausschliefsen; auch beide könnten sich vorfinden; es könnte ein Staat zugleich souverän und halbsouverän sein.

Soweit man bei Moser überhaupt von einem Begriff der Halbsouveränität sprechen kann, würde sich derselbe unseres Erachtens mit lehensrechtlichen Prinzipien decken. Er denkt ja vorwiegend an deutsche Verhältnisse.

---

[11] Moser, Versuch, p. 37: „Was nun aber auch die Vergleichung derer ganz und halbsouverainen Herrn und Staaten in Ansehung derer von der Souverainität abhangenden Rechten betrifft; so ist offenbar, dafs der kleinste ganz souveraine Herr oder Staat ungleich mehrere Gerechtsamen hat, als der gröfste nur halbsouveraine: Dann der ganz souveraine handelt in allen und jeden Sachen nach alleinigem freyem Belieben, und darf Niemanden defswegen Red und Antwort geben: Ein halb-souverainer aber mufs sich nach der Verfassung und denen Grundsätzen des Staates, dessen Mitglied er ist, richten und mufs, wo nicht allemal auf eine gerichtliche Weise sich belangen lassen, doch wenigstens sonsten die Oberherrschaft des Regentens und Staats unter welchem er stehet, über sich erkennen.“

[12] Moser, Versuch, p. 27.

[13] Moser, Versuch, p. 7.

Aus all den angeführten Beispielen wird man den Eindruck gewinnen müssen, dafs Moser von der Fürstensouveränität ausgeht, dafs er überhaupt all die Begriffe der Politik, des Zermonials, der Souveränität, der Halbsouveränität, des Lehensrechtes und der Abhängigkeit und der Unabhängigkeit durcheinanderwirbelt. Er selber hat keine Definition irgend eines dieser Begriffe gegeben, sondern lediglich Verhältnisse geschildert, manchmal unter Beifügung eines ganz überflüssigen Notizenkrams. Die Geschichte der Halbsouveränität hat von Moser nur zu berichten, dafs das Wort von ihm stamme; ein Begriff oder auch nur ein Versuch einer Begriffsbestimmung fehlt gänzlich.

Für uns hat er deshalb nur historischen Wert.

Zusammenfassend läfst sich die Kritik der Moserschen Halbsouveränität dahin geben:

1. Der Begriff der Halbsouveränität ist nicht scharf herausgehoben. Ein völkerrechtlicher Begriff ist er bei Moser überhaupt nicht.

2. Die Grenzen zwischen Souveränität, Halbsouveränität und Lehensrecht, was Moser gerade hervorzuheben sich bemüht, sind flüssig.

3. Sein Begriff dient vor allem zur Bezeichnung der Stellung gewisser deutscher Territorien zum Reiche.

4. Daher zeigt sie sich in der Unterwerfung unter die Verfassung, die Grundgesetze und Gerichte der lehensherrlichen Staaten.

§ 17. Lehensrecht, Souveränität, Halbsouveränität.

Im vorigen Paragraphen haben wir festgestellt, dafs die Halbsouveränität, obwohl etymologisch von Moser stammend, heutzutage eine verschiedenartige Bedeutung angenommen hat. Mit dem Absterben lehensrechtlicher Prinzipien im Privatrechte sind auch die Lehensbeziehungen von Staat zu Staat in Europa verschwunden, und an die Stelle der Fürstensouveränität ist die Staatensouveränität getreten.

Mit der letzteren allein ist unser Begriff in Zusammenhang zu bringen, um ein mit Souveränitätsrechten ausgestattetes Gebiet zu bezeichnen, welches nach innen eine distinkte Staatsgewalt, vermöge Ausübungsübertragung, haben kann.

Zweiter Teil.

Dogmatik der Halbsouveränität.

Erstes Kapitel.

Begründung.

§ 18. Allgemeines.

Die Betrachtung der einseitigen Abhängigkeitsverhältnisse im historischen Teile hat einmal gezeigt, was alles und wie Verschiedenartiges in der Wissenschaft unter den Begriff der „Halbsouveränität" gebracht wird, und welche Begriffsverwirrung im Staats- und Völkerrechte über den Ausdruck „halbsouverän" herrscht[1].

Sodann hat aber das induktive Verfahren an der Hand der Verträge die Möglichkeit gegeben, nunmehr eine Begriffsbestimmung der Halbsouveränität zu versuchen, aus den einzelnen konkreten Erscheinungen das ihnen Gemeinsame herauszuheben.

Die historische Betrachtungsweise hat endlich ergeben, daſs für den dogmatischen Teil der Halbsouveränität der Ausgangspunkt im Souveränitätsbegriffe und im engen Zusammenhange damit im Staatsbegriff zu suchen ist, weil die Souveränität eine wesentliche Eigenschaft des Staates bildet[2].

---

[1] Vgl. oben p. 95 ff.

[2] Daſs dieselbe eine wesentliche Eigenschaft bilde, ist in neuester Zeit lebhaft bestritten worden; dem souveränen wird der nichtsouveräne Staat gegenübergestellt; ja, es wird sogar eine Dreiteilung in souverän, halbsouverän und nichtsouverän vorgenommen. Treffend sagt Pischel, a. a. O. p. 11: „Staat und Souveränität sind demnach die Grundbegriffe der Staatswissenschaften, und wo ersterer allein zur Erkenntnis moderner Staatenbildungen nicht ausreicht, wird letzterer mit Erfolg zur Klärung dienen," und derselbe p. 32: „Eine staatsrechtliche Untersuchung nun, welche dieses Abhängigkeitsverhältnis zum Gegenstand hat, muſs auf dem Sou-

Mit diesen Grundbegriffen des Staatsrechtes haben wir uns aber nur insoweit zu beschäftigen, als sie die Voraussetzung für die Erörterung des Begriffes der Halbsouveränität bilden. Auf alle Streitfragen, die sich an diese Grundbegriffe knüpfen, kann natürlich im Rahmen dieser Darstellung nicht eingegangen werden. Nur die von uns aufgestellten Behauptungen, die wir als Voraussetzungen für die begriffliche Entwickelung der Halbsouveränität notwendig brauchen, müssen näher begründet werden.

Zunächst der Staatsbegriff. Der Staat ist für den Juristen ein Rechtsgebilde; er ist weder ein Organismus im natürlichen Sinne[3] noch ein unergründliches Phänomen[4], eine Gabe

veränitätsbegriff als Grundlage aufbauen und kann nur auf dieser Basis zum vollen Verständnis der Suzeränität gelangen, so dafs es wohl angemessen war, diese grundlegenden Erörterungen der Betrachtung des Suzeränitätsverhältnisses voranzuschicken."

[3] Mit Recht führt bereits Gierke, Zeitsch. f. gesamte Staatswiss. Bd. XXX, p. 281 aus, „dafs es verkehrt sei, einen naturwissenschaftlichen Begriff des Organismus zum Mafsstabe eines rechtswissenschaftlichen Begriffes machen zu wollen", eine Konsequenz, die bekanntlich Rohmer und Bluntschli — Die anthropomorphische Staatslehre — gezogen und so, um einen Ausdruck Dernburgs, Pandekten I, § 59, zu gebrauchen, den Begriff „Organismus" zu Tode gehetzt haben. Die Bekämpfung der organischen Theorie in schroffster Form bei van Kriecken, Über die sogen. organische Staatstheorie, Leipzig 1883, ferner Preufs, p. 143. Vareilles-Sommières, Les principes fondamentaux du droit, p. 169 s. Eine gerechte Würdigung ihrer Vorzüge und Fehler bei Gierke, loc. cit. p. 265 ff. und 284. Neuestens gegen dieselbe Jellinek, Allg. Staatsl. I, p. 132, der sich auch gegen den Organismus im Rechtssinne wendet. Jellinek, p. 134: „Sie operiert nämlich mit einem Begriff, den sie nicht definieren kann. Eine wissenschaftlich befriedigende Erklärung des Wesens des Organismus existiert nicht. Alle Definitionen, die den Organismus als objektive, d. h. von unserer Betrachtungsweise unabhängige Erscheinung voraussetzen, kommen nicht über Umschreibungen, Tautologien oder im besten Falle über unzutreffende Allgemeinheiten hinaus." Vgl. ferner p. 144 ff. Über Organismus im Gegensatze zu Mechanismus Rosin, p. 34. Die richtige Würdigung der organischen Staatstheorie bei Gierke, an verschiedenen Stellen seiner Schriften.

[4] So z. B. Jellinek, Staatenverb. p. 265, der von dem Gedanken ausgeht, dafs es unmöglich sei, die Entstehung des Staates juristisch zu konstruieren. Vgl. aber id. eod. p. 11, scheinbar ein Widerspruch! Es widerspricht diese Auffassung Jellineks gerade seiner eigenen Konstruktion des nichtsouveränen Staates. Hier tritt der Einwand Seydels, Kommentar zur Verfassungsurkunde, 2. Aufl. 1897, p. 8, in seine Rechte und

Gottes wie die Blume des Feldes; er ist einfach ein Organismus im Rechtssinne[5], ein Rechtssubjekt, eine Gebietskörperschaft[6]. Die Erfordernisse des Staates sind daher nach der landläufigen Definition Land, Leute und obrigkeitliche Gewalt. Auch der Staat fällt unter die Kategorie der menschlichen Gemeinwesen[7], und insoferne ist auch ihm Herrschaftsgewalt eigentümlich, und nicht ist die Herrschaftsgewalt etwas für ihn Spezifisches, ihm ausschliefslich Zustehendes[8].

Von den anderen Verbandspersönlichkeiten unterscheidet sich der Staat durch die Möglichkeit der Zwecksetzung nur durch eigenen Willen, durch seine Territorialität und speziell von den übrigen Gebietskörperschaften durch seine Souveränität. Diese fehlt allen übrigen Gebietskörperschaften und bildet das einzige unterscheidende Kriterium zwischen Staat und Gemeinde.

Der Begriff der Souveränität ist ein geschichtlicher wie auch der Begriff der Suzeränität und des Staates und als

---

gilt auch für Jellineks Staatenarten, dafs man, wenn souveräne und nichtsouveräne Gemeinwesen als Staaten bezeichnet werden, zwei gänzlich verschiedene Dinge mit demselben Namen belege. Seydel vertritt übrigens in der Zeitschr. f. ges. Staatswiss., Bd. XXVIII, eine ähnliche Auffassung von der Unergründlichkeit des Staates. Ebenso Jhering, Zweck im Rechte, I, p. 318. Vgl. dagegen die trefflichen Ausführungen Gierkes in Zeitschr. f. ges. Staatswiss. XXX, p. 310 ff. Gegen Jellinek unter vielen Brie, Grünhuts Zeitschr. Bd. XI, p. 97, idem, Staatenverb. p. 10 i. f. Le Fur, p. 423. Eine wesentlich klarere und tiefer begründete Ansicht über das Wesen des Staates und seine Beziehung zum Rechte vertritt nunmehr Jellinek in seiner Allg. St.L. Brie, St.V., p. 7. n. 1.

[5] So bereits Gierke, Zeitschr. f. ges. Staatswiss. XXX, und ders. in Schmollers Jahrbüchern, Bd. VII, wo Gierke mit Recht bemerkt: „Denn der Staatsbegriff ist ein geschichtlicher Begriff und als solcher entwickelungsfähig“. Über materialistische und individualistische Staatstheorien und ihre Gegensätze Laband, Staatsrecht, Bd. I, p. 87 n. 1.

[6] Über den Begriff der Gebietskörperschaft Gierke in seinem Genossenschaftsrechte an zahlreichen Stellen, ders., Zeitschr. f. ges. Staatswiss. XXX, p. 302. Jellinek, Allg. St.L. I, S. 159. Preuss a. a. O.

[7] Gierke, Genossenschaftsr. I, p. 753, ders., Holtzendorffs Rechtslexikon, Art. „Gemeinde“. Ders. in Schmollers Jahrbuch, VII (1883), p. 1166, 1195. G. Meyer, Staatsrecht, p. 11, 1899.

[8] Die Herrschaftstheorie hat ihre Begründung durch Gerber, Staatsrecht, § 1, p. 2, gefunden. Auf sie wird in einem anderen Zusammenhange eingegangen werden.

solcher wandlungsfähig[9]. Ursprünglich war die Souveränität blofs eine politische Vorstellung, aus der sich ein polemischer Begriff[10] einerseits im Kampfe der Fürsten gegen Kirche, Reich, Lehensträger und Stände, andererseits im Kampfe gegen die Fürsten entwickelt hat. Aus diesen Begriffen sind juristische Begriffe im Laufe der Zeit hervorgegangen. Ihrem Inhalte nach weisen sie auf Volks- oder Fürstensouveränität hin. Gerade von den Monarchomachen wird der Begriff dahin formuliert, dafs die Souveränität eine summa regni autoritas[11], regni imperiique sacra maiestas[12], summa populi potestas[13], populi plena liberaque sui gubernandi facultas[14], summa imperii seu regni *δύναμις* et auctoritas und suprema potestas, vor allem aber supremitas[15] sei.

[9] Noch bis vor kurzem hat Hänel, Staatsrecht, Bd. I 1892, § 15 n. 1, sagen können: „An einer Dogmengeschichte des Souveränitätsbegriffes fehlt es gänzlich; nicht einmal die Lehre Bodins hat eine irgend genügende Darstellung gefunden, nur seine Definition hat man überall zitiert, ohne nach dem Zusammenhange seiner ganzen Staatsanschauung zu fragen. Nur aber in diesem Zusammenhange hat sie eine wissenschaftliche Bedeutung." Auch Jellinek, Allg. Staatslehre, p. 394 n. 1, sagt treffend: „Von einer ‚Entwicklung' ist in der Literargeschichte der Souveränität zwar oft die Rede, aber trotzdem für ganze Epochen wenig zu spüren. Vielmehr dreht sich häufig die Theorie im Kreise, so dafs die Irrtümer des 16. Jahrhunderts noch bei vielen Schriftstellern der Gegenwart deutlich wahrzunehmen sind." Die Grundlage zur Bearbeitung der Dogmengeschichte hat Gierke, Johannes Althusius 1880, gegeben. Von Neueren: Hancke, Bodin, eine Studie über den Begriff der Souveränität, Breslau 1894. Landmann, Der Souveränitätsbegriff bei den französischen Theoretikern. I.-D. Leipzig 1896. Treumann, Die Monarchomachen, Leipzig 1895, I.-D. vorwiegend historischen Inhalts. Dock, Der Souveränitätsbegriff Bodins, 1897, Strafsburg. Ders., Revolution und Restauration über die Souveränität, 1900. Daselbst die einschlägige Literatur. — D. G. Ritchie, On the conception of Sovereignty, Philadelphia 1891. (Proceedings of American Academy of Political and Social Science.) F. E. M. Bullowa, The history of the theory of Sovereignty, New York 1895. (Dissertation im „Columbia College") Rehm, Allgemeine Staatslehre, p. 40. Ders., Geschichte der Staatsrechtswissenschaft. Jellinek, Allg. Staatsl., p. 394—431. Pischel, Der Begriff der Suzeränität. Greifswald, I.-D. 1897.

[10] Jellinek, a. a. O. p. 394 und 399.

[11] Jun. Brutus, quaest. III, p. 13, zitiert von Landmann, p. 17.

[12] Ders. a. a. O.

[13] Hotomanus, zitiert von Landmann, p. 17.

[14] Rossaeus, c. 1 §§ 3 und 6, zitiert von Landmann, p. 17.

[15] De iur. mag. qu. VI, p. 389.

Dieser Volkssouveränität tritt in noch schärferer Abstraktion die Fürstensouveränität entgegen, die durch die Definition Bodins als „summa in cives ac subditos legibusque soluta potestas, quam Graeci ἄκραν ἐξουσίαν, interdum κυρίαν ἀρχὴν, κύριον πολίτευμα, Itali segnoriam .... appellant", ihre juristische Formulierung erhalten hat[16]. Sie war aber, dessen mufs man stets eingedenk sein, der Versuch einer Formulierung der Fürstensouveränität und ist heute in dieser ihrer früheren Bedeutung für die Staatssouveränität unbrauchbar.

Diese Definition bildet den Ausgangspunkt der juristischen Betrachtungsweise des Souveränitätsbegriffes. Sowohl Monarchomachen wie die Anhänger der Fürstensouveränität betrachten die höchste Macht als wesentliches Begriffsmerkmal der Souveränitat, nur sprechen sie dieselbe einer einzelnen Person oder einer Vielheit von Personen zu; zur Durchdringung der Vielheit durch die Einheit hat sich jene Zeit noch nicht aufgerafft[17], namentlich wird in der Folgezeit Souveränität und Trägerschaft derselben in einem fort verwechselt[18].

Von der weiteren Entwickelung des Souveränitätsbegriffes, wie er sich bei Hobbes[19] vorfindet, ferner bei Fénelon und Bossuet[20], bei den Naturrechtslehrern[21], von seiner Vernichtung durch die Lehre der Teilung der Gewalten von Montesquieu[22]

---

[16] Landmann, p. 41. Hancke, p. 8. Der französische Text: „La souveraineté est la puissance absolue et perpetuelle d'une république, que les Latins appellent maiestas, les Grecs ἄκραν ἐξουσίαν" ... etc.

[17] Zu einer Staatssouveränität, aber auch nur im Sinne des Lehnsrechtes, hat sich blofs Loyseau aufzuraffen vermocht, auf den Jellinek, a. a. O. p. 419 aufmerksam gemacht hat. Loyseau, Traité des seigneuries, Paris 1608, zitiert von Jellinek, loc. cit. Polier et Marans, p. 17.

[18] Jellinek, a. a. O. p. 416: „Aus dieser so naheliegenden und doch noch nirgends unternommenen Erwägung geht es klar hervor, dafs die Frage nach der höchsten Gewalt im Staate mit der Frage nach der höchsten Gewalt des Staates nichts zu thun hat." Ebenso Rehm, Allg. Staatsl., p. 59, der mit Recht auf den verwirrenden Gebrauch des Wortes „Souveränität" in Theorie und Praxis für Staatsgewalt, Eigenschaft der Staatsgewalt und die Stellung des Staatsorgans aufmerksam macht.

[19] Jellinek, Allg. Staatslehre, p. 421.

[20] Landmann, p. 97 ff. Dock, Revolution und Restauration, p. 1 ff.

[21] Gierke, Althusius, p. 245 ff. Rehm, Allg. Staatslehre, p. 47.

[22] Landmann, p. 110 ff. Dock, a. a. O. p. 25 ff.

wollen wir hier ganz absehen und gleich der neuesten Phase der Entwickelungsgeschichte des Souveränitätsbegriffes uns zuwenden.

An die Stelle der Fürstensouveränität ist die Staatssouveränität getreten[23]. Das Essentiale des Souveränitätsbegriffes, nämlich die summa legibusque soluta potestas, hat auch jetzt keine Änderung erfahren; nur der Träger hat gewechselt. Die dem Souveränitätsbegriffe zu Grunde liegenden tatsächlichen Verhältnisse mufs man betrachten, wie sie sind, und nur zum Verständnis der Gegenwart, wie sie waren[24]. Das Leben entwickelt die Regeln.

Das Aufgeben des Fürstensouveränitätsbegriffes bedeutet keineswegs das Aufgeben des Souveränitätsbegriffes überhaupt[25]. Damit allein ist nicht etwa eine Änderung seines Inhaltes gegeben, sondern lediglich eine interne Verfassungsänderung des Staates. Andere Faktoren können hiergegen bei einer Änderungsmöglichkeit oder -Bedürftigkeit unseres Begriffes eine Rolle spielen, namentlich die staats- und völkerrechtlichen Beziehungen der Staaten zueinander, und deshalb mufs auch der Entwickelungsgeschichte Rechnung getragen werden, und gerade infolge dieser historischen Entwickelung ist der Souveränitätsbegriff revisionsbedürftig geworden[26]. Bei einer Revision mufs man sich aber hüten, Nichtgehöriges in den Begriff hineinzutragen[27]. Man darf daher nicht, wie es z. B. Jellinek getan, zur Konstruktion des Souveränitätsbegriffes den Staatsbegriff hineinziehen[28]. Damit bringt man fremde Momente

---

[23] Pischel, a. a. O. p. 26.

[24] Die duplex interpretatio im römischen Rechte.

[25] Treffend Pischel, a. a. O. p. 23.

[26] Jellinek, Allg. Staatslehre, p. 433: „Zu revidieren ist heute die juristische Eigenart des Rechtsbegriffes der Souveränität, da die Verwerfung der naturrechtlichen Konstruktion eine neue Begründung gemäfs unseren geläuterten Anschauungen vom Rechte notwendig macht.“

[27] Rosin, a. a. O. p. 4: „Mit zwingender Notwendigkeit aber ergibt sich gegenüber früheren Methoden zweierlei, erstens, dafs die Untersuchung nach dem Begriffe der Souveränität eine lediglich deduktive sein darf, welche von tatsächlichen Erscheinungen zunächst völlig abzusehen hat, und sodann: dafs bei dieser Deduktion ausschliefslich von Begriffsmomenten ausgegangen werden darf, die anerkannt im Begriffe der Souveränität enthalten sind.“

[28] Jellinek, St.V. p. 34. — Ganz richtig bemerkt daher Brie, Grünhuts Zeitschrift, XI, p. 93, dafs Jellinek die Definition der Souveränität erreicht

in fremde Sphären[29]. Ferner darf man nicht zur Erkennung des gesamten Wesens eines Gegenstandes gewisse Seiten desselben als unwesentlich ausscheiden[30]. Als drastisches Beispiel eines solchen Zusammenkoppelns von nicht zum Begriff Gehörigem möge aus neuester Zeit die langatmige Definition der Souveränität von Le Fur, a. a. O. p. 442, hervorgehoben werden: „La souveraineté est la qualité en vertu de laquelle la forme d'organisation humaine la plus élevée, l'État, possède à l'extérieur, l'indépendance vis-à-vis de tout autre État à l'intérieur le pouvoir de constater le droit avec une direction dominante, pour lui même, comme pour ses sujets, et celui de leur imposer, en tant qu'ils coopèrent à la réalisation des buts sociaux, le devoir de se conformer à son but collectif suprême; cette qualité se manifeste extérieurement par le droit de l'État, dans ses rapports avec les collectivités qui le composent, de fixer librement sa propre compétence, dans les limites du principe supérieur du droit, ou d'une manière plus brève: la souveraineté est la qualité de l'État de n'être obligé ou déterminé que par sa propre volonté dans les limites du principe supérieur du droit, et conformément au but collectif qu'il est appelé à réaliser."

---

habe mit einem Verstoſse gegen die Logik, indem er den Begriff des Staates in die Begriffsbestimmung der Souveränität mit hineinzieht und dadurch erlangt Jellineks Souveränität die Bedeutung von souveräner Staatsgewalt. „Wenn wir" — fährt Brie fort — „von der aus dem Begriffe des Staates entnommenen Ausfüllung absehen, so besagt seine Definition nur die Unabhängigkeit von jedem höheren Willen, also dasselbe wie die von Jellinek, p. 26, für völlig ungenügend erklärte vulgäre Definition der Souveränität, als höchster, unabhängiger Gewalt in ihrer negativen Funktion." Als weitere Beispiele verweisen wir auf Borel, Sur la souveraineté et l'État fédératif, Berne 1886, der die Definition der Souveränität von Hänel, Jellinek und Rosin zu einem einheitlichen Ganzen vereinigen will und auf Le Fur, p. 439, der den Begriff des Zweckes zur Begriffsbestimmung verwendet. Siehe auch: Anhang.

[29] Dagegen erscheint uns dieser erhobene Einwand, den Georg Meyer, Staatsrecht, p. 5 n. 3, Stengel bei seiner Konstruktion des Bundesstaates vorwirft, durchaus nicht für gerechtfertigt. A. A. freilich Jellinek, Allg. Staatslehre, p. 452 n. 2, und Laband, Staatsr. I, p. 68 n. 3 i. f.

[30] Rosin, a. a. O. p. 33: „Ich kann nach Erkennung des gesamten Wesens eines Objekts gewisse Seiten seiner Erscheinung mit gewissen analogen Seiten anderer Objekte unter einem Gesichtspunkte betrachten, aber ich darf mir nicht eine einseitige Erkenntnis seines Wesens dadurch vermitteln, daſs ich von vornherein gewisse Seiten desselben als unwesentlich ausscheide."

Es ist ferner zu berücksichtigen, dafs der Souveränitätsbegriff ein staatsrechtlicher Begriff ist[31], dafs er auch Verwendung im Lehensrechte gefunden hat, um auch hier die relativ höchste Gewalt, nämlich die Herrschaft der Barone in ihren Seigneurien, auszudrücken, und in diesem Sinne wird er promiscue mit dem Worte „Suzeränität“ gebraucht[32]. Ein Bild der Wandelbarkeit aller Begriffe[33].

Der Verkehr der Staaten untereinander bringt es mit sich, dafs der Begriff der höchsten Macht des einen Staates in Beziehung gebracht wird zum Begriffe der höchsten Macht der anderen Staaten, und darin liegt der negative Teil des Souveränitätsbegriffes, das Nichtübergeordnetsein irgend einer fremden Macht, die Gleichheit und Unabhängigkeit. Insofern hat sich die Notwendigkeit der Unterscheidung einer äufseren und inneren Souveränität ergeben[34]. Die Unterscheidung hat ihre Berechtigung nur in dem Sinne, dafs äufsere und innere Souveränität zwei Seiten ein und desselben Ganzen sind, nicht dagegen im Sinne von geteilter Souveränität[35]; man mufs aber stets daran festhalten, dafs die äufsere Souveränität durch die

---

[31] Stengel, Schmollers Jahrbuch, Bd. XXII, p. 63 (769). Jellinek, Allg. Staatslehre, p. 432 n. 1. Heffter, Völkerrecht, p. 49. Hänel, Staatsrecht I, p. 118. A. A. Mode, Doppelsouveränität, p. 7.

[32] Vgl. hist. Teil, p. 89, namentlich Kelke, a. a. O. p. 217.

[33] Streng logisch genommen sind Begriffe nicht wandelbar, indes, der Sprachgebrauch kümmert sich darum nicht.

[34] So die meisten Lehrbücher. Heffter, Völkerrecht loc. cit. Ullmann, Völkerrecht, p. 41. Bonfils, p. 84. Jellinek, a. a. O. n. 1. Liszt, Völkerrecht.

[35] A. A. Sirmagieff, p. 153; Despagnet, p. 14, und die meisten Franzosen, die der einheitlichen Betrachtung des Souveränitätsbegriffes den Vorwurf machen, dafs sie die Schwierigkeit der Konstruktion der Staatenverbindungen verursacht habe. So Despagnet, p. 12, der die innere Souveränität allein als Souveränität κατ' ἐξοχὴν anerkennen will, die äufsere aber mit der Unabhängigkeit identifiziert, welche nicht in der inneren Souveränität enthalten ist. Mit uns übereinstimmend: Jellinek, St.V. p. 22 ff., ders., Allg. St.L. a. a. O., ferner Ullmann, a. a. O., G. Meyer, a. a. O., und viele andere. Pischel, a. a. O. p. 25. „Eine Zergliederung des Souveränitätsbegriffes in eine Eigenschaft des Staates als höchste Macht und zweitens als unabhängige Macht ist logisch nicht möglich, da sich beide Begriffe notwendig ergänzen und die eine Bedeutung der Souveränität ohne die andere nicht gedacht werden kann.“

innere bedingt ist, daſs beide zueinander im Verhältnisse von Ursache und Wirkung stehen, ebenso wie auch die Völkerrechtsfähigkeit von den staatsrechtlichen Kriterien abhängt, denn das Völkerrecht setzt die Existenz der Staaten voraus[36].

Neuestens wurde nun das Verhältnis gänzlich umgekehrt. Man nimmt nämlich die Auffassung, die von französischen Schriftstellern vertreten wird, daſs äuſsere und innere Souveränität nicht zwei Seiten ein und desselben Ganzen, sondern zwei verschiedene, selbständige Begriffe sind, wieder auf und geht sogar noch weiter, indem man der völkerrechtlichen Souveränität die Priorität zuschreibt und bereits Bodin als Vertreter dieser Ansicht hinstellt[37]. Eine solche gewaltsame Umkehr in der Entstehung des Souveränitätsbegriffes steht einmal im Widerspruche mit der Entwickelungsgeschichte der Souveränität und führt mutatis mutandis zu der Lehre von der geteilten Souveränität, nur in einer anderen Form zurück.

Man kann beim Souveränitätsbegriff wie bei allen Begriffen die Beobachtung machen, daſs die Begriffsbestimmung im Anfange eine unbestimmte und ungenaue ist, daſs sie sich allmählich nach einer Richtung hin immer mehr und mehr verfestigt (Boucher, Languet) bis sich endlich der sogenannte absolute Begriff herauskristallisiert hat (Bodin). Dieser scharf herausgehobene, am wenigsten relative Begriff genügt in der Folgezeit den Anforderungen, die an ihn gestellt werden, nicht mehr; er muſs erweitert werden; er wird immer mehr und mehr zu einem relativen; nur hat dieser jetzige relative Begriff den groſsen Vorzug vor dem ursprünglichen relativen Begriff, daſs er auf der Grundlage eines absoluten, scharfen Begriffes aufgebaut ist. Er verliert scheinbar an der Knappheit der Formulierung, aber keineswegs verliert er an begrifflicher Schärfe[38].

Die abstrakte Zusammenfassung all dieser konkreten Erscheinungen ergibt, daſs den Inhalt des Souveränitätsbegriffes die höchste Macht bildet; daran muſs festgehalten werden, und namentlich darf, wie bereits hervorgehoben, nichts dem Begriffe

---

36 Laband, Staatsrecht, I, p. 70.

37 So Rehm, Allg. Staatslehre, p. 55, 56, vgl. auch p. 38. Stöber, Arch. f. öffentl. Recht, I, p. 638 ff.

38 Mit Recht führt Pischel, a. a. O. p. 23 aus: „Etwas Absolutes im strikten Sinne gibt es nicht.“

Fremdes zu seiner Begriffsbestimmung verwendet werden, wie z. B. der Staatsbegriff, und es darf ferner nicht, um in den speziellen Inhalt einzugehen, aus der Definition der Souveränität als höchster Macht auf die Natur des so gearteten Wesens und auf den Umfang geschlossen[39] oder die Souveränität mit Kompetenz-Kompetenz[40] oder mit Herrschaft[41] oder mit Staatsgewalt[42] identifiziert werden. Die Definition der Souveränität drückt blofs eine Eigenschaft aus, welche diesem Wesen zukommt, mithin blofs eine Wesensverschiedenheit von den übrigen Gebietskörperschaften in einem Punkte. Damit ist zugleich gegeben das Verhältnis der Über-, Gleich- und Unterordnung, eine Relation, dafs es nach innen nichts Höheres gibt, dafs andere, ebenso geartete Gemeinwesen gleich hoch sind. Aus dem Gesagten folgt: die Souveränität ist ihrem Inhalte nach höchste Macht und eine Eigenschaft des Staates, aber auch nur eine Eigenschaft. Was die übrigen Gebietskörperschaften, abgesehen von Souveränität und Nichtsouveränität, sind, ist damit nicht entschieden.

Gerade dieses Unvermögen, in der Praxis und Wissenschaft die Verschiedenheit der Bezeichnung „Souveränität" scharf auseinanderzuhalten, hat zu den mannigfachen Verwirrungen von praktisch vielfach schwerwiegender Bedeutung geführt[43].

Die Eigenschaft, in einem bestimmten Kreise Höchster zu sein, schliefst die Gleichordnung in demselben Kreise aus. Dafs andere Persönlichkeiten ihrerseits in ihrem Kreise die Höchsten sein können, ist damit nicht ausgedrückt; nur so viel ist damit

---

[39] Rosin, p. 8, 9. Brie, St.V. p. 9. Jellinek, Allg. Staatsl. p. 421. Pischel, a. a. O. p. 20.

[40] Hänel, Studien, I, p. 49. Ders., Staatsrecht, I, p. 114 ff.

[41] Lingg, Empirische Untersuchungen, p. 223. Dagegen mit Recht: G. Meyer, Staatsrecht, p. 19 n. 8: „Allerdings kann Souveränität nur da vorkommen, wo Herrschaftsrechte existieren. Aber nicht jede Herrschaft ist eine souveräne."

[42] Jellinek, Allg. Staatsl. p. 441, 420. Auch Rehm, Allg. Staatsl. p. 63, will Staatsgewalt mit Souveränität im staatsrechtlichen Sinne identifizieren. Sobald der Rechtsbegriff von Bodin aufgestellt wurde, bemühte man sich, ihm einen positiven Inhalt zu geben. Jellinek, Allg. Staatsl. p. 413.

[43] Jellinek, Allg. Staatsl. p. 430, und Rehm, Allg. Staatsl. p. 56. 59. Siehe oben Anm. 18.

gesagt, daſs dem Staate die Souveränität ausschlieſslich zukommt, und daſs er sich gerade durch dieses Merkmal von allen übrigen Persönlichkeiten im Staate unterscheide[44]. Insofern sind sie alle niedriger gestellt. Einen Staat im Staate gibt es juristisch nicht[45]. Die ganze von uns gegebene Übersicht über die Entwickelung des Souveränitätsbegriffes gewährt einen Einblick in den verwirrenden Gebrauch dieses Begriffes, indem der Souveränitätsbegriff und der Staatsbegriff, der Begriff der Souveränität und die Trägerschaft, der Begriff der Souveränität und das Völkerrecht und der Souveränitätsbegriff mit seinem Anwendungsgebiete in einem fort verwechselt wurden. Diese Irrungen haben auch wesentlich die Konstruktion der Staatenverbindungen mit beeinfluſst.

Der Begriff der Macht war schon in der Bodinschen Definition ein Rechtsbegriff und nicht bloſs der Ausdruck der tatsächlichen Herrschaft, wie ihn namentlich die Monarchomachen im Kampfe gegen Bodin hingestellt haben[46]. Der Begriff der Macht entspringt aus der subjektiven Berechtigung und bedeutet den ausschlaggebenden Willen einer Persönlichkeit

---

[44] Auf die nähere Begründung werden wir bei der Kritik entgegenstehender Ansichten eingehen.

[45] Wie früher das Verhältnis der Kirche, z. B. die Stellung Papst Gregors VII. zum Staate. Brie, St.V. p. 9. Jellinek, Allg. Staatsl. p. 400.

[46] Landmann, p. 50. Jellinek, Allg. Staatsl. p. 433. Selbst heutzutage wird negiert daſs der Souveränitätsbegriff ein Rechtsbegriff sei, so Despagnet, p. 15. Vgl. hiergegen die trefflichen Ausführungen Jellineks, a. a. O. p. 434: „Wenn der Staat rechtlich alles kann, so kann er auch die Rechtsordnung aufheben, die Anarchie einführen, sich selbst unmöglich machen. Muſs ein solcher Gedanke aber abgewiesen werden, so ergibt sich eine Rechtsschranke des Staates an dem Dasein einer Ordnung. Der Staat kann zwar wählen, welche Verfassung er habe, er muſs jedoch irgend eine Verfassung haben. Die Anarchie liegt im Bereiche der faktischen, nicht der rechtlichen Möglichkeit.“ Und weiter unten: „Ist es aber dem Staate wesentlich, eine Rechtsordnung zu besitzen, so ist damit allein schon die Lehre von der absoluten Unbeschränkbarkeit der Staatsgewalt negiert. Der Staat steht nicht derart über dem Rechte, daſs er des Rechtes selbst sich entledigen könnte. Nur das Wie, nicht das Ob der Rechtsordnung liegt in seiner Macht, in seiner faktischen wie in seiner rechtlichen.“ Übereinstimmend Rosin, a. a. O. p. 4. Pischel, p. 19, Clausius, a. a. O. p. 10, 30. Gegen den Begriff der Macht als Rechtsbegriff sind die Ausführungen Herzfelders, Gewalt und Recht, gerichtet, namentlich p. 10 n. 36. In anderem Zusammenhang ist gegen diese Ansicht Stellung zu nehmen.

im Verhältnis zu einer anderen. Solange der Grund des Willens in der eigenen Persönlichkeit ruht und nicht ein von aufsen gesetzter ist, so lange wird die Persönlichkeit bewahrt und Dritten gegenüber nicht aufgegeben. Sobald aber eine Persönlichkeit selbst nicht wollen darf, ihre Willensbestimmung vielmehr von aufsen erhält und ihr Wille von einer fremden Willensmacht abhängt, hört damit sofort ihre Gleichheit gegenüber dieser Persönlichkeit auf; es entsteht statt des Verhältnisses der Gleichordnung ein solches der Über- und Unterordnung.

Aus dem Souveränitätsbegriffe als Rechtsbegriffe im Gegensatze zur höchsten tatsächlichen Macht folgt weiter, dafs er Beschränkungen sehr wohl verträgt[47], und dafs er trotz der Beschränkungen derselbe geblieben ist, wie auch der Begriff des Eigentums sich nicht geändert hat, trotz der vielen Beschränkungen, welche die Fortschritte der Zeit mit sich gebracht haben[48]. Dies verkennen alle diejenigen, selbst modernen Schriftsteller, welche unentwegt an der Unbeschränktheit und Unbeschränkbarkeit der Souveränität festhalten[49]. Die Auf-

[47] Rosin, p. 3. Ein Verdienst Rosins ist es, in deduktiver Weise den Machtbegriff als Rechtsbegriff entwickelt zu haben, und Jellinek, a. a. O. p. 434, macht ganz besonders auf die Notwendigkeit des scharfen Auseinanderhaltens aufmerksam.

[48] Windscheid, Pandekten, I, § 167, p. 757: „Das Eigentum ist als solches schrankenlos; aber es verträgt Beschränkungen. Aus der Gesamtheit der Beziehungen, in welchen kraft des Eigentums die Sache dem Willen des Berechtigten unterworfen ist, kann durch eine besondere Tat des Rechtes eine oder die andere Beziehung herausgenommen und dem Willen des Eigentümers entzogen werden. Dadurch hört er nicht auf, Eigentümer zu sein, denn es ist immerhin wahr, dafs er ein Recht hat, welches als solches seinen Willen entscheidend macht für die Sache in der Gesamtheit ihrer Beziehungen, und welches ihn jeder besonderen Rechtfertigung für irgend eine an der Sache denkbare Befugnis überhebt."

[49] So vor allem Laband, Staatsr. I, p. 68 und 68 n. 2, ebenso p. 58, wo er ausführt, dafs der Souveränitätsbegriff das Merkmal der Unbeschränktheit logisch einschliefse. Gegen Laband Pischel, a. a. O. p. 23: „In dem Begriff der Souveränität ist keineswegs, wie Laband meint, das Merkmal der Unbeschränktheit enthalten. Vielmehr begrenzt ihr Begriff als rechtliche Gewalt auch ihren Umfang, und eben darin sind die natürlichen Grenzen ihrer Wirksamkeit enthalten: es steht der Souveränität nur innerhalb des Vereins ihrer rechtlichen Existenz die höchste Macht zur Ver-

fassung, dafs es für den Staat, abgesehen vom Völkerrechte, keine Schranken gebe, ist als eine ursprüngliche und unentwickelte zu verwerfen[50].

Die Souveränität kann nach all dem Ausgeführten definiert werden als Eigenschaft einer Persönlichkeit, wonach dieselbe mit Ausschliefslichkeit nur durch eigenen Willen bestimmt werden kann, mithin sich auch Selbstbeschränkungen auferlegen kann[51]. Eigener

---

fügung.“ Es mufs wohl heifsen: sie bedeute höchste Macht in gewissen Sphären, denn nur handlungsfähigen Personen kann eine solche zustehen.

[50] Siehe oben Anm. 46.

[51] Bezüglich der Möglichkeit einer Beschränkung namentlich Brie, p. 21; Rosin, p. 6, 8; Jellinek, Allg. Staatsl. p. 438; Despagnet, Protektorat, p. 11. Laband, Staatsr. I, p. 58, versteht unter Souveränität „die höchste, nur sich selbst bestimmende Macht“, und Gierke, Zeitschr. f. ges. St.W. XXX, p. 303, spricht von einem nur durch sich selbst bestimmten Willen. Stengel, a. a. O. p. 79: „Es kommt nun darauf an, den Souveränitätsbegriff als einen relativen und so aufzufassen, dafs die Souveränität beschränkbar erscheint und alle Erscheinungen, wie die sogen. halbsouveränen Staaten einerseits und die zusammengesetzten Staaten andererseits, die vom Standpunkte eines absolut gefafsten Souveränitätsbegriffes als unmöglich betrachtet werden müssen, vollkommen erklärlich erscheinen.“ — Dem Einwande Stengels, a. a. O. p. 67 (773), gegen die Definitionen der Souveränität von Jellinek und Rosin, wonach die Definition der Verpflichtbarkeit nur durch eigenen Willen eine verfehlte sei, weil zur „Verpflichtung stets zwei Rechtssubjekte, ein berechtigtes und verpflichtetes, gehören“, stimmen wir an und für sich, was die Gegenseitigkeit betrifft, bei; nur glauben wir, dafs Jellinek und Rosin sich dessen ebenfalls klar bewufst waren. Sie wollten mit ihrer Wendung „nur durch eigenen Willen“ lediglich zum Ausdrucke bringen, dafs kein Wille übergeordnet sei. — Beschränkbarkeit ist nicht Teilbarkeit, wie Preufs, p. 70, in seiner Polemik gegen Gareis, Allgemeines Staatsrecht, p. 31, annimmt, der freilich wieder die Frage der Teilbarkeit und Einschränkbarkeit unseres Erachtens mit Unrecht (p. 30) als eine nicht auf dem Rechtsgebiete liegende erachtet (vgl. auch Gareis, p. 104). Mit Recht führt weiter Stengel, a. a. O. p. 60 (1148) aus: „Wird, was allein richtig ist, unter ‚Souveränität‘ diejenige Eigenschaft des Staates verstanden, durch welche er sich von allen übrigen politischen Gemeinwesen unterscheidet, so ist es zweifellos richtig, dafs die Souveränität nicht teilbar ist, wohl aber kann eine Eigenschaft einer physischen oder juristischen Person in höherem oder geringerem Mafse zustehen; sie ist also einer Beschränkung fähig. Es mufs daher die Souveränität des Staates ebenso der Beschränkung fähig sein, wie ja auch die persönliche Freiheit des Menschen, die ja doch auch eine Eigenschaft desselben ist, dadurch nicht aufgehoben wird, dafs dieselbe mehr oder minder weitgehenden recht-

Definition d. Sov.

Wille liegt auch vor trotz Fehlerhaftigkeit der Motive: etiam coactus voluit.

Die Schwierigkeit einer einheitlichen Konstruktion der Staatenverbindungen, namentlich der Konstruktion des Bundesstaates, hat es mit sich gebracht, dafs verschiedene, wesentlich voneinander abweichende Theorien der Staatenverbindungen mit verschiedenem Einteilungsgrunde aufgestellt worden sind[52]. Namentlich hat die deutsche Literatur in neuester Zeit in dieser Hinsicht Hervorragendes geleistet und so auf Grundlage der Konstruktion des Deutschen Reiches als Bundesstaat mit Hilfe der von der deutschen Wissenschaft für Deutschland gewonnenen Begriffe die übrigen Abhängigkeitsverhältnisse zu erklären versucht. Die Literatur der Einheitsstaaten hingegen ist unentwegt bei den althergebrachten Staatskonstruktionen stehen geblieben[53]. Insoweit sich diese neuesten theoretischen Erörterungen auch auf die Halbsouveränität erstrecken — und dies tun sie in mannigfacher Beziehung —, müssen auch wir uns eingehend mit denselben beschäftigen.

Ausgangspunkt jeglicher Betrachtung der Staatenverbindungen bildet bei allen Schriftstellern ausnahmslos der Souveränitätsbegriff[54], weil er bis in die neueste Zeit als wesentliches

lichen Beschränkungen unterliegt. — Sehr richtig bemerkt auch Pischel, a. a. O. p. 22. „Keineswegs dürfen wir also aus der Beschränkung der Souveränität gleich auf deren Mangel schliefsen. Es mufs nur die Beschränkung Ausflufs des eigenen Willens sein.“ Vgl. ferner ders., p. 25. Neuestens Jellinek, Allg. Staatsl. p. 677.

[52] Ich verweise nur beispielsweise auf die Einteilungen von Brie, Staatenv., Jellinek, St.V., und ders., Allg. Staatslehre, p. 679 ff., Rehm, Allg. Staatsl., und neuestens: Polier et Marans, Esquisse d'une théorie des états composés 1902. Siehe Anhang.

[53] Jellinek, Allg. Staatsl., p. 443 n. 1 „... Die ausländische staatsrechtliche Literatur der Einheitsstaaten über den Einheitsstaat hat in der Regel keinen Anlafs, das Dogma von der Souveränität als Essentiale des Staatsbegriffes zu prüfen.“ Eine Ausnahme bilden Polier et de Marans, a. a. O.

[54] Wenn Brie, a. a. O. p. 4, ausführt, dafs Ausgangspunkt einer Betrachtung der Staatenverbindungen der Staatsbegriff sein müsse, so ist das vielleicht theoretisch vom Brieschen Standpunkt aus richtig. Die Durchführung seiner Theorie der Staatenverbindungen zeigt indes, dafs er überall auf den Souveränitätsbegriff zurückgeht, dafs er jede Gebietskörperschaft auf Souveränität untersucht. Vgl. z. B. Brie, a. a. O. p. 17. 25. Nicht anders Laband u. a. m.

Merkmal des Staatsbegriffes erachtet worden ist. Nur einige wenige Schriftsteller sprechen dem Souveränitätsbegriffe jede Berechtigung für das Staatsrecht ab und verlangen dessen Elimination[55].

Die verschiedene Stellungnahme zum Souveränitätsbegriffe hat eine verschiedene Stellungnahme zum Bundesstaatsbegriff zur Folge; auf der anderen Seite führt die Konstruktion des Bundesstaates dazu, dem Souveränitätsbegriffe seine essentielle Natur abzusprechen, ihn bloſs als naturale noch gelten lassen zu wollen[56]. Die Schwierigkeit des ganzen Problems der Staatenverbindungen überhaupt liegt in der Konstruktion des Verhältnisses des Ganzen zu den Teilen oder der Teile zum Ganzen.

Das Verhältnis gestaltet sich verschieden, je nach dem Ausgangspunkte, ja selbst nach der Weltanschauung, je nachdem man analytisch oder synthetisch verfährt, je nachdem man das Ganze als „organische Einheit" annimmt oder als „Summe von Atomen".

Was die Stellung zum Souveränitätsbegriffe anlangt, so steht dabei nicht bloſs in Frage, ob man ihn überhaupt negiere, son-

---

[55] Preuſs, Gemeinde, Staat und Reich, Berlin 1889. Nur bekämpft Preuſs meines Erachtens seinen Souveränitätsbegriff und nicht den Souveränitätsbegriff, der von den meisten neueren Publizisten als möglich und richtig anerkannt ist. Er steht mit seiner Auffassung ziemlich vereinzelt da und hat fast von allen Seiten eine scharfe Ablehnung erfahren, so vor allem von Laband, I, p. 69 n. 2, G. Meyer, a. a. O. p. 18 n. 6. Nur Affolter, in seinen Grundzügen des allgemeinen Staatsrechtes, p. 11 und p. 11 n. 9, und Kliemke, Die staatsrechtliche Natur des Bundesrates, 1894, scheinen sich mit der Ansicht von Preuſs befreunden zu wollen. Eine nähere Begründung sucht man jedoch vergebens. Mit Recht führt Gierke, Deutsches Privatrecht, p. 475 n. 5 aus „Wer den Souveränitätsbegriff streicht, muſs folgerichtig den heutigen Staat schlechthin unter die Korporation verweisen, eine Konsequenz, die auch Preuſs, a. a. O. p. 257, gezogen hat; nur gelangt er damit wieder induktiv zum Souveränitätsbegriffe, indem er doch auch zu einer Korporation gelangen muſs, über die es nichts Höheres gibt. Von älteren Schriftstellern hat sich, wie Gierke in seinem „Joh. Althusius" nachgewiesen hat, p. 187 n. 187 und p. 249 n. 60, D. Nettelbladt für die Ausscheidung des Souveränitätsbegriffes ausgesprochen wegen seiner Schwierigkeiten für die staatsrechtliche Konstruktion.

[56] Laband, Staatsr. p. 67. Brie, St.V. p. 9. Jellinek, St.V. p. 36. Ders., Allg. Staatsl. p. 442 ff. Rosin, a. a. O., p. 7, 10. Weitere Literaturangaben bei G. Meyer, Staatsr. p. 6 n. 6. Laband, a. a. O. Bd. I, p. 61 n. 1. Ullmann, Völkerrecht, p. 41 n. 2.

dern es kommt auch weiter und hauptsächlich in Frage, wie man ihn, selbst wenn man ihn positiv annimmt, im einzelnen auffaſst.

Wer sich nicht in den Gedankenkreis einzuleben vermag, daſs die Teile und das Ganze in reger Wechselbeziehung zueinander stehen, und zwar nicht auf dem Boden der romanistischen Korporation, sondern auf dem Boden der germanischen Gesamtpersönlichkeit, daſs sie selbständiges Ganze gegenüber dem gröſseren Ganzen und doch zusammen wieder ein Ganzes bilden[57], der wird niemals zu einer befriedigenden Konstruktion der Staatenverbindungen gelangen; er wird vielmehr jede Vereinigung auf den Einheitsstaat zuschneiden müssen[58] oder wird die Gleichheit der Staaten negieren und Kategorien derselben aufstellen[59]. Im Zusammenhange damit wird man zu einem

---

[57] Gierke, in Schmollers Jahrbüchern VII, N. F., p. 32 (1128): „Es muſs daher gleichzeitig das Verbandsganze in seiner realen Einheit als Gesamtpersönlichkeit auffassen und den Verbandsteilen in ihrer Stellung zum Ganzen eine Gliedpersönlichkeit wahren. So wird es möglich, daſs, was dem privatrechtlichen Denken unfaſslich sein muſs, und womit doch die Möglichkeit eines öffentlichen Rechtes steht und fällt, ein Ganzes und seine Teile, ohne hierbei aus dieser Zusammenordnung herauszutreten, als einander berechtigte und verpflichtete Subjekte erscheinen. A. A. Laband, I, p. 78 ff., namentlich p. 80 n. 1. Gegen denselben Kliemke, Die staatsrechtliche Natur des Bundesrates, p. 11.

[58] Wie Laband es tut in seinen Konsequenzen, oder wie Zorn in seinem theoretischen Ausgangspunkte.

[59] Wer, wie Jellinek, Laband, Brie, Rosin u. a. m. an einer Staatskonstruktion mit Hilfe des Souveränitätsbegriffes nicht unbedingt festhält, dem kann man nur beistimmen, wenn er dritte Staatenarten schlechterdings verwirft. Inkonsequent handeln aber meines Erachtens diejenigen Schriftsteller, welche eine vermittelnde Stellung einzunehmen suchen und eine Dreiteilung in souveräne, halbsouveräne und nichtsouveräne Staaten als möglich zugeben, und noch inkonsequenter handeln sie, wenn sie trotz dieser Dreiteilung die Halbsouveränität nicht als selbständiges Glied betrachten, sondern dieselbe nicht, wie man etwa meinen möchte, als Unterart des souveränen Staates, vielmehr als Abart des nichtsouveränen Staates hinstellen. So vor allem Rehm, a. a. O., p. 69. Die beste Widerlegung findet eine solche Auffassung in dem eigenen Versuch dieses Schriftstellers, die Halbsouveränität zu bestimmen. Sie läſst an Klarheit viel zu wünschen übrig. Nachdem Rehm vorher gesagt, daſs im Worte „Souveränität" die Unabhängigkeit von jeder anderen weltlichen Gewalt liegt, fährt er fort: „In dem Worte ‚Halbsouveränität' ist

extremen Souveränitätsbegriffe gedrängt[60], wie ihn nicht einmal Bodin in dieser Abstraktheit für seine Fürstensouveränität durchgeführt hat, oder man wird zur Annahme nichtsouveräner Staaten bestimmt, oder man gelangt sogar bei der konsequenten Durchführung der falschen Grundauffassung dazu, Staaten den Staatscharakter abzusprechen, und setzt sich damit in schroffen Widerspruch, mit Sprachgebrauch, Geschichte, staats- und völkerrechtlicher Praxis, kurz mit den realen Tatsachen[61].

---

dagegen ausgedrückt: Es fehlt diese Souveränität; es liegt etwas der Souveränität Nahes, aber es liegt weniger als Souveränität vor. Es ist nicht in einem beschränkten Umkreise Vollsouveränität gegeben, sondern Vollsouveränität fehlt in jeder Weise; nur etwas ihr Nahes ist vorhanden. Das der Souveränität Nahe ist aber die Unabhängigkeit, die relative Unabhängigkeit von anderer weltlicher Gewalt. Das Wesen der Souveränität liegt in der Unabhängigkeit. Bei einem Staatswesen, welches von keiner anderen weltlichen Gewalt in irgend einem Punkte abhängt, wird diese Unabhängigkeit Souveränität genannt. So mag man die relative Unabhängigkeit anderer Staaten auch Souveränität nennen, aber nie Souveränität schlechthin, sondern eben Halbsouveränität. Heiſst die absolute, die volle Unabhängigkeit Souveränität, so werde die relative, die halbe Unabhängigheit Halbsouveränität genannt.“ Und einige Zeilen weiter: „Die halbsouveränen Staaten sind nichtsouveräne Staaten, bei welchen die Aufsicht oder Leitung von auſsen nur einen geringeren Umfang hat.“

[60] Zorn, Staatsrecht, I, p. 72. Seydel in seinen zahlreichen Schriften. Von anderen Gesichtspunkten aus und mit anderem Endresultate Laband, Staatsrecht, I, p. 58: „Versteht man unter Souveränität aber die oberste, höchste, nur sich selbst bestimmende Macht, so schlieſst dieser Begriff das Merkmal der Unbeschränktheit logisch ein und folglich auch das Merkmal der Unteilbarkeit, denn eine geteilte Souveränität wäre eine beschränkte Souveränität, eine halbe Souveränität, die nicht, wie Heffter, Völkerrecht, p. 19, sagt, ‚beinahe ein Widerspruch‘, sondern eine vollkommene contradictio in adjecto ist.“ Im selben Sinne Pischel, a. a. O. p. 21. Mit Recht führt Stengel, a. a. O. p. 77 (1160), aus: „Wer daher den Souveränitätsbegriff so absolut faſst, daſs eine Vereinigung mehrerer Staaten zu einem gröſseren Verbande staatlichen Charakters ausgeschlossen ist, der verkennt den Zug der Entwickelung im Staatsleben. Bloſse vertragsmäſsige und infolgedessen jeder Zeit lösliche Verbindungen können dem Bedürfnisse nicht genügen, da es sich um dauernde Zwecke handelt. Hier tritt der zusammengesetzte Staat ein, der es namentlich ermöglicht, einem Volke, das in eine Anzahl von Staaten gespalten ist, die Vorteile der nationalen Einigung zu gewähren, ohne die historisch gewordenen politischen Bildungen vollständig umzustoſsen.“

[61] So vor allem Zorn, Staatsrecht, Bd. I, p. 72, der den Bundesstaat als „pleonarchisch organisierten Einheitsstaat“ konstruiert. Dagegen

Ganz abgesehen von diesen allgemein gehaltenen Einwänden hängt die Möglichkeit der Annahme nichtsouveräner Staaten von der grundlegenden Frage ab, ob die Eliminierung des Souveränitätsbegriffes nicht von entscheidendem Einflusse ist auf die Beziehungen der Staaten zu den ihnen untergeordneten Gebietskörperschaften, und als Folge davon, ob eine Ersetzung dieses Begriffes durch einen anderen Begriff möglich ist, welcher das Verschwimmen der Gegensätze von Staat und Gebietskörperschaft im Staate zu verhindern geeignet wäre[62].

Das Suchen nach diesem unterscheidenden Kriterium aufser der Souveränität ist der schwächste Punkt aller derjenigen Theorien, welche die Begriffswesentlichkeit der Souveränität leugnen[63].

Der Zweck des Staates[64], den eine in der Staatsrechtswissenschaft verbreitete Auffassung als das wesentliche

---

Laband, Bd. I, p. 72: „Eine Konstruktion des Bundesstaates, welche sich darauf beschränkt, den staatlichen Charakter und die souveräne Gewalt der Bundesmacht zu behaupten und die staatliche Qualität der Gliedstaaten zu verneinen, ist wertlos, denn sie läfst das eigentliche Problem, die Stellung der Gliedstaaten innerhalb des Gesamtstaates positiv zu charakterisieren, ungelöst. Zorn selbst macht auch von seiner Konstruktion des Bundesstaates den allein möglichen Gebrauch, nämlich er ignoriert sie vollständig.“ Ähnliche Auffassungen vertreten jedoch im Anschlusse an Zorn auch Le Fur, p. 679, und Borel, p. 178.

62 Das haben bereits richtig erkannt Rosin, a. a. O. p. 19, Laband, Staatsr. I p. 61: „Es ist daher die Anforderung nicht abzulehnen, die Frage zu beantworten, welches Kriterium für den Staat übrigbleibe, wenn man die Souveränität für nicht wesentlich erklärt, und durch welches durchgreifende Merkmal sich der „nichtsouveräne Staat“ von Provinzen, Kreisen, Gemeinden u. dgl. unterscheide.“ Brie, St.V. p. 13. G. Meyer, Staatsr. p. 6. Am ausführlichsten beschäftigt sich mit dieser Frage und führt die einzelnen Unterscheidungsversuche an Rosenberg, Arch. f. öffentl. Recht, Bd. XIV (1899), p. 328 ff.

63 Selbst Rosin gibt die Schwäche all derjenigen Theorien zu, welche nicht am Souveränitätsbegriffe als Essentiale festhalten. Rosin, p. 20: „Es ist richtig, dafs mit der Anerkennung nichtsouveräner Staaten ein durchgreifendes Unterscheidungsmerkmal für die Subsumierung konkreter politischer Gebilde unter den Begriff ‚Staat‘ oder ‚Gemeinde‘ fortgefallen ist.“

64 Rosin, a. a. O. p. 27. Brie, St.V. p. 8.

Unterscheidungsmerkmal erscheinen lassen will, ist nicht dafür geeignet, denn der Zweck ist etwas aufserhalb des Rechtsbegriffes Stehendes, er kommt freilich als Motiv mitbestimmend in Betracht und wohnt jedem Rechtsinstitute inne, aber das ausschliefsliche Unterscheidungsmerkmal zwischen Staat und Gebietskörperschaft im Staate bildet er nicht[65], weil er überhaupt nicht das unterscheidende Merkmal bilden kann, da es neben dem Zwecke immer noch auf die juristische Form, auf Inhalt und auf das Mittel ankommt[66]. Der Versuch, für den Staat allein die Allseitigkeit der Zwecke in Anspruch zu nehmen[67], scheint einmal gerade bei denjenigen Staaten, für die der Begriff aufgestellt worden ist, nämlich beim Gliedstaate, im Bundesstaate am meisten zu versagen[68], sodann kommt er auch anderen recht-

[65] Übereinstimmend: Le Fur, p. 373. Laband, Staatsr., I p. 63: „Da kein Rechtsinstitut auf die Dauer sich erhalten kann, welches nicht einem als berechtigt anerkannten (vernünftigen) Lebenszweck dient, so liegt die Versuchung nahe, den Zweck in den Rechtsbegriff selbst zu verlegen und die schwierige und strenge Untersuchung der logischen Elemente, aus denen sich der Begriff eines Rechtsinstitutes komponiert, mit einer Spekulation über seinen Nutzen oder seine Notwendigkeit zu vertauschen. Diese Methode ist meines Erachtens ein Abweg. Der Zweck, welchem ein Rechtsinstitut dient, liegt jenseits seines Begriffes. Die Zwecke, welche durch Eigentum, Servitut, Sozietät, Kauf, Wechsel oder durch Eidhelfer, Tortur, Schwurgericht, Appellation u. s. w. erreicht werden sollen, oder tatsächlich realisiert werden, sind zwar von bestimmendem Einflufs auf die juristische Gestaltung dieser Rechtsinstitute und für das Verständnis der letzteren von unschätzbarem Wert, aber sie gehören nicht zum Begriff derselben.“ Treffend Windscheid, Pandekten, I § 37 n. 3: „Gewifs wird die Rechtsordnung Rechte nur zu dem Ende verleihen, um damit die Interessen derjenigen zu befriedigen, denen sie dieselben verleiht; aber in die Definition des Rechts gehört der Zweck, um dessenwillen es verliehen wird, nicht.“

[66] Rosenberg, a. a. O. p. 357—361. Ich erinnere blofs an die Ersitzung und Verjährung im Zivilrechte.

[67] Brie, St.V. p. 13 u. 14, wo er lediglich auf die Verschiedenheit einzelner Zwecke den Unterschied zwischen Staat und Gemeinde aufbauen will. Er selbst erachtet aber die von ihm angeführten Beispiele als nicht begriffsnotwendig und vermag nicht eine scharfe Abgrenzung zu geben. Fortwährend laufen ineinander „beschränkte Zwecke“, „allseitige Zwecke“, „menschliche Lebenszwecke überhaupt“. Vgl. namentlich p. 13—15. Rosenberg, a. a. O. p. 360.

[68] Übereinstimmend: Le Fur, p. 373; G. Meyer, Staatsrecht, p. 7. „Ebensowenig kann die charakteristische Eigentümlichkeit des Staates in

lich nicht organisierten Gemeinwesen wie der Nation und Gesellschaft prinzipiell zu. Aufserdem enthält vom logischen Standpunkte die Allseitigkeit der Zwecke einen Widerspruch in sich, denn Zwecke setzen heifst sich ein Ziel vor Augen halten; ein allseitiges Ziel bedeutet, einen Zentrumspunkt in eine unendliche, unbestimmte und unbestimmbare Fläche verwandeln[69]. Auch das Zurückführen des staatlichen Zweckes auf nationale Interessen im Gegensatze zu blofs lokalen Interessen ist im allgemeinen nicht zwingend, denn auch andere Gebietskörperschaften können sehr wohl nationale Zwecke verfolgen, und auch im besonderen läfst er sich nicht anwenden, denn die Kategorie der Stadtstaaten würde nicht unter diese Begriffsbestimmung zu subsumieren sein[70]. Eine scharfe Grenze fehlt.

Die Konstruktion der Staatenverbindungen mit Hilfe des „eigenen Rechtes", wie sie von Jellinek versucht worden ist[71], konnte bis jetzt in der Wissenschaft nicht Anspruch auf allgemeine Gültigkeit erheben. Der Begriff des eigenen

---

der Allseitigkeit seines Zweckes gefunden werden. Denn gerade die Allseitigkeit fehlt den Staaten in bundesstaatlichen Verhältnissen." Polier et Marans, p. 30.

[69] Laband, Staatsr. I, p. 63 n. 1: „Zweck bedeutet aber einen bestimmten Zielpunkt; die Allseitigkeit des Zweckes ist daher eine contradictio in adjecto; sie ist der Verzicht, den Zweck zu präzisieren. Man kann wohl sagen, der Staat habe eine freie Auswahl hinsichtlich der Zwecke, welche er verfolgen wolle; er sei an keinen Zweck ausschliefslich gebunden; man hat dadurch aber nur einen anderen Ausdruck gewonnen für die Souveränität des Staates, welche den Satz einschliefst, dafs der Staat seine Zwecke und demgemäfs seine Kompetenz selbst bestimmt." Das fortwährende Zurückkommen auf den Begriff der Souveränität gerade von Anhängern des nichtsouveränen Staates ist charakteristisch und ein Argument für die Essentialität dieses Begriffes.

[70] Rosin, a. a. O. p. 27. Dagegen Laband, a. a. O. p. 63.

[71] Jellinek, St.V. p. 41 ff. Gegen denselben Laband, Staatsr. I, p. 61, daselbst weitere Literaturangaben, namentlich aber die trefflichen Einwände Rosins, p. 21: „Auf der einen Seite gibt es auch in der Lebenstätigkeit des nichtsouveränen Staates, eben kraft seiner Unterwerfung unter die Herrschaft des souveränen, eine Sphäre, hinsichtlich deren er der Bestimmung durch den Willen des letzteren und dementsprechend der Kontrolle unterworfen ist", und weiter unten: „Andererseits kommt der Gemeinde ebenso, wie dem nichtsouveränen Staate, ein Gebiet, wie auch immer sein Umfang sein mag, zu, auf dem sie in freier Willensbestimmung sich betätigt."

Rechtes ist, wie dies noch später ausgeführt werden wird, ein allgemeiner Rechtsbegriff[72], der auch gerade für die Konstruktion der Gliedstaaten im Bundesstaate am wenigsten geeignet ist, wofern man nicht fremde Elemente in denselben hineinträgt, wie Jellinek es getan hat, der das eigene Recht mit rechtlich unkontrollierbarem Rechte identifiziert, während er auf der anderen Seite selbst die Frage der Entziehbarkeit für das Zustehen zu eigenem Rechte als irrelevant bezeichnet, während die Möglichkeit der Entziehung entschieden weiter geht als die Möglichkeit der Kontrollierung[73].

Aber auch die von Jellinek, Gesetz und Verordnung, p. 202, später unternommenen, auf anderer Grundlage beruhenden Unterscheidungsversuche zwischen Staat und Gemeinde, welche sich auf die Erzwingbarkeit und Ersetzbarkeit stützen, befriedigen nicht, weil sich auch hinsichtlich der Erzwingbarkeit und Ersetzbarkeit keine scharfe Grenze in dem Sinne ziehen läfst, dafs alle Akte des Kommunalverbandes erzwingbar und ersetzbar, des Staates dagegen unersetzbar und unerzwingbar seien[74].

---

[72] Vgl. unten § 19 sub f.

[73] Rosin, p. 15: „Hiernach kann als festgestellt erachtet werden: Die Bestimmbarkeit (Kontrollierbarkeit) in der Ausübung eines Rechts schliefst die Eigenschaft desselben als eines ‚eigenen‘ für den Berechtigten nicht aus. Jellinek hätte sich dies um so mehr selbst sagen können, als er die Entziehbarkeit, welche doch entschieden weiter geht als die Bestimmbarkeit in der Ausübung, selbst richtig als nicht relevant erachtet hat.“

[74] Übereinstimmend Rosenberg, a. a. O. p. 350, der auch konkrete Beispiele zur Begründung gegen Jellinek anführt. Selbst in seiner Allgemeinen Staatslehre 1900 hat Jellinek ein durchgreifendes Unterscheidungsmerkmal zwischen souveränem und nichtsouveränem Staate und zwischen Staat und Gebietskörperschaft im Staate nicht zu finden vermocht. Nach ihm ist wesentliches Merkmal des Staates das „Dasein einer Staatsgewalt“, d. h. „einer nicht weiter ableitbaren Herrschergewalt“ (p. 446), mit eigener Organisation, mit eigener Machtverteilung (p. 447), die nur auf seinem eigenen Willen beruht. Negativ darf daher sein höchstes Organ nicht mit dem Organe eines anderen Staates rechtlich zusammenfallen (p. 448) und seine Organisation darf nicht auf einem fremden Gesetze beruhen (p. 449). Auf die Halbsouveränität lassen sich diese Unterscheidungsmerkmale nicht zur Anwendung bringen. Namentlich hinsichtlich des eigenen Willens und des höchsten Organs versagt diese Theorie. (Siehe unten § 19, 23 u. 24.) Aufserdem sind dies zwar materielle Unterschiede, aber blofs materiell graduelle Unterschiede, die eine genaue Abgrenzung zwischen Staat und Gemeinde nicht ermöglichen. Wie kann man ferner

Im Anschlusse an die Theorie von Gerber, welcher die Herrschaftsgewalt als das Ausschlaggebende für den Staatsbegriff erachtet[75], sucht Laband im „eigenen Herrschaftsrechte" das ausschliefslich unterscheidende Kriterium zwischen Staat und Gebietskörperschaft im Staate zu finden, welch letztere nach Laband blofs vom Staate übertragene Herrschaftsrechte auszuüben vermag[76]. Auf eine genaue Feststellung dieses Begriffes wird im Definitionsversuche der Halbsouveränität eingegangen werden[77]. Der Begriff des Herrschaftsrechtes ist ebenfalls ein allgemeiner Rechtsbegriff. Herrschaftsrechte stehen nicht blofs dem Staate zu, sondern auch den übrigen Gebietskörperschaften[78]. Es braucht selbst nicht immer auf dem Willen der herrschenden Persönlichkeit zu beruhen, sondern kann sogar in gewissen Fällen auf den Willen des Beherrschten zurückgehen[79]. Auf dem Gebiete des Privatrechtes, des Lehensrechtes, des Kirchenrechtes, ja selbst auf dem Gebiete des öffentlichen Genossenschaftsrechtes mufs das Merkmal der Herrschaft über die Glieder enthalten sein[80], und wenn andererseits der Begriff der Herrschaft jeder Körperschaft in gröfserem oder geringerem

daraus eine scharfe Grenze zwischen Jellineks „Staatsfragmenten" und dem Staate oder der Gemeinde finden? Übereinstimmend: Polier et de Marans, p. 26.

[75] Grundzüge eines Systems des deutsch. Staatsr., 1880, § 1.

[76] Laband, Staatsr. I, p. 62 ff. Ihm hat sich im wesentlichen nunmehr auch Jellinek, Allg. Staatsl. p. 158, angeschlossen.

[77] Siehe unten § 20.

[78] Gierke, an zahlreichen Stellen seiner Schriften; ders., in Holtzendorffs Rechtslexikon, Art. Korporation. Brie, St.V. p. 10. Rosin, a. a. O. p. 36 u. a. m. Gierke, Schmollers Jahrbücher, Bd. VII, p. 35 [1131]. Rosenberg, a. a. O. p. 351.

[79] Von Rosin werden als Beispiele angeführt die Naturalisation und der Adoptionsvertrag. Rosin, a. a. O. p. 35.

[80] Leist, Vereinsherrschaft und Vereinsfreiheit im künftigen Reichsrecht, 1899, und all die angeführten Schriftsteller. A. A. Laband, a. a. O. p. 66 n. 2. Ders., a. a. O. I, p. 67 n. 1 behauptet, dafs sich niemand in der neuesten Literatur gegen seinen Begriff der „rechtlichen Herrschaft" mit Beweisen gewendet habe. Indes hat auch Laband, I, p. 62, nachdem er zugegeben, dafs Rosin am eingehendsten diesen Begriff untersucht habe, keine Widerlegung desselben, namentlich gegen dessen Behauptung, dafs die eigenen Herrschaftsrechte „nichts für den Staat als solchen Charakteristisches" seien, gegeben, sondern lediglich die Behauptung des Unzutreffenden aufgestellt.

Maſse innewohnen muſs, weil jede Körperschaft einer Gewalt dringend bedarf, so ist eine bloſse Delegation seitens des Staates etwas dem Wesen einer Gesamtpersönlichkeit Widersprechendes; es müſsten notwendig einer jeden gesunden Staatsentwickelung entgegenstehende Kollisionen der Interessen eintreten, die Gebietskörperschaft wäre gezwungen Aufgaben zu erfüllen, welche ihr nicht zustehen und umgekehrt[81]. Durch eine solche Auffassung würde des Verhältnis zwischen Staat und Untertan ausschlieſslich auf roher Herrschaft beruhen, auch selbst dann, wenn der Staat nicht immer von seinen Herrschaftsrechten Gebrauch machen würde, wie Laband dem ihm gemachten Einwand zu begegnen sucht[82].

Als ein Widerspruch muſs es betrachtet werden, wenn eine Gebietskörperschaft mit eigener Rechtspersönlichkeit alle ihr zustehenden Rechte nur im Namen eines anderen, des Staates ausüben soll. Eine solche Ansicht muſs ferner notwendig den Schwerpunkt ihrer Deduktionen auf die Erzwingbarkeit verlegen[83], und

[81] Brie, a. a. O. p. 12: „Wenn aber jede Korporation naturgemäſs einer Gewalt über ihre Mitglieder und zwar auch einer gesetzgebenden Gewalt bedarf, so besteht kein Grund für die Annahme, daſs ihre (Herrschafts-)Befugnisse auf Delegation vom Staate beruhen müssen, der Substanz nach immer dem Staate zustehen. Eine derartige Annahme wäre nur gerechtfertigt, wenn überhaupt die untergeordnete Persönlichkeit lediglich in der Realisierung von Zwecken der übergeordneten Persönlichkeit ihren Zweck hätte; jede Persönlichkeit hat aber vielmehr naturgemäſs ihren eigenen Zweck, und dem subsidiären Berufe des Staates entspricht es, einen eigenen Zweck und eigenes Recht der speziellen Korporationen anzuerkennen.

[82] Laband, I, p. 65. Völlig zutreffend bleibt auch trotz dieser Begegnung der Einwand Gierkes, in Schmollers Jahrbüchern, VII, p. 34 [1130]. „Daſs der Staat seinem Wesen nach Herrschaft ist, hat der Verfasser richtig erkannt und bis ins einzelne festgehalten. Daſs aber der Staat seinem Wesen nach auch Genossenschaft ist, dafür fehlt ihm das Verständnis. Scharfsinnig hat er in den verschiedenen Lebensäuſserungen des Staates das Moment der Herrschaft aufgedeckt und von hier aus Glänzendes für die Analyse und Synthese der staatlichen Hoheitsrechte geleistet. Allein in den Verhältnissen von Herrschaft und Unterwerfung erschöpft sich ihm überhaupt der Inhalt der staatsrechtlichen Willensdeterminationen. Nur was in die Formel von „Befehlen und Gehorchen“ hineinpaſst, ist ihm echter und spezifischer Stoff von staatsrechtlichen Befugnissen und Verbindlichkeiten. Für irgend ein Verhältnis sozialer Gemeinschaft bietet dieses System keinen Raum.“ Preuſs, a. a. O. p. 174.

[83] Brie, St.V. p. 45 und n. 1, Laband, I, p. 65: „Während der Staat mit den Provinzial-, Kreis- und Gemeindeverbänden, ja sogar mit

endlich läſst sie zwei groſse Gebiete gänzlich unberücksichtigt, nämlich die völkerrechtliche Beziehung der Staaten zueinander und die Stellung des Staates als Fiskus[84]. Auſserdem läuft diese Theorie in ihren Konsequenzen auf den abstrakten Souveränitätsbegriff hinaus[85].

Die Annahme nichtsouveräner Staaten wird endlich damit gerechtfertigt, daſs Sprachgebrauch und Geschichte Gebietskörperschaften den Staatscharakter zugesprochen haben, welchen zweifellos das Merkmal der Souveränität nicht zugekommen ist[86]. Der Sprachgebrauch ist für den Juristen nicht

freiwillig gebildeten Vereinen das gemein hat, daſs sie eine umfassende Tätigkeit zur Verwirklichung der aus dem Zusammenleben der Menschen sich ergebenden Kulturaufgaben entfalten, steht das Recht, freie Menschen zum Gehorsam zu zwingen, nur dem Staate zu. Weder die Gemeinde noch irgend ein gemeindeähnlicher Verband hat dieses Recht als ein eigenes, auf sich selbst beruhendes und nach freiem Willen auszuübendes. Eine Gemeinde mag befugt sein, Polizeiverordnungen, Steuerverordnungen u. s. w. zu erlassen; Erzwingbarkeit erhalten dieselben immer nur durch das Gebot des Staates. Gemeinden können auf einem groſsen Gebiet des politischen Lebens ein eigenes Recht zur Verwaltung, zur autonomischen Festsetzung von Statuten, ja selbst zur Rechtsprechung haben; sobald es aber darauf ankommt, ihren Befehlen Gehorsam zu verschaffen, muſs entweder die zuständige Behörde des Staates darum angegangen werden, oder dem Kommunalverbande muſs vom Staate die Handhabung seiner Herrschermacht für gewisse Anwendungsfälle übertragen sein. Wenn die Gemeinde befugt ist, mit Rechtskraft (Erzwingbarkeit) zu befehlen und ihre Befehle nötigenfalls mit Gewalt durchzuführen, so handelt sie im Namen und Auftrag des Staates, in Stellvertretung oder kraft Delegation desselben; es ist nicht ihre Macht, sondern die des Staates, welche sie in Bewegung setzt; es ist nicht ihr eigenes Recht, sondern ein fremdes, welches sie geltend macht.“ Gierke, Schmollers Jahrbücher, VII (N. F.), p. 86 [1182]. Ders., Deutsches Privatr. I, p. 114.

[84] Rosin, a. a. O. p. 32.

[85] Seydel, Kommentar zur Reichsverfassung, p. 8.

[86] Namentlich wird vielfach und mit Vorliebe auf die Abhängigkeitsverhältnisse der Türkei hingewiesen. Laband, Staatsr. I, p. 60: „So wenig man bestreiten kann, daſs in der neueren staatsrechtlichen Theorie diese Begriffsbestimmung des Staates bis vor kurzem die fast ausschlieſslich herrschende gewesen ist, so gewiſs ist es andererseits, daſs der Sprachgebrauch diese doktrinäre Definition vom Staate widerlegt. Zur Zeit des ehemaligen Deutschen Reiches hat man nicht angestanden, die nichtsouveränen deutschen Landesherrschaften Staaten zu nennen; die Mitglieder der Amerikanischen Union heiſsen Staaten; die von der Türkei abhängigen oder abhängig gewesenen, nichtsouveränen politischen Gebilde bezeichnete man

mafsgebend; der Inhalt und nicht der Ausdruck oder die Bezeichnung ist für ihn wesentlich[87].

In geschichtlicher Beziehung verweist man auf den Staat im Altertum, auf den Staat im Mittelalter und pflegt hinzuzufügen, dafs der Staat der Neuzeit ebenso wie jene nicht mehr souverän zu sein braucht[88]. Diese Relation, dafs die Staaten zur Zeit Bodins souverän waren, dafs sie dagegen im Altertum und Mittelalter noch nicht souverän waren und jetzt nicht mehr souverän sein müssen, ist eine verfehlte. Nicht an der Hand des Staatsbegriffes ist der Souveränitätsbegriff zu prüfen, denn damit wird Fremdartiges in Fremdes hineingetragen, sondern an der Hand des Souveränitätsbegriffes, der zur Zeit Bodins wesentliches Merkmal des Staatsbegriffes ausmachte und noch ausmacht, ist jede Gebietskörperschaft auf das Zukommen dieser Eigenschaft zu untersuchen. Es ist daher die Beziehung der Staaten der verschiedenen Zeiten zueinander so zu stellen: der Staat zur Zeit Bodins mufste souverän sein, weil die Merkmale, welche die Souveränität ausmachen, in ihm vorhanden und enthalten waren; die Staaten des Altertums und des Mittelalters konnten nicht souverän sein, weil ihnen die Merkmale dieses Begriffes fehlten; der Staat der Neuzeit, auch in der Staatenverbindung, mufs souverän sein, weil die Grundbedingungen dieselben geblieben sind wie die des Staates zur Zeit Bodins, und weil kein anderer Begriff bis jetzt den Staat von den übrigen Gebietskörperschaften zu unterscheiden vermag[89]. Wenn sich einmal die Staatsidee, die ja auch als Rechtsbegriff wandelbar ist, dahin umgewandelt haben wird, dafs alle Verbände des staatlichen Lebens — den Staat mit eingerechnet — auf der

---

als Staaten." Brie, St.V. p. 10. Rosin, a. a. O. p. 10. Jellinek, St.V. p. 39

[87] Laband, a. a. O. p. 61. Jellinek, Allg. Staatsl. p. 159 n. 2.

[88] Jellinek, Allg. Staatsl. p. 443.

[89] Jellinek hätte um so eher eine solche Gegenüberstellung vermeiden sollen, als er a. a. O., p. 446 n. 2, bezüglich der Unterscheidung von Staat und Gemeinde zugibt, dafs es nicht möglich sei, aus Erscheinungen einer fern abliegenden Epoche, gemeinsame staatsrechtliche Begriffe zu gewinnen. — Gierke, Deutsch. Privatr. p. 475: „Den Staat unterscheidet aber von allen Verbandspersonen ein Merkmal, durch das er als eine Gattung für sich vor und über sie tritt. Es ist das Merkmal der Souveränität." Seydel, Hirths Annalen, 1900, p. 190 und 193.

Basis voller Gleichheit und unbeschränkter Rechts- und Handlungsfähigkeit zueinander aufgebaut sind und es nur ein gleich hohes und kein höheres gibt, oder wenn ein einziges Gemeinwesen eine Summe von anderen Gemeinwesen zusammenfafst und über denselben steht, wie das deutsche Reich römischer Nation einst formell gestanden hat, dann sind auch entweder die Voraussetzungen für den Souveränitätsbegriff hinweggefallen, oder aber nur ein Gemeinwesen ist auf der ganzen Erde souverän und Staat im heutigen Sinne des Wortes. Damit ist in beiden Fällen jegliches Völkerrecht negiert, wie es schon begrifflich für diejenigen Schriftsteller nicht vorhanden ist, welche am absoluten Souveränitätsbegriffe ohne Möglichkeit einer Beschränkung festhalten[90]. „Wo liegt die wissenschaftliche Nötigung," sagt Jellinek in seinen Staatsfragmenten p. 11 n. 1 in der Polemik gegen Hänel, „den Bundesstaat und seine Glieder am Einheitsstaate zu messen?" Sie liegt im Begriffe Staat. Einen begrifflichen Unterschied zwischen Einheits-, Glied- und Gesamtstaat gibt es noch nicht. Der Bodinsche Staatsbegriff mit dem Souveränitätsbegriffe als wesentlichem Begriffsmerkmale ist bis jetzt noch immer mafsgebend.

Die Unzulänglichkeit all derjenigen Konstruktionen, welche den Souveränitätsbegriff durch das „eigene Recht", durch das „eigene Herrschaftsrecht" oder durch den „Zweck" ersetzen wollen, gelangt am deutlichsten zum Ausdruck beim Aufsuchen der Unterschiede zwischen Staat und Gemeinde[91] und noch mehr bei der Berücksichtigung der Übergangsstadien von einer Gebietskörperschaft im Staate zum Staate, namentlich bei der Betrachtung derjenigen Gebietskörperschaften, welche in der neuesten Wissenschaft mit dem von Jellinek aufgestellten Namen „Staatsfragmente" belegt werden, zu denen namentlich die mit dem gröfsten Mafse von selfgovernment ausgestatten Kolonien zählen. Hier versagt, um den Unterschied von Fragment und Staat zu finden, der Zweck, es versagt das eigene Herrschaftsrecht und die Staatsangehörigkeit, es versagt auch der staatliche Konnex; der Souveränitätsbegriff allein ermöglicht eine Grenzziehung. Jellinek, a. a. O. p. 16, verzichtet denn auch, in den üblichen

---

[90] So z. B. Zorn, Staatsrecht.

[91] Siehe oben p. 131 n. 74; das Nähere bei Rosenberg, a. a. O.

unterscheidenden Kriterien das charakteristische Unterscheidungsmerkmal von Staat und Staatsfragment zu suchen, vielmehr findet er es darin, daſs das nichtstaatliche Gemeinwesen beim Wegfall des ihn beherrschenden Staates nicht den Charakter eines souveränen Staates gewinnt, während selbst der nichtsouveräne Staat nach Jellinek ohne weiteres ein souveräner Staat wird. Unseres Erachtens sind dies aber lediglich Fragen der Organisation, aus denen sich nicht begriffliche Schlüsse ziehen lassen, es wird nur von neuem wieder der Souveränitätsbegriff als einzig unterscheidendes staatsrechtliches und völkerrechtliches Merkmal vermiſst.

Alle Konstruktionen nichtsouveräner Staaten leiden an denselben Fehlern, daſs sie nämlich, sobald sie von der negativen zur positiven Betrachtung übergehen und nunmehr angeben sollen, worin eigentlich der Unterschied zwischen Staat und Gebietskörperschaft im Staate bestehe, samt und sonders versagen. Sobald sie zu diesem Unterscheidungsversuche gelangen, büſsen sie jegliche juristische Schärfe ein und müssen in Kleinigkeiten den Unterschied zwischen Staat und Gebietskörperschaft im Staate, also namentlich dem Kommunalverbande, suchen und auch finden.

Besten Beweis hierfür bietet Rehm in seiner Allgemeinen Staatslehre p. 23, der in der Anwendung des strafrechtlichen Begriffes des Hochverrates nur auf Staaten, nicht dagegen auf Gemeinden einen Unterschied zwischen beiden finden will, und der an einer anderen Stelle dem Völkerrechte allein die Charakterisierung einer Gebietskörperschaft als Staat zuschreiben will, somit Grund und Folge verwechselt[92]. Ähnlich Stöber, a. a. O. p. 644, der auch die entscheidende Unterscheidung in der völkerrechtlichen Persönlichkeit sieht[93]. Als weiterer Beleg für die von uns aufgestellte Behauptung möge Preuſs, p. 403, dienen, der das Charakteristikum des Staates in der Gebietshoheit, das heiſst dem Rechte Besitzveränderungen vorzunehmen, finden will[94], dem sich auch Arndt, Kommentar zur Verfassung des

[92] Wo bleibt das positive Merkmal, gegen welches Gemeinwesen kann nun Hochverrat begangen werden, gegen welches nicht?

[93] Gegen Stöber, Rosenberg, a. a. O. p. 346, der mit Recht hinweist, daſs der Unterscheidungsversuch Stöbers unzulänglich sei.

[94] Kritik desselben bei Rosenberg, a. a. O. p. 347.

Deutschen Reiches, pp. 56 und 57, im wesentlichen angeschlossen hat, indem auch er den Unterschied darin findet, daſs über Sein, Anderssein und Nichtsein der Kommunalverbände nicht letztere, sondern der Staat zu befinden hat, während über Sein, Anderssein und Nichtsein des Staates nur dieser selbst entscheidet[95]. Endlich hat auch Rosenberg, a. a. O., den Unterschied nicht gefunden, wenn er den Staat ausschlieſslich in die Sphäre des Völkerrechtes und den Kommunalverband in die Sphäre des Staatsrechtes verweisen will. Danach gibt es für den Staat überhaupt kein Staatsrecht, sondern nur ein Staatsrecht ohne Staat!

Alle Unterscheidungsversuche zwischen Staat und Gemeinde, die vom Souveränitätsbegriffe absehen, sind zwar im einzelnen vielfach zutreffend, aber niemals erschöpfend, daher auch nicht begriffswesentlich[96].

Der Begriff der Halbsouveränität ist ebenfalls ein geschichtlicher, und als solcher unterliegt auch er mannigfachen Wandlungen. Der Ausdruck stammt, wie wir im historischen Teile nachzuweisen versucht haben, von Johann Jakob Moser, nur ist seine Halbsouveränität kein fester Begriff, sondern ein willkürlicher, von ihm zur Bezeichnung lehensrechtlicher Abhängigkeitsverhältnisse erfundener Ausdruck, der in dem ihm von Moser beigelegten Sinne der Vergangenheit angehört, und zwar ist er in diesem Sinne heutzutage unbrauchbar, weil seine Voraussetzungen weggefallen sind, ebenso wie die Voraussetzungen für die Fürstensouveränität. Er kann heute nur mit der Staatssouveränität in Zusammenhang gebracht werden, und zwar nur mit derjenigen Auffassung, welche der geschichtlichen Entwickelung und der essentiellen Natur des Souveränitätsbegriffes Rechnung tragend, denselben als Rechtsbegriff hinstellt mit der Möglichkeit einer Beschränkung. Mit ihm allein steht und fällt der Begriff der Halbsouveränität.

---

[95] G. Meyer, Staatsrecht, p. 7.

[96] Stengel, a. a. O. p. 71 (777): „Alle Versuche, die darauf abzielten, darzutun, daſs die Souveränität eine nicht wesentliche Eigenschaft des Staates sei, müssen daher als miſslungen betrachtet werden, da ohne Festhalten der Souveränität als einer wesentlichen Eigenschaft des Staates der Unterschied zwischen Kommunalverband und Staat verwischt wird.“ Siehe auch Anhang.

Zur näheren Begründung dieser Möglichkeit war die weitausholende Erörterung über den Souveränitätsbegriff erforderlich.

Der Ausdruck „halbsouverän", „Halbsouveränität" bedeutet kein Quantitäts-, sondern ein Qualitätsverhältnis; von einer mechanischen Teilung der Souveränität in gleiche Teile, im Sinne von halber, geteilter Souveränität, wie es noch die Konstruktion des Bundesstaates von Georg Waitz getan hat, ist hier nicht die Rede[97].

Die moderne Halbsouveränität hat ihren Rechtsgrund in einem Gewaltverhältnis. Sie ist von der Souveränität des Oberstaates bedingt[98]. Vermöge seiner Bestimmbarkeit durch eigenen Willen kann der souveräne Staat eine Gebietskörperschaft mit

[97] Die Theorie von der geteilten und teilbaren Souveränität, von Tocqueville, De la democratie en Amérique I, c. 8 in Frankreich begründet und nach ihm in Deutschland von Georg Waitz, Grundzüge der Politik, Kiel 1862, aufgestellt, in England bis auf den heutigen Tag noch von Henry Maine, International law., p. 58, und vielen anderen Schriftstellern vertreten, hat viele Ähnlichkeiten mit der alten Lehre vom teilbaren Eigentum. Diese Theorie hat naturgemäfs mit der Erklärung des Begriffes der Halbsouveränität keine Schwierigkeit; darnach gehört eben die eine Hälfte ein und derselben Souveränität dem einen, die andere Hälfte dem anderen. Eine solche mechanische Teilung der Gewalten kann unmöglich der modernen Staatsauffassung entsprechen, sie steht im Widerspruche mit jeglicher modernen Staatstheorie. Gegen dieselbe Preufs, a. a. O. p. 23; Jellinek, p. 18; Stengel, in Schmollers Jahrbüchern Bd. XXII, p. 7 [1094]; Brie, Bundesstaat, p. 105; ders., St.V. p. 98; Laband, Staatsrecht, Bd. I p. 58; Rosin, p. 6. Neuerdings halten nur noch daran fest Westerkamp, Staatenbund und Bundesstaat 1892, und Rümelin, Zeitschr. f. gesamte Staatswissenschaften, Bd. XXXIX, p. 195 ff. Vgl. über letzteren Gierke, Schmollers Jahrbücher, p. 64 [1160] n. 1: „Neuerdings behauptet zwar wieder E. Rümelin eine wirkliche Teilung der Souveränität im Deutschen Reiche, allein ‚insoweit' ist ihm das Reich eben nicht ‚Bundesstaat', sondern ‚Staatenbund' (?!), aufserdem ist es, ‚insoweit' es unmittelbar über das Volk herrscht, ‚Einheitsstaat'. Endlich ist es auch wirklicher ‚Bundesstaat', aber nur ‚insoweit' es blofs die Aufsicht über eigene Staatsverwaltung der Gliedstaaten führt, also wieder ‚monstro tantum simile'!" Völlig unzutreffend ist daher auch der Vorwurf Pischels, a. a. O. p. 38, dafs „das logisch unhaltbare Schlagwort" Halbsouveränität eine Teilung im mechanischen Sinne enthalten müsse und im Widerspruche mit den von Pischel und auch von uns aufgestellten Lehren der Souveränität steht. Jeder Abschnitt unseres Buches widerlegt diesen Vorwurf.

[98] Rosin, p. 35.

Hoheitsrechten ausstatten, kann er namentlich eine unmittelbare Einwirkung auf die im Gebiete befindlichen Leute gewähren, was ja mit zu den wesentlichen Erfordernissen einer Staatsgewalt gehört[99].

Zur Bezeichnung einer Gebietskörperschaft, welche von einer anderen souveränen Gebietskörperschaft, sei es innere, sei es innere und äufsere Hoheitsrechte in dem Mafse zur Ausübung empfangen hat, dafs sie, wenn sie dieselben aus sich selbst heraus betätigen würde, eine souveräne Gebietskörperschaft wäre, wenden wir die Ausdrücke „halbsouverän“, „Halbsouveränität“ an. Es deutet mithin unsere Ausdrucksweise lediglich die Ausübungsverteilung an, bei der die Zuständigkeiten von vornherein feststehen. Damit ist zugleich negativ festgestellt, dafs eine summarische Abgrenzung der sogenannten Hoheitsrechte zwischen suzeränem und halbsouveränem Staate nicht eintritt und im Widerspruche stünde mit der modernen Souveränitätsauffassung, dafs mithin auch eine genaue Kompetenzabgrenzung nicht vorliegt[100].

Mögen diese verschiedenen sogen. Hoheitsrechte in noch so weitem Umfange zur Ausübung übertragen sein, völkerrechtlich kommt eine solche Gebietskörperschaft noch nicht in Betracht; selbst durch Gewährung gewisser sogen. äufserer Hoheitsrechte, also vor allem des bedingten Vertragsrechtes oder des aktiven Gesandtschaftsrechtes kann noch immer nicht von einem Völkerrechtssubjekt gesprochen werden. Solange diese mit Souveränitätsrechten versehene Gebietskörperschaft die Anerkennung als Rechtsgenosse seitens anderer Rechtsgenossen völlig entbehrt, solange ist sie nicht Rechtsgenosse, also auch nicht Rechtssubjekt. Nur die Handlungsfähigkeit kommt für die Völkerrechtsgenossen in Betracht[101]. Nicht ist es dagegen Aufgabe der Völkerrechtsgenossen, eine Legitimation der Souveränitätsrechte der betreffenden Gebietskörperschaft zu verlangen, auf welche Art sie erworben wurden, ob derivativ,

[99] Brie, St.V. p. 30.

[100] Ebenso für den Bundesstaat treffend: Laband, I, p. 59. Mit Recht bemerkt auch Jellinek, Allg. Staatsl. p. 450, dafs „aus dem Dasein oder Fehlen bestimmter ‚Hoheitsrechte‘ niemals auf Sein oder Nichtsein des Staates geschlossen werden darf“.

[101] Heilborn, p. 48 ff. Liszt, Völkerrecht, p. 31.

ob sie dieselben als Mandatar, Delegatar, zu eigenem oder fremdem Rechte, aus eigener Macht ausübt, geht das Völkerrecht nichts an[102]. Die Gebietskörperschaft wird für gewöhnlich insoweit nicht anerkannt, als der Suzerän ihr sogen. äufsere Hoheitsrechte nicht zur Ausübung übertragen hat, insoweit kommt sie völkerrechtlich nicht in Betracht. Während die Anerkennung eines souveränen Staates teils konstitutiv, teils deklaratorisch wirken kann, wirkt hier die Anerkennung von seiten der Völkerrechtsgenossen konstitutiv. Machen die Mitglieder der Völkerrechtsgemeinschaft von der der halbsouveränen Gebietskörperschaft zugestandenen Ausübung von Souveränitätsrechten Gebrauch, so ist diese Gebietskörperschaft ein in gewissen Beziehungen ebenbürtiger Genosse, und insofern und insoweit sie es ist, ist sie Völkerrechtsperson[103].

Zu einer solchen Konstruktion des halbsouveränen Staates konnten wir gelangen, weil wir die Auffassung vertreten haben, dafs die Souveränität beschränkbar, dafs mithin der Suzerän Souveränitätsrechte zur Ausübung übertragen und dafs diese Beschränkungen selbst sogar so weit gehen können, dafs sich derselbe ein blofses nudum ius vorbehält[104]. In der Tat findet sich zur Bekräftigung dieser unserer Annahme die sonst

[102] Insofern ist die vielfach und auch von Laband, I, p. 70, vertretene Auffassung nicht immer zutreffend, dafs die Völkerrechtspersönlichkeit „ein Symptom der Staatsqualität ist und ihre internationale Anerkennung einen Rückschlufs auf das Vorhandensein der letzteren gestattet“. In diesem Sinne hat Le Fur, p. 404, nicht so unrecht, wenn er ausführt, dafs die internationale Persönlichkeit und der Charakter eines Staates zwei vollkommen verschiedene Dinge sind, und dafs die Existenz der internationalen Persönlichkeit keineswegs notwendig die Existenz eines Staates zur Voraussetzung habe. Ähnlich Jellinek, Staatenverbindungen, p. 49, jedoch vom Standpunkte nichtsouveräner Staaten.

[103] Brie, a. a. O. p. 39 n. 4: „Insofern nur Staaten Mitglieder einer Völkerrechtsgemeinschaft bezw. völkerrechtliche Subjekte sind, ist die einem nichtsouveränen oder sogen. halbsouveränen Gemeinwesen zustehende völkerrechtliche Persönlichkeit ein wesentliches Moment für die Feststellung der Staatsnatur desselben.“ Le Normand, La reconnaissance internationale 1899, p. 70 ff.

[104] Wie die Türkei im Verhältnisse zu Bosnien und der Herzegowina und Cyperns. Völlig zutreffend bemerkt Mode, Doppelsouveränität, p. 18, dafs der Genufs eines Gutes nur ein Naturale und kein Essentiale des Rechtes sei, und dafs man bei jedem Rechte scharf auseinanderhalten müsse das Recht selbst und die Befugnis zur Ausübung des Rechtes.

in den Staatsverträgen und diplomatischen Schriftstücken gänzlich unerklärliche, ja geradezu sinnlose Terminologie, dafs in ein und demselben Vertrage eine solche Gebietskörperschaft als Staat und zugleich als Provinz, als integrierender Bestandteil des Suzeräns betrachtet und behandelt wird[105].

[105] Es besteht in unseren Ausführungen eine gewisse Ähnlichkeit mit derjenigen Auffassung des Staatenbundes, wie sie von Schulze, Staatsr. I, p. 42, und Gierke, Schmollers Jahrbücher, VII [p. 1157] vertreten wird, dafs der Staatenbund staatsrechtlich, eine Sozietät völkerrechtlich ein Rechtssubjekt sei. Die Gegner dieser Ansicht pflegen die Frage in der scharfen Formulierung aufzuwerfen, dafs, was nach aufsen Rechtssubjekt sei, nicht nach innen Rechtsverhältnis sein könne. So Laband, I, p. 54 n. 1. Brie, St.V. p. 84 und p. 84 n. 3, wo er mit Recht anerkannt hat, dafs Gierke mit seiner Behauptung, nicht wie ihm Laband vorwirft, eine mechanische Trennung vorgenommen wissen will, dafs er vielmehr die völkerrechtliche und staatsrechtliche Betrachtung auseinanderzuhalten versteht, ohne in die Schablone des Privatrechtes zu geraten. An einer anderen Stelle, Staatsr. I, p. 70, führt Laband aus: „Ein politisches Gemeinwesen, welches im völkerrechtlichen Verkehr mit anderen unabhängigen Gemeinwesen als Staat anerkannt ist, kann nicht, für sich allein betrachtet, dieser Qualität ermangeln. Es kann nicht nach aufsen Staat, nach innen Kommunalverband sein.“ Unsere Ausführungen über Halbsouveränität scheinen indes gegen diese nicht gehörige Zusammenfassung staats- und völkerrechtlicher Betrachtungsweise zu sprechen und auch Laband selbst, wenn er wieder an einer anderen Stelle, I, p. 97 sagt: „Die Einzelstaaten haben daher dem Reiche gegenüber diejenigen Befugnisse, welche den Selbstverwaltungskörpern zustehen und das Wesen der Selbstverwaltung ausmachen, während das Reich diejenigen Rechte ausübt, welche der souveränen Staatsgewalt den Selbstverwaltungskörpern gegenüber gebühren, nämlich die Aufstellung der Normen und die Kontrolle ihrer Befolgung,“ oder p. 99: „Das Reich hat nämlich nach Art. 78 ideell eine unbegrenzte Kompetenz; es kann die verfassungsmäfsig festgestellte Grenze zwischen seiner Machtsphäre und der Machtsphäre der Einzelstaaten in der Form der Verfassungsänderung einseitig, d. h. ohne Zustimmung der einzelnen Gliedstaaten, verändern; es kann also den Gliedstaaten die ihnen verbliebenen Hoheitsrechte entziehen. In einem gewissen Sinne kann man daher sagen, dafs die Einzelstaaten ihre obrigkeitlichen Rechte nur durch die Duldung des Reiches, nur precario haben, dafs ideell das Reich die staatliche Gewalt in voller Integrität besitze, und dafs die Einzelstaaten auch diejenigen Rechte, auf welche sich die Kompetenz des Reiches nicht erstreckt, ebenso wie diejenigen, welche ihnen das Reich innerhalb seiner Kompetenz zuweist, nur durch den Willen des Reiches haben.“ Laband verfällt in den von ihm selbst gerügten Fehler. In allen diesen Ausführungen wird der Begriff der Souveränität als Unterscheidungsmerkmal dringend vermifst.

Die Unterscheidung zwischen der substantiellen Innehabung und der Ausübungsgewährung zieht sich durch unser ganzes System hindurch[106].

Die völkerrechtliche Betrachtungsweise des Begriffes der Halbsouveränität hat, man mufs es einräumen, an noch gröfserer Inkonsequenz gelitten als die staatsrechtliche. Man ging vom Staatsrechte aus und gab zu, dafs der Begriff, staatsrechtlich betrachtet, einen Widerspruch in sich selber enthalte; man liefs aber trotzdem diesen Begriff für das Völkerrecht fortbestehen und zwar mit Rücksicht auf die doppelte Bedeutung der Souveränität als äufserer und innerer[107], obwohl diese Frage, ob ein Gemeinwesen halbsouverän sei oder nicht, nach all dem oben Ausgeführten, damit in nur losem Zusammenhange steht. Trotzdem wurde von manchen Schriftstellern die Teilung der Souveränität zwischen beiden Staaten nach völkerrechtlicher und staatsrechtlicher Souveränität vorgenommen[108], und darauf die ganze Konstruktion der Halbsouveränität aufgebaut[109]. Ein und denselben Begriff verwarf man für das Staatsrecht, nahm ihn dagegen für das Völkerrecht an, und sucht, um die Verwirrung noch zu vergröfsern, seinen Ursprung im Lehensrechte[110]. Dafs

---

[106] Auch die deutsche Landeshoheit bestand ursprünglich in blofs zur Ausübung übertragenen staatlichen Befugnissen, die erst im Laufe der Zeit zu subtsantiellen Befugnissen sich entwickelten. Brie, St.V. p. 102.

[107] Z. B. die Definition Heffters, a. a. O. § 19 p. 48: „Halbsouveränität ist zwar ein überaus vager Begriff, ja beinahe ein Widerspruch in sich, da der Ausdruck Souveränität gerade die absolute Negation jeder äufseren Abhängigkeit anzeigt und eine Beschränkung dieser Negation im allgemeinen eine unbestimmbare Menge von Abstufungen zuläfst, welche sich nicht auf Zahlenverhältnisse zurückführen lassen. Insofern jedoch die Souveränität eine wesentlich doppelte Bedeutung und Wirksamkeit hat, eine äufsere anderen Staaten gegenüber und eine innere, in dem Bereiche des eigenen Staates, wovon letztere freilich auch regelmäfsig die Basis der ersteren ist, kann man, wo zwar diese Basis vorhanden, jedoch die äufsere Wirksamkeit durch eine höhere Macht gehemmt ist, das Verhältnis der Staatsgewalt eine Halbsouveränität nennen."

[108] So aufser Heffter, a. a. O., auch Phillimore, Commentaries, Bd. I p. 97 ff., und Calvo, Dr. intern., Bd. I, p. 146 u. a. m.

[109] Gegen solche Auffassungen sind freilich die Ausführungen Pischels völlig zutreffend, a. a. O. p. 38.

[110] Die Zusammenstellung der verschiedenen Auffassungen findet sich bei Sirmagieff, a. a. O. p. 160 ff. Siehe auch hist. Teil p. 95 ff.

da nicht Zusammengehöriges in den Begriff hineingetragen wird, ist nur zu offensichtlich.

Namentlich findet sich aber bei vielen Völkerrechtsschriftstellern der grofse Fehler vor, dafs sie alle Abhängigkeitsverhältnisse auf der Grundlage des Völkerrechtes, mithin auf Grund von Verträgen, konstruiert wissen wollen, dafs sich daher alle abhängigen Staaten in der Ausübung von Rechten, die ihnen vollständig zustehen, blofs zu enthalten verpflichten[111]. Dieser Fehler erscheint noch um so gröfser, weil diese Schriftsteller nicht einen festumgrenzten Begriff der Halbsouveränität aufstellen, der mit der Souveränität in engem Zusammenhang steht, sondern denselben als Sammelbegriff für alle Arten von Abhängigkeitsverhältnissen erklären, mithin die Kategorien der „Abhängigkeit“ einerseits und der „Souveränität“ andererseits durcheinander werfen[112]. Alle diese Auffassungen laufen auf den Satz hinaus, wenn dies auch oftmals von den Schriftstellern nicht ausdrücklich ausgesprochen wird, dafs der halbsouveräne Staat ein souveräner Staat sei[113].

Beispiele für eine solche Anschauungsweise bieten, um nur auf die Spezialliteratur einzugehen, Sirmagieff a. a. O. p. 162: „A notre avis, l'État mi-souverain n'est pas privé de certains droits inhérents à sa souveraineté, mais il est plutôt soumis, pour l'exercice de ces droits, à certaines conditions“, und Despagnet, a. a. O. p. 25: „Il nous paraît hors de doute que les États mi-souverains ne perdent que l'exercice libre et non la

---

[111] Sirmagieff, in seiner Arbeit; ebenso Despagnet, und viele im historischen Teile angeführten Schriftsteller.

[112] Hachenburger, a. a. O. p. 8 in fine; Charles Lewis Tupper, Our Indian protectorate, 1893, p. 18: „There may be found in India every shade and variety of sovereignty, but there is only one independent, sovereign, the British Government.“

[113] Despagnet, p. 21: „Cette restriction de l'indépendance des États a donc un caractère conventionnel et elle a pour base leur souveraineté même, en vertu de laquelle ils fixent leur situation à leur gré, absolument comme les limitations contractuelles de la liberté individuelle ont pour fondement la liberté même des contractants qui leur permet de s'obliger.“ Derselbe, p. 24: „.. ces États sont ceux qui, souverains et indépendants en principe, dépendent cependant d'une autre puissance dans l'exercice de certains droits essentiellement inhérents à la souveraineté interne ou à l'indépendance dans les rapports extérieurs.“

jouissance de certains de leurs droits.“ Die Lehrbücher enthalten in dieser schwierigen Frage oft nur Behauptungen, eine Begründung lassen sie jedoch vermissen. Die Folgen solcher Anschauungsweisen sind, dafs nach ihnen lediglich vertragliche Verbindungen auf Grund der Gleichberechtigung zwischen beiden Staaten bestehen, dafs mithin die Interpretation dieser Verträge im Sinne der Erhaltung derselben — pacta sunt servanda — stattzufinden hat, dafs, weil Ausnahmen, der Satz Anwendung finden mufs: Exceptio est strictissimae interpretationis, und dafs, was das Wesentlichste dabei ist, der Inhalt der Bestimmungen, weil rein obligatorisch, blofs inter partes, nicht erga omnes wirke[114].

Ein Blick auf die Abhängigkeitsverhältnisse im allgemeinen zeigt, dafs durch eine solche Auffassung jegliche scharfe Abgrenzung verschwindet, dafs einerseits Abhängigkeitsverhältnisse darunter gebracht werden müfsten, welche damit nichts zu tun haben, welche vielmehr lediglich auf Grund des vollen Selbstbeschränkungsrechtes bestehen, dafs wieder andererseits die Abhängigkeitsverhältnisse, welche wir unter den Begriff der Halbsouveränität gebracht haben, auf Grund des positiven Rechtes mit einer solchen Ansicht in schroffem Widerspruche stehen, was noch später zu zeigen sein wird.

Wenn wir uns mit den einzelnen Ansichten der Völkerrechtslehrbücher nicht näher beschäftigen, so geschieht das vorwiegend aus dem Grunde, weil sie sich entweder mit dem Begriffe der Halbsouveränität überhaupt nicht abgeben, oder aber weil sie das von uns oben Angeführte in mehr oder minder ausführlicher Weise wiederholen. Neues bringen sie nicht.

Die Gründe, welche gegen die Halbsouveränität ins Feld geführt werden, sind von uns bereits bei der Erörterung des Suzeränitäts- und Souveränitätsbegriffes berücksichtigt worden; dort haben wir ihre Widerlegung versucht. Die nichts weniger als schmeichelhaften Beinamen, die der Halbsouveränität beigelegt wurden, glaubten wir in der Einleitung anführen zu sollen.

Ein einziger Schriftsteller hat mit logischer Schärfe erkannt, dafs, wenn der Begriff der Halbsouveränität gebraucht werden soll, er n u r für e i n e Kategorie von Abhängigkeitsverhältnissen Anwendung finden kann, dort nämlich, wo vermöge der Über-

---

[114] Siehe darüber auch unten § 19 sub c.

tragung von Hoheitsrechten eine Ausübungsverteilung vorliegt[115].

Diese Anerkennung der Berechtigung deckt sich mit dem Begriffe der Halbsouveränität, den wir speziell für die Unterstaaten der Türkei aufgestellt haben.

§ 19. Versuch einer Definition der Halbsouveränität.

Nach den voraufgehenden Erörterungen über Souveränität und Halbsouveränität glauben wir nunmehr an den Versuch einer Begriffsbestimmung der letzteren herantreten zu können.

Die Rechtsquelle für die Betrachtung dieses Abhängigkeitsverhältnisses, das wir als besondere Kategorie aufgestellt haben, und dessen Ableitung wir im Begriffe der Souveränität, und allein in diesem, suchten, ist eine staatsrechtliche. Es liegt ein Verhältnis der Über- und Unterordnung vor, welches auf einer personenrechtlichen Unterordnung[1] und, um es noch spezieller zu charakterisieren, auf einem rechtlichen Gewaltverhältnis, einer rechtlichen Herrschaft beruht.

Der Entstehungsgrund ist mithin im subjektiven Rechte des souveränen Staates zu suchen, im ausschliefslichen Willen der herrschenden Persönlichkeit, die von sich aus und nicht durch den Willen der beherrschten Persönlichkeit das Rechtsverhältnis begründet hat. Ist nun aber einmal dieses Rechtsverhältnis entstanden, so ist der konstitutive Entstehungsakt

---

[115] Hachenburger, a. a. O. p. 9: „Les seuls États qu'on pourrait avec quelque raison appeler mi-souverains sont les États qui n'exercent qu'en seconde main une souveraineté à eux déléguée. Nous en verrons des exemples, à propos de la Bulgarie, et des provinces Danubiennes," und p. 25: „L'État vassal au contraire, dont nous envisageons la situation, n'a jamais été indépendant, puisqu'il n'existait même pas. Il n'a donc rien pu déléguer. Bien au contraire, la souveraineté qu'il va désormais exercer n'est qu'une souveraineté d'emprunt, à lui déléguée. C'est pourquoi nous pouvons le qualifier de mi-souverain." Nur im Grundprinzipe stimmen wir überein; bezüglich der Annahme eines Delegationsverhältnisses weichen wir wesentlich ab.

[1] Übereinstimmend: Brie, St.V. p. 10, 30. Rosin, a. a. O. p. 34. Jellinek, St.V. p. 140. Pischel, p. 45, 46.

blofs historische und nicht mehr rechtliche Ursache des Bestehens dieses Rechtsverhältnisses[2]. Deshalb ist die Art der Entstehung, sei es durch Gesetz oder Vertrag oder eventuell stillschweigend durch consensus tacitus legislatoris[3], kein begriffliches Erfordernis desselben, wofern diesem Rechtsverhältnisse der Begriff der rechtlichen Herrschaft zu Grunde liegt[4]. Daher ist die Staatsgewalt des neugeschaffenen halbsouveränen Staates zwar derivativ entstanden, aber originäre Gewalt des betreffenden Staates, gänzlich ausgesondert aus der Staatsgewalt des Suzeräns[5].

---

[2] Rosin, p. 35. Nicht immer zutreffend müssen die Ausführungen Pischels, a. a. O. p. 37, im Anschlufs an Bornhak, p. 59, sein, dafs der Vasallenstaat nicht durch Rechtsakte, sondern durch Anerkennung historischer Tatsachen entstanden sei.

[3] Brie, a. a. O. p. 34, spricht nicht ganz genau von „Gewohnheitsrecht“.

[4] Rosin, p. 35; Brie, St.V. für den Staatenverein im allgemeinen, p. 56: „Manche juristische Schriftsteller wollen allerdings die Bezeichnung ‚Verein‘ nur denjenigen zur Realisierung eines gemeinschaftlichen Zweckes bestimmten dauernden Personenverbindungen beilegen, welche ihren Entstehungsgrund im Vertrage haben; und es läfst sich in der Tat nicht verkennen, dafs die Ausdrucksweise der Gesetze, sowie der gemeine Sprachgebrauch vielfach Hinneigung zu einer solchen Beschränkung zeigen. Dennoch liegt kein genügender Grund vor, bei dem Ausdruck ‚Verein‘ nur an den einmaligen Akt der Gründung durch Willenseinigung und nicht vielmehr an die im Verein fortdauernd bestehende Vereinigung der Personen bezw. ihrer Kräfte zu denken. So gebrauchen denn auch zahlreiche Vertreter der Rechtswissenschaft den Ausdruck ‚Verein‘ bezw. ‚Vereinigung‘ ohne Rücksicht auf die Art der Entstehung der fraglichen Personenverbindungen.“ Ebenso für den Bund p. 81: „Gleichgültig ist endlich für den Bundesbegriff die Art der Entstehung des Staatengemeinwesens,“ und speziell für den Bundesstaat p. 131: „Sind diese Darlegungen richtig, so kommt der Frage, in welcher Weise die wirklichen Bundesstaaten und ihre Verfassungen entstanden sind, nur eine untergeordnete, insbesondere für das rechtliche Wesen des Bundesstaates durchaus nicht mafsgebende Bedeutung zu.“

[5] Jellinek, Allg. Staatsl. p. 159 n. 2: Ein Staat kann geschichtlich durch einen anderen gebildet werden; rechtlich hat er seine Gewalt immer nur durch sich selbst. Bulgariens Staatsgewalt ist nicht abgeleitete türkische, sondern originär bulgarische Gewalt; seine Gewalt ist gar nicht mehr potentiell in der türkischen Gewalt enthalten, wie es mit den eigenen, aber derivativen Rechten der Gemeinde hinsichtlich der sie beherrschenden Staatsgewalt der Fall ist.“ A. A. Rehm, Staatslehre, p. 114. Nur in diesem

Während die Provinz, die halbsouveräner Staat werden soll — und diese Entstehungsart soll hauptsächlich Gegenstand unserer Betrachtung bilden — lediglich Abteilung eines gröfseren Ganzen, Territorialabteilung ist, kommt dem halbsouveränen Staate wie einem Kommunalverbande Rechtspersönlichkeit zu. Er ist Subjekt des öffentlichen Rechtes, und es entsteht eine Beziehung von Subjekt zu Subjekt[6].

Wie im römischen Rechte der Begriff der Obligation so dient auch der Begriff der Halbsouveränität einmal dazu, um das Gesamtverhältnis, sodann aber auch, um einen Teil dieses Verhältnisses zu bezeichnen[7].

Wir können demnach die Halbsouveränität definieren als ein **Rechtsverhältnis** zwischen einer souveränen Staatsgewalt, dem Suzerän, und einer durch ihren Willen[8] von ihr geschaffenen anderen Staatsgewalt, dem halbsouveränen Staate, wonach demselben **aus eigener Macht des Suzeräns** die **administrative Autonomie in complexu** zu eigenem Rechte **zur Ausübung** übertragen werden mufs, während die **politische Autonomie** übertragen werden kann.

Die Frage der Entziehbarkeit[9] dagegen gehört nicht, wie noch später beim Begriffe des „eigenen Rechtes" nachzuweisen sein wird, zu den wesentlichen Begriffsmerkmalen der Halbsouveränität. Ebenso ist der Begriff der Dauer bei der Souveränitätsbeschränkung in unserer Definition nicht enthalten und auch als etwaiges Begriffsmerkmal entschieden abzulehnen[10].

Sinne hat Pischel, a. a. O. p. 47, Recht, wenn er das Suzeränitätsverhältnis als unorganisches darstellt.

[6] Brie, St.V. p. 16, legt auf diese Unterscheidung grofses Gewicht. Rosin, p. 22.

[7] Windscheid, Pandekten, Bd. 2 § 251, p. 6. Dernburg, Pandekten, Bd. 2 § 1 n. 4.

[8] Theokratisch ausgedrückt: von Suzeräns Gnaden. Eine auch im Privatrechte, freilich in einem anderen Sinne übliche Wendung, womit man eine einem Institute immanente Erscheinung ausdrücken will. So spricht Eck, Vorträge zum Entwurf eines B.GB. Heft I, 1896, p. 49, von einer „exceptio doli von Gottes Gnaden."

[9] Ägypten bildet ein Beispiel der ersteren Art, die Donaufürstentümer der zweiten Art. Pischel, a. a. O. p. 51, 53.

[10] Übereinstimmend Pischel, p. 50.

Suchen wir nun diese Definition in ihre Elemente zu zerlegen, so ist zunächst der Begriff des Rechtsverhältnisses[11] festzustellen als Beziehung zwischen zwei Rechtssubjekten, welche durch eine Rechtsregel bestimmt wird, und nicht als ein tatsächliches Machtverhältnis. Eine Rechtsregel braucht nicht immer die Form des Imperativs zu haben, sie kann auch in die Form eines Vertrages gekleidet sein und ist es auch in der Regel im öffentlichen Rechte, namentlich im Völkerrechte[12]. Und so braucht daher auch die die Halbsouveränität konstituierende Urkunde nicht immer eine Imperativform zu haben, sondern unter Umständen Vertragsform[13]. Nur beruht die Rechtsregel bei der Halbsouveränität stets auf der Macht des Suzeräns, entspringt daher immer dem subjektiven Rechte, was ja begrifflich möglich ist, weil eine Rechtsregel nicht bloſs vom objektiven Rechte gesetzt zu sein braucht, sondern auch von den Parteien aufgestellt werden kann[14]. Der Begriff der Macht ist aber ein rechtlicher, weil der Staat sich selbst durch den Konstitutivakt Schranken gesetzt hat, wie er ja seinen Untertanen gegenüber durch eine Verfassungsurkunde sich selbst beschränken kann[15]. Wenn auch ein Vertrag geschlossen worden ist, was die Ausnahme bildet, so ist es nicht der Wille der Parteien, der maſsgebend ist, sondern der Wille der einen Partei, in Vertragsform gekleidet. Der Suzerän wird für gewöhnlich in einem solchen Falle die Vertragsfähigkeit der emanzipierten Provinz durch Friedens-, durch Waffenstillstandsvertrag oder aber durch konkludente Handlungen anerkannt haben[16]. Unter Umständen kann der

---

[11] Savigny, System des heutigen römischen Rechtes, 1840, Bd. I, p. 333. Diese Definition ist aber bekanntlich ungemein bestritten, indem man zwei Arten von Rechtsverhältnissen unterscheiden will, nämlich auch zwischen Person und Sache, so z. B. Dernburg, I, § 40. Stammler, Wirtschaft und Recht, p. 658, nennt das Rechtsverhältnis zur Sache „einen unglücklichen Gedanken“. Für uns kommt jedoch die Definition Savignys allein in Betracht. Vgl. darüber Bierling, Zur Kritik der juristischen Grundbegriffe, II, p. 128 ff. (1883), und ders., Prinzipienlehre, I, p. 184 ff.

[12] Bierling, Prinzipienlehre, Bd. I, p. 31.

[13] Brie, St.V. p. 33, der die Möglichkeit durch Vertrag, durch einseitigen Willensakt und durch Gewohnheitsrecht zugibt; namentlich p. 34.

[14] Eltzbacher, Der Anarchismus, 1900, p. 23.

[15] Brie, p. 6. Jellinek, Allg. Staatslehre, p. 434.

[16] Formell erfolgt eine solche Begründung des Verhältnisses zwischen

Begründung der Halbsouveränität ein Vorvertrag mit Dritten zu Gunsten Dritter — des halbsouveränen Staates — voraufgehen. Es kann endlich die Sanktion der staatsrechtlichen Verhältnisse durch die Völkerrechtsgenossen erfolgen. Man begnügt sich jedoch mit der bloſsen Anerkennung vielfach nicht, es tritt auch eine Garantie für Schaffung und Erhaltung dauernder Verhältnisse oftmals hinzu.

Die Bedeutung einer solchen Garantie ist eine verschiedenartige; es lassen sich an der Hand der Geschichte der Balkanstaaten verschiedene Phasen einer solchen Garantie durchlaufen.

Vor allem kann eine Garantie zur Schaffung leidlicher Zustände und zur Sicherung der halbsouveränen Staatsgewalt stattfinden. Nebenher kann freilich, und dies wird auch meistens geschehen, der günstige Vorwand gesucht werden, durch ein ständiges Kontrollrecht den eigenen Einfluſs im halbsouveränen Staat zu erhöhen, mit dem dolus eventualis das alte Abhängigkeits-

---

der Türkei und ihren halbsouveränen Staaten immer durch den Erlaſs eines konstituierenden Firmans. Übereinstimmend Pischel, p. 54, der aber die Regelung der Beziehungen materiell, meines Erachtens mit Unrecht, stets auf Vertrag gründen will. Gierke, in Schmollers Jahrbüchern, VII (N. F.), p. 57 [1153]: „Wird der Staat als Gemeinwesen aufgefaſst, so ist zunächst jeder seine Existenz schaffende oder vernichtende Vorgang ein Lebensvorgang, dessen juristischer Inhalt in der Setzung oder Aufhebung einer Gesamtpersönlichkeit besteht. Ein solcher Vorgang kann offenbar so wenig wie die Geburt oder der Tod des Einzelmenschen als Rechtsgeschäft konstruiert werden. Er charakterisiert sich vielmehr lediglich als die Verwirklichung eines Tatbestandes, an welchen das objektive Recht eine Rechtswirkung knüpft." — So schloſs auch Fürst Kara-Georg von Serbien 1806 einen Waffenstillstandsvertrag mit der Pforte, in welchem der Provinz Serbien eine Reihe von Privilegien gewährt wurden. Der Pretoria-Vertrag 1881, auch der Londoner Vertrag (1884) zwischen England und Transvaal hätte in der Form eines zweiseitigen Vertrages die Suzeränität Englands aufrecht erhalten können. Eine treffende Parallele bietet auch nach der sogen. Legaltheorie im Staatskirchenrecht das Verfahren bei Bekanntmachung des Inhalts von Konkordaten (Preuſsische Kabinettsordre vom 23. August 1821, betreffend die Sanktion der päpstlichen Bulle vom 16. Juli 1821 de salute animarum, Ges.Samml. p. 113). Ein ähnliches Verhältnis zeigt sich auch bei der Gründung einer Korporation (Gierke, Deutsches Privatrecht, I, p. 484 ff.), so auch die Versailler Verträge, auch der Beamtenvertrag, wenn man annimmt, daſs er einseitiger Antrag und einseitiger Akt der Staatsgewalt sei.

verhältnis durch ein kräftiges neues zu ersetzen. So beschaffen war z. B. die Garantie Rufslands vor dem Pariser Kongresse.

Ferner kann gerade die Garantie seitens mehrerer Mächte die Absicht verfolgen, den Einflufs einer einzelnen Macht lahmzulegen und sie zu zwingen, sich dem Konzerte beizuordnen mit gleichem Stimmrecht, gleichem Ansehen. Endlich kann eine Garantie vorgesehen sein, wie sonderbar es auch klingt, für den Suzerän gegen seinen Schützling oder gegen eine oder mehrere dritte Mächte.

Es können aber auch die einzelnen Garantiezwecke oftmals ineinander laufen und konkurrieren, so dafs die Garantie für den einen dies, für den anderen jenes bedeutet. So wird z. B. für Rufsland die Kollektivgarantie 1856 zum erhöhten Schutze der Balkanstaaten gedient haben, für die anderen Signatarmächte zum Schutze gegen Rufsland[17].

Es sind das schliefslich alles nur Motive, aber man darf daraus nicht etwa schliefsen, dafs sie, analog den Motiven im Privatrechte, irrelevant wären.

Jedenfalls steht aber die Frage der Garantie mit der der Entziehbarkeit in nur losem Zusammenhange. Eine Identifizierung der Garantie seitens der Mächte mit der Unentziehbarkeit der Privilegien für den halbsouveränen Staat wäre nicht zutreffend. Man könnte höchstens von einer Erschwerung der Entziehbarkeit durch den Suzerän sprechen[18]. Wirkung und Gültigkeit bleiben durch solche Modifikationen unberührt[19].

Einem Vorvertrage mit dritten Mächten ist ähnlich ein Beschlufs der Mächte auf einem Kongresse[20]. Wesentlich ist

[17] Vgl. historischer Teil, p. 18. Pariser Vertrag, Art. 22. Engelhardt, Les protectorats, p. 41. Über die russische Auffassung der Garantie von 1856 siehe hist. Teil, loc. cit.

[18] Übereinstimmend Pischel, p. 53.

[19] Als weitere Beispiele wären noch anzuführen der Vertrag von Kutschuk-Kainardji (1774) zwischen Rufsland und der Pforte, betreffend die Donaufürstentümer, wo die Errichtung privilegierter Provinzen ins Auge gefafst wurde, vor allem aber der Vertrag zu San Stephano (1878).

[20] So z. B. die Halbsouveränität der Moldau und Walachei, sowie Serbiens auf dem Pariser Kongresse (1856) und diejenige Bulgariens durch den Berliner Kongrefs (1878), übereinstimmend Brie, p. 34: „Es kann aber ein einseitiges Abhängigkeitsverhältnis zwischen Staaten auch durch Gesetz, also durch einen einseitigen Willensakt, begründet werden, indem ein

aber immer dabei das Mitwirken des Suzeräns. Durch einen solchen Beschlufs erhält das erst zu erwartende staatsrechtliche Verhältnis zwischen Suzerän und Halbsouverän seine völkerrechtliche suspensiv bedingte Sanktion mit verbindlicher Kraft auch für den neuzubegründenden halbsouveränen Staat. Es wird das Gesamtverhältnis gleichsam unter die Garantie des Völkerrechts gestellt, und dadurch erleidet die prinzipielle Unbeschränktheit des Suzeräns völkerrechtliche Schranken[21].

Die suzeräne Staatsgewalt mufs ferner auch stets eine souveräne sein, welche lediglich aus sich selbst heraus bestimmt werden kann. Eine Subdelegation, mithin eine Halbsouveränität einer Halbsouveränität, würde dem Begriffe der Souveränität widersprechen. Man wäre durch eine solche Subdelegation wieder glücklich zu Prinzipien des Feudalstaates angelangt.

Alle übertragenen Rechte müssen mithin aus eigener Macht dem Suzerän zugestanden haben. Daraus ergibt sich ferner, dafs die halbsouveräne Staatsgewalt stets abgeleitet sein mufs von der souveränen. Es ist dies, wie bereits hervorgehoben, der juristische Entstehungsgrund der staatsrechtlichen Verbindung zwischen Suzerän und halbsouveränem Staat. Auch Schriftsteller, welche die Souveränität als nicht wesentliche Eigen-

Staat aus einem Teile seines Volkes und Gebietes ein neues, besonderes Staatswesen errichtet, demselben jedoch keine oder wenigstens keine volle Unabhängigkeit einräumt," und p. 34 n. 1: „Ein Beispiel aus neuester Zeit ist die Errichtung des Fürstentums Bulgarien durch den Willen der Pforte (der Berliner Vertrag hatte in dieser Beziehung nur präparatorische Bedeutung)."

21 Pariser Vertrag: Art. XXII, XXVI, XXVII. Berliner Vertrag: Art. III, IX, XI. Dagegen fehlt in letzterem die Frage einer Intervention vollkommen. Es ist dies eine scheinbar absichtliche und eine wesentliche Lücke dieses Vertrages. Vgl. hist. Teil, p. 45. Übereinstimmend Brie, St.V. p. 31 n. 2: „Dies wird insbesondere dann unzweideutig hervortreten, wenn der übergeordnete (herrschende) Staat dritten Staaten gegenüber zur Respektierung der dem untergeordneten Staate zustehenden Rechte verpflichtet ist, wie die Türkei hinsichtlich der christlichen, von ihr (bis 1878 resp. noch jetzt) abhängigen Staaten." Pischel, p. 53, der aber zu weit geht, wenn er infolge dieser Garantie dem Verhältnis Bulgariens zur Türkei einen mehr völkerrechtlichen als staatsrechtlichen Charakter beilegen will.

schaft eines Staates erachten, setzen bei der Konstruktion des nichtsouveränen Staates einen souveränen voraus, so z. B. Jellinek, Staatenverbindungen, p. 46: „Nur durch den Willen des souveränen Staates können nichtsouveräne gebildet werden; der souveräne Staat ist begrifflich stets das Primäre, der nichtsouveräne Staat das Secundäre“ [22]. Und auch Laband, Staatsrecht, Bd. I, p. 69: „Man kann sich also zwar keine politische Gestaltung vorstellen, bei welcher es an einer souveränen Gewalt gänzlich fehlt, so daſs weder die herrschende Persönlichkeit selbst noch eine ihr übergeordnete souverän ist, und man kann daher mit v. Gerber (Grundz., S. 22 Note 5) sagen, daſs die Souveränität eine Eigenschaft der vollkommenen Staatsgewalt ist.“ Sie stimmen mithin bezüglich der Notwendigkeit des Vorhandenseins eines souveränen Staates mit der von uns aufgestellten Behauptung überein [23].

Der nächste Begriff in unserer Definition, auf den wir gerade das Hauptgewicht legen, ist der Begriff der „eigenen Macht“, der nicht zu verwechseln ist mit dem Begriffe des eigenen Rechtes, id est, des Rechtes des Berechtigten [24]. Der

[22] Nunmehr vertritt aber Jellinek, Allg. Staatsl. p. 254, eine wesentlich andere Ansicht. Im Sinne des Textes auch Pischel, p. 37: „Vom dogmatischen Standpunkt also rechtfertigt sich die Entstehung der Vasallenstaaten nur, wenn man ihren Ursprung auf staatliche Willensakte des souveränen Staates zurückführt, der entweder bereits vorhandenen Gemeindeverbänden gewisse Seiten der Staatstätigkeit überläſst oder neue schafft, denen er aus dem Machtbereich seiner Souveränität eine Kompetenz zuweist, und je nachdem nun sind diese Willensakte Verträge oder Gesetze.“

[23] Über die Schwierigkeiten des Problems beim Bundesstaate, über die Miſslichkeiten einer Fiktion, wie sie von Jellinek in seinen „Staatenverbindungen“ aufgestellt worden ist, vgl. Rosin, a. a. O. p. 9, der allerdings seine Ansicht daraus ableitet, daſs Jellinek und Zorn aus dem Souveränitätsbegriffe falsche Konsequenzen gezogen haben, indem sie aus demselben als Gesamtbegriff sämtliche Hoheitsrechte flieſsen lassen, wodurch Jellinek nach Rosin auch zur Konstruktion nichtsouveräner Staaten durch den Willensakt eines souveränen gelangt ist.

[24] So bereits treffend Rosin, p. 5 n. 3, namentlich p. 35 n. 1: „Herrschaftsrechte, d. h. Rechte aus eigener Macht des Berechtigten, sind daher eine besondere Art von Rechten und nicht mit den ‚eigenen Rechten‘ zu verwechseln, die, wie nachgewiesen (§ 10), nichts anderes sind als die Rechte des Berechtigten überhaupt.“

Begriff der Macht ist, wie bereits bei der Souveränität ausgeführt, ein Rechtsbegriff. Er ist in Zusammenhang zu bringen mit dem Begriffe des Rechtssubjektes und mit dem Begriffe des Rechtes im subjektiven Sinne[25], und seine Wirkung ist rechtliche Herrschaft. Insofern geht der Begriff der eigenen Macht über den Begriff des Rechtes im subjektiven Sinne hinaus, indem die Berechtigung aus sich selbst herausgenommen wird und nicht eine vom objektiven Rechte gesetzte Berechtigung ist. Denn der im subjektiven Rechte geltende Wille ist nur der Wille der Rechtsordnung und nicht der Wille des Berechtigten[26]. Diese Ausführungen enthalten keinen Widerspruch, sie weisen nur auf die verschiedene Rechtsquelle hin. Auf der einen Seite ist staatlicher Wille, auf der anderen Seite eigener Wille — iudex in suam causam — mafsgebend. Derjenige, der aus eigener Macht handelt, ist berechtigt, mit absoluter Bindung für den anderen ausschliefslich aus sich heraus Rechtssätze aufzustellen, in jedem Augenblicke seinen Willen dem Willen des anderen zu substituieren, Rechtsverhältnisse zu begründen[27]. Der Gegensatz des Herrschaftsrechtes ist, wie bereits Rosin treffend hervorgehoben hat (a. a. O. S. 34 i. f.) im Forderungsrechte zu suchen, indem dort Ursache der Verpflichtung nicht das eigene Ich, sondern lediglich der Wille des sich Verpflichtenden ist, der auf Grund des aufserhalb der rechtlichen Beziehung und über derselben stehenden Rechtssatzes zwingend bestimmt wird. Befehl auf der einen, Forderung auf der anderen Seite bezeichnen die Gegensätze des Herrschafts- zum Forderungsrechte[28].

---

[25] Clausius, Das Merkmal der Macht im Begriffe des Rechtes im subjektiven Sinne, 1890. Bekannt ist die Definition Windscheids, des Rechtes im subjektiven Sinne als „einer von der Rechtsordnung verliehenen Willensmacht oder Willensherrschaft".

[26] Windscheid, Pandekten, I § 37.

[27] Übereinstimmend Pischel, p. 44; mit sich selbst aber im Widerspruch p. 39.

[28] Rosin, a. a. O. p. 34: „Immer geht das Recht des Gläubigers auf den Willen des Schuldners als auf seine Ursache zurück, aus der er nach Umfang und Inhalt seine Kraft entnimmt, während der Herrschaftswille des Vaters über sein Kind, des Staates über seine Untertanen in sich selbst, in der durch die organische Ordnung der Verhältnisse gegebenen eigenen Macht der herrschenden Persönlichkeit über die beherrschte ihre Begründung und Bestimmung findet. Mit Fug kann man daher die Herr-

Herrschaftsrechte können mithin mit Rosin definiert werden als „Rechte aus eigener Macht des Berechtigten“[29].

Die bisherige Darstellung erregt den Anschein, als ob ein halbsouveräner Staat blofs aus einer Territorialabteilung eines souveränen Staates entstehen könnte, und als ob die Art der

---

schaftsrechte im Gegensatz zu den obligatorischen als organische Rechte den mechanisch begründeten gegenüberstellen; denn gerade darin beruht, wie die neuesten Forschungen auf diesem Gebiete gezeigt haben, eine wesentliche Eigenschaft des Organischen, dafs es in sich selbst, nicht aufser sich den Grund und die Ursache seines Bestehens findet, alles Äufsere höchstens als Bedingung, nicht als Ursache seines Lebens in Betracht kommt.“ Übereinstimmend Herzfelder, Gewalt und Recht, p. 9. Dies trifft aber nur beim Rechtsgeschäfte zu, nicht dagegen bei Delikten oder anderen obligatorischen Tatbeständen.

[29] A. a. O. p. 35 n. 1. In der erwähnten Abhandlung hat sich Herzfelder gegen den Begriff der Gewalt oder Macht als Rechtsbegriffes und des Gewaltverhältnisses als Rechtsverhältnisses gewendet. Nach ihm sind alle Gewaltverhältnisse rein tatsächliche innere Verhältnisse, welche manchmal nach aufsen hin als Rechtsverhältnisse sich darstellen können (p. 23). Seine Ausführungen gipfeln in dem Satze: Eine Gewalt, die sich nach aufsen als Recht darstellt, wird dadurch nicht zum Rechte, sondern äufseres und inneres Verhältnis sind streng voneinander zu scheiden. Dagegen ist einzuwenden, dafs eine solche Scheidung vielfach unmöglich, vielfach aber auch verkehrt wäre. Es hiefse oftmals Grund und Folge verwechseln, wollte man zunächst blofs ein Gewaltverhältnis im Herzfelderischen Sinne und daneben erst ein Rechtsverhältnis zugestehen. Mit Recht führt Kipp in Windscheids Pandekten gegen Herzfelder Bd. I, § 37 n. 3 aus, dafs das tatsächliche und das Rechtsverhältnis beständig durcheinandergeworfen werden, eine Scheidung mithin unmöglich sei. Herzfelder, a. a. O. p. 10 n. 36, macht ferner Rosin zum Vorwurfe, woher derselbe so genau wisse, dafs es sich beim Begriffe der Macht um einen Rechtsbegriff handle. Rosin hat allerdings a. a. O. p. 4 eine Begründung zum Begriffe der rechtlichen Macht nicht gegeben. Aber aus seinen Ausführungen über den Souveränitätsbegriff geht die Rechtlichkeit der Macht zur Genüge hervor. Andererseits ist aber nicht, wie Rosin anzunehmen scheint, der Begriff der „Macht“ schlechthin ein Rechtsbegriff, denn Rosin selbst unterscheidet in seinen Ausführungen zwischen tatsächlichen Machtverhältnissen und rechtlicher Macht. Insoweit ist Herzfelders Polemik berechtigt. Zu weit geht dagegen das Leugnen jeglicher Möglichkeit eines Rechtsbegriffes. Für das Recht ist besonders von Wichtigkeit die rechtliche Beziehung. Wie tatsächlich das Gewaltverhältnis gestaltet sein möge, ob das Kind den Vater oder der Sklave den Herrn beherrscht, ist für das Recht völlig gleichgültig. Treffend hat Dyroff, Kritische Vierteljahrsch., Bd. 33, p. 271, darauf hingewiesen.

Entstehung denn doch von entscheidendem Einflusse wäre. Wir haben an anderer Stelle die Art der Entstehung als nicht begriffswesentlich bezeichnet und die Möglichkeit des Rechtsverhältnisses der Halbsouveränität beim Bundesstaatsverhältnisse[30] und beim Protektorate zugegeben, und zwar aus folgenden Gründen: Ein Herrschaftsverhältnis mufs nicht immer auf dem Willen der herrschenden Persönlichkeit beruhen; es kann auch unter Umständen auf den Willen der beherrschten Persönlichkeit zurückgeführt werden. Der Wille des Beherrschten kommt aber blofs für die Begründung des Herrschaftsverhältnisses in Betracht[31]. Ist aber das Herrschaftsverhältnis einmal entstanden, so ist der Wille des die Begründung Wollenden im gewollten und begründeten Rechtsverhältnisse aufgegangen. Die Begründung hat blofs vorbereitende Wirkung. Die Rechtsursache ist nicht mehr im Willen des Beherrschten, sondern im Willen der herrschenden Persönlichkeit zu suchen. Aus ihr ist Ursache und Wirkung des Verhältnisses und der Inhalt desselben zu entnehmen[32]. Dies gilt nicht blofs für staatsrechtliche, sondern selbst für familienrechtliche Herrschaftsverhältnisse[33].

Die richtige Würdigung des Begriffes der eigenen Macht und des Herrschaftsverhältnisses bei der Halbsouveränität ermöglicht eine präzise Stellungnahme zur Präsumptionenfrage und zur Frage der Kompetenz. Ein Beispiel aus der modernen Völkerrechtsliteratur, nämlich Sirmagieff, a. a. O. p. 183, gewährt am deutlichsten einen Einblick in die Schwierigkeiten, mit denen man zu kämpfen hat, wenn man nicht an diesem juristisch einzig möglichen Einteilungsgrunde festhält. Indem bei den meisten Schriftstellern auf die Art der Entstehung Gewicht

---

[30] Rosin, a. a. O. p. 5, will dagegen begrifflich den Bundesstaat auf einem Herrschaftsverhältnisse aufbauen, die einzelnen Staaten ihrer Souveränität entkleiden.

[31] Laband, I, p. 85: „Man darf aber nicht das Rechtsverhältnis, welches zur Gründung des Reiches geführt hat, identifizieren mit der Institution, welche durch diese Gründung geschaffen worden ist.“ Ebenso Brie, St.V. p. 56. Rosin, a. a. O.

[32] Neben den von Rosin angeführten Beispielen der Naturalisation und der Adoption möchten wir nunmehr auch die Halbsouveränität hinzufügen.

[33] Rosin, a. a. O. p. 35.

gelegt wird, geht jedes Unterscheidungsvermögen verloren, und die ganze Konstruktion klammert sich an einen blofs äufserlichen Vorgang, der mit dem Inhalt und Wesen des Rechtsverhältnisses nichts zu tun hat[34].

Gerade die Präsumptionenfrage ist derjenige Punkt, bei welchem sich so recht deutlich die Schwäche derjenigen Auffassung zeigt, die keine begriffliche Scheidung zwischen Protektorat und Halbsouveränität vornimmt und mithin einen Einteilungsgrund vermissen läfst. Sie überträgt die Rechtssätze, welche für protegierte Staaten gelten, ohne weiteres auch auf die andere Kategorie und gelangt dadurch zur Verwerfung des Verleihungsprinzipes, und, wie wir an anderer Stelle gesehen, zu einer gekünstelten Konstruktion, die alles eher als eine Darstellung der Wirklichkeit ist. Sie mufs davon ausgehen, dafs das Verhältnis stets durch Vertrag begründet wird, dafs die einzelnen Souveränitätsrechte dem halbsouveränen Staat aus eigener Macht zustehen, und dafs er sich nur der Ausübung derselben begeben hat[35]. Es bildet daher dieses Übertragen von Rechten an den Oberstaat eine Anomalie, eine Ausnahme von der Regel. Es müssen deshalb alle Sätze, welche über Ausnahmen gelten, auch hier Anwendung finden, daher, exceptio est strictissime interpretanda[36].

---

[34] Pischel, a. a. O. p. 44. „Die nichtsouveränen Staaten können aber trotz ihres Staatscharakters rechtlich nicht für sich bestehen; sie bedürfen immer einer anderen Gewalt zu ihrer Ergänzung, welcher dann die Souveränität im eigentlichen Sinne zukommt.“

[35] So Sirmagieff, p. 165: Nous pensons donc que l'État mi-souverain est celui qui, par un traité spécial, s'est soumis à un autre État parfaitement souverain pour l'exercice de certains droits expressément détérminés par le traité.“ Es ist dies eine Verkennung des staatsrechtlichen Verhältnisses zwischen Suzerän und halbsouveränem Staat, sowie eine gänzliche Ignorierung der geschichtlichen Entwickelung.

[36] Wer sich vorwiegend mit dem Protektorate beschäftigt, wie Despagnet, Essai sur les protectorats, hat mit der praesumptio pro protecto keine Schwierigkeit. Unpräzis ist die Ansicht von Tkalac, a. a. O. p. 30, der die praesumptio für den Vasallen in Anspruch nimmt, weil er die Firmane als eine bestimmte Vertragsform hinstellt, während sie doch eine einseitige Willenserklärung sind. Selbst bei der in Vertragsform begründeten Halbsouveränität kann man eine solche restriktive Interpretation zu Lasten des Suzeräns nicht annehmen, weil ja jedem neuen Vertrage ein Grundvertrag, eben das rechtsbegründende Verhältnis,

Selbst privatrechtliche Analogien von der natürlichen und gesetzlichen Handlungsunfähigkeit werden herangezogen[37] und, was das Schlimmste ist, ganz allgemein gehaltene, nichts weniger als juristische Erwägungen[38].

Im engen Zusammenhang damit steht auch die Frage der Kompetenz resp. der Kompetenz-Kompetenz[39]. Beim Einheitsstaate bietet die juristische Hermeneutik derselben keinerlei Schwierigkeiten[40]. Bei den Staatenverbindungen des Bundes-

---

voraufgegangen ist. Ganz verfehlt ist endlich, wie bereits hervorgehoben, die Auffassung Sirmagieffs, p. 162, der nur auf Grund von Verträgen zwischen zwei Staaten die Halbsouveränität entstanden wissen will. Auch seine Behauptung (a. a. O. p. 182), die Halbsouveränität sei lediglich eine künstliche Schöpfung der modernen Diplomatie, mithin eine Ausnahme des gemeinen Völkerrechtes, scheint uns einen Fehlschlufs a maiori ad minus zu enthalten. Wenn die Halbsouveränität eine Ausnahme bildet, so ist es lediglich eine Ausnahme der Regel, dafs die Staaten im Zweifel souverän seien. Vgl. auch Sirmagieff, p. 174: „Nous n'hésitons pas à déclarer dès maintenant que la situation des États mi-souverains est purement artificielle; qu'elle à été créée par la diplomatie moderne" . . . und weiter unten: „Cet État conserve intacts tous les droits que le traité ne lui a pas retirés."

[37] So Sirmagieff, p. 183—185, der zwischen incapacité légale und incapacité naturelle unterscheidet und die Frage aufwirft, ob eine natürliche Unfähigkeit beim Staate überhaupt möglich sei. Meiner Meinung nach ist eine solche Fragestellung im Anschlufs an das Privatrecht gänzlich verfehlt.

[38] Sirmagieff, p. 185, 186: „Qu'elle est d'ailleurs la raison qui a déterminé les parties à ériger en État une nation qui dépendait auparavant d'un autre État? Ce n'est pas cette nation qui s'est rendue de force indépendante, car elle n'aurait jamais consenti à dépendre en quoi que ce fût de l'État dont elle se détachait. Mais on a reconnu que cette nation était digne de constituer un État à part, de se gouverner librement et d'entrer dans la grande famille des nations" (?!) . . . und weiter unten: „Interpréter largement l'incapacité de l'État mi-souverain, c'est fournir à la puissance qui le domine un argument légal en apparance pour l'amoindrir et l'asservir, à coté de l'argument brutal qu'il trouve dans sa force et dont il abuse presque toujours." Wo bleibt hier die rechtliche Begründung? Sirmagieff hat sich nicht zum Begriffe der rechtlichen Macht aufschwingen können. Für die Unhaltbarkeit einer solchen Ansicht spricht am deutlichsten — um nur ein Beispiel hervorzuheben — Art. 8 des Berliner Vertrages.

[39] Über Kompetenz namentlich Hänel, Staatsr. I, p. 218—238 und p. 771—806. Georg Meyer, Staatsr. p. 215.

[40] Stengel, in Schmollers Jahrbüchern, Bd. XXII, p. 72: „Wenn nämlich die sogen. Kompetenz-Kompetenz als das entscheidende Kenn-

staates und der Halbsouveränität läfst sich dagegen im allgemeinen eine genaue Abgrenzung der Kompetenzen nicht geben[41]. Namentlich kann dieser Begriff nicht Auskunft geben über die rechtliche Stellung des Suzeräns zum halbsouveränen Staate, wie er auch nicht beim Bundesstaate Auskunft geben kann über die rechtliche Stellung des Gliedstaates zum Gesamtstaate und umgekehrt. Ferner hat die Frage der Kompetenz-Kompetenz, wie an anderer Stelle hervorgehoben, mit der Frage der Souveränität nichts zu tun[42]. Wer daher Kompetenz-Kompetenz mit Souveränität identifiziert, mufs dazu gelangen, dieselbe weder beim Suzerän noch beim halbsouveränen Staate, weder beim Reich noch beim Gliedstaat im Bundesstaate zu finden[43].

Nur insofern ist auch das Verhältnis der Kompetenzen zueinander bei der Halbsouveränität ein einfacheres wie beim Bundesstaat, als man hier nicht zwei Staatsgewalten mit prinzipiell gleicher Zuständigkeit vor sich hat, die über dieselben Menschen herrschen. Hier läuft vielmehr die ganze Frage auf Kompetenz oder Nichtkompetenz hinaus[44].

---

zeichen der Souveränität des Staates betrachtet wird, so ergibt sich für den einfachen, in keinem Bundesverhältnisse stehenden Staat keinerlei Schwierigkeit; der einfache Staat kann sich — abgesehen von seiner völkerrechtlichen Stellung — Ziele und Aufgaben setzen, welche er will. Er findet in seinem Innern keinerlei rechtliche Schranke, die er bei Ausdehnung seiner Zuständigkeit zu beachten hätte."

[41] Über die Bedeutung der Kompetenz für die bundesstaatliche Konstruktion herrscht lebhafter Streit. Brie, z. B. St.V. p. 104, erachtet sie als notwendiges Begriffserfordernis des Bundesstaates. Rosin, p. 40, erachtet bei der Konstruktion die Frage der Kompetenz für irrelevant. Das Nähere bei Rosenberg, a. a. O. p. 341. Auf die Unmöglichkeit einer genauen Abgrenzung weist mit Recht Laband, I, p. 59, 86, 87, hin.

[42] Dies sei ganz besonders gegen Hänel und diejenigen hervorgehoben, welche Souveränität mit Kompetenz-Kompetenz identifizieren.

[43] Zuerst wurde darauf von Jellinek, St.V. p. 16 ff., aufmerksam gemacht.

[44] Das Verhältnis des halbsouveränen Staates zum Suzerän liefse sich mit Rücksicht auf die Kompetenz folgendermafsen ausdrücken: In den Fällen, wo die praesumptio für den halbsouveränen Staat spricht, steht ihm auch Kompetenz, selbst Kompetenz-Kompetenz zu; auf allen denjenigen Gebieten dagegen, welche ihm nicht zur Ausübung übertragen sind, ist er überhaupt nicht kompetent. Dadurch unterscheidet sich der halbsouveräne Staat, wie ersichtlich, vom souveränen, und aus diesem Grunde dürfte hier der Ausdruck „beschränkte Kompetenz-Kompetenz" angebracht sein, wobei

Aus dem Herrschaftsverhältnis der suzeränen Staatsgewalt zum halbsouveränen Staate wird man daher im Prinzipe die Kompetenz-Kompetenz im Sinne, daſs man ausschlieſslicher Richter über seine Kompetenz ist, dem Suzerän zusprechen müssen. „Alle diejenigen Materien, welche nicht dem halbsouveränen Staat überwiesen worden sind, verbleiben in ihrem ganzen Umfange beim Suzerän," ist die einzige Regel, die sich aufstellen läſst[45].

Ein weiterer Begriff in unserer Definition ist der Begriff der Autonomie[46]. Wir haben ihn als Rechtsbegriff aufgenommen und damit gleichzeitig Stellung genommen gegen jene Auffassung, die das Recht der Satzung bloſs auf die oberste Staatsgewalt beschränken will (Gerber, Laband). Im weiteren Sinne ist Autonomie nicht bloſs das Recht der Selbstgesetzgebung, sondern auch der Selbstverwaltung. Der Begriff steht insofern im Gegensatze zur Souveränität, als er eine öffentlich-rechtliche Gewalt voraussetzt, der die Eigenschaft, souverän zu sein, mangelt[47],

---

nicht verkannt werden soll, daſs dies strenggenommen eine contradictio in adiecto, eine beschränkte Unbeschränktheit sei; oder noch anders ausgedrückt: gegenüber seinen eigenen Untertanen hat der halbsouveräne Staat „innere Kompetenz-Kompetenz", im Verhältnisse zum Suzerän aber selbst seinen Untertanen gegenüber bloſs „relative Kompetenz-Kompetenz".

[45] Die völkerrechtliche Sanktion oder die Garantie des staatsrechtlichen Verhältnisses zwischen Suzerän und halbsouveränem Staat bedeutet oftmals für den Suzerän einen Ausübungsverzicht auf seine Kompetenz-Kompetenz; ebenso kann die Frage der Entziehbarkeit und Unentziehbarkeit auf die Frage der Kompetenz von erheblichem Einflusse sein. — Aus der ganzen Kompetenzfrage im Verhältnisse zwischen Suzerän und halbsouveränem Staate zeigt sich deutlich, was bereits Stengel treffend hervorgehoben hat, daſs dieselbe „kein so entscheidendes Merkmal für den Begriff der Souveränität sein kann, wie Borel und Hänel annehmen, daſs vielmehr dieses Merkmal noch in anderen Umständen gesucht werden muſs, wenn auch die sogen. Kompetenz-Kompetenz in dieser Hinsicht keineswegs bedeutungslos ist". Stengel, a. a. O. p. 74.

[46] Holtzendorffs Rechtslexikon s. v. Autonomie. Bluntschli, Staatswörterbuch s. v. Autonomie. Meyer, Staatsr. § 155, II. Laband, Staatsr. II § 54. Windscheid, Pandekten § 191. Gierke, Deutsches Privatrecht.

[47] Laband, I, p. 101: „Autonomie als ein juristisch relevanter Begriff setzt daher eine nichtsouveräne, öffentlich-rechtliche Gewalt voraus, der die Befugnis zusteht, kraft eigenen Rechtes, nicht auf Grund bloſser Delegation, verbindliche Rechtsnormen aufzustellen."

der vielmehr von seiten einer souveränen Staatsgewalt die Befugnis zusteht, zu eigenem Rechte und nicht auf Grund bloſser Delegation Rechtssätze mit verbindlicher Kraft aufzustellen und deren Durchführung zu erzwingen.

In unserem Definitionsversuche und beim Begriffe der Autonomie haben wir den Begriff des „eigenen Rechtes" verwendet. Über die Bedeutung dieses Begriffes gehen die Meinungen vielfach auseinander[48].

Wie beim Begriff der Halbsouveränität nicht Rücksicht zu nehmen ist auf die Art ihrer Entstehung und Beendigung, ebenso ist dies für das Wesen des eigenen Rechtes nicht entscheidend, sondern es kommt vorwiegend auf den Inhalt desselben an. Daher hat die Möglichkeit der Succession beim eigenen Recht, d. h. die derivative Erwerbsart desselben, sowie die Entziehbarkeit des „eigenen Rechtes" keine Bedeutung für seine begriffliche Bestimmung[49]. Damit ist wieder ausgedrückt, daſs der inhaltliche Gegensatz des „eigenen Rechtes" nicht das „delegierte" oder „derivative Recht" sein kann[50], indem beide nur die

[48] Liebe, Streitfragen, Zeitschr. f. ges. St.W., Bd. 38 (1882) p. 641. Jellinek, St.V., p. 42, der jedoch dem eigenen Rechte einen ganz anderen Sinn beilegt. Laband, I p. 61. Am ausführlichsten Gierke, Schmollers Jahrbuch, VII, N. F. p. 68 [1164]. Le Fur, a. a. O. p. 377 ff. und Rosin, a. a. O. p. 12. — Die einzelnen Schriftsteller verstehen mit diesem Ausdrucke oft das Verschiedenartigste und lassen vielfach nähere Ausführungen über diesen wichtigen Begriff vermissen. So z. B. Hänel, Staatsr., I p. 799 i. f., Brie, St.V., p. 30, 101. — Den Begriff des eigenen Rechtes freilich im Sinne von Eigentumsrecht will Hancke, a. a. O. p. 20 schon bei Bodin als essentielles Begriffsmerkmal des Souveränitätsbegriffes Bodins finden; a. A. Landmann, p. 42 n. 2 und p. 65.

[49] Übereinstimmend Jellinek, St.V., p. 42. Rosin, p. 13, wo als treffendes Beispiel dafür das Expropriationsrecht, sowie von Jellinek, p. 42, die Möglichkeit des Verlustes der englischen Krone für den Fall, daſs der König zum Katholizismus übertrete oder eine Papistin heirate nach der 1 William and Mary sess. 2, c. 2, s. 9. Brie, St.V., p. 108: „Die den Gliedstaaten verbliebenen Hoheitsrechte verloren auch nicht etwa durch die Einfügung dieser Staaten in ein höheres Gemeinwesen den Charakter eigener Rechte und sind insbesondere nicht etwa deshalb, weil sie durch den höheren Gesamtwillen entzogen oder geschmälert werden können, als nur kraft einer Delegation von seiten der Gesamtheit und demgemäſs nur der Ausübung nach den Einzelstaaten zustehend anzusehen."

[50] Auch über das Wesen des abgeleiteten und delegierten Rechtes herrschen Meinungsverschiedenheiten. Seydel in Hirths Annalen, 1876

Entstehung des Rechtes charakterisieren, sondern nur das „fremde Recht“ [51].

Ferner geht es nicht an, das „eigene Recht“ schlechterdings mit dem „Eigentumsrecht“ zu identifizieren ius proprium = ius proprietatis [52]. Man müſste dann Rechte an Rechten konstruieren und käme dann glücklich wieder zurück zu Maurenbrechers Auffassung von „Eigentumsrechten an Souveränitätsrechten“ [53], eine Konstruktion, die auch im Privatrechte nur wenig Anklang gefunden hat. Vielmehr ist auch hier wieder zu sagen, daſs das eigene Recht der weitere Begriff ist.

Versucht man den positiven Inhalt des eigenen Rechtes zu geben, so muſs man sich wie bei der Definition der Souveränität hüten, nicht Gehöriges in den Begriff hineinzutragen. Daher muſs z. B. die Bezeichnung des eigenen Rechtes als rechtlich unkontrollierbaren Rechtes [54] als willkürlich und nicht

---

p. 654, identifiziert z. B. beide Arten. Jellinek findet im Gegensatz zu Seydel den Unterschied darin, daſs das delegierte Recht unentziehbares Recht sei. Woraus er darauf schlieſst, ist uns freilich unerfindlich.

[51] Rosin, a. a. O. p. 15.

[52] So Borel, p. 85, der jegliche Bedeutung des „eigenen Rechtes“ für die Staatskonstruktion negiert. „La notion du droit propre se rattache tout simplement a celle de la propriété.“

[53] „Die deutschen regierenden Fürsten und die Souveränität“, 1839. Eine charakteristische Kritik seiner Auffassung gibt Martitz, Zeitschrift für gesamte Staatswissenschaft, XXXII p. 568 n. 1: „Labands Deduktion erinnert mich auffallend (aber sans comparaison!) an das Quiproquo in Maurenbrechers berüchtigter Schrift ‚Die regierenden Fürsten und die Souveränität‘. Die Staatsgewalt ist ein eigenes successives Recht eines gewissen Personenkreises. Ganz gewiſs der Zuständigkeit nach. Daraus folgerte jener Mann, sie sei ein eigenes Recht auch dem Inhalte nach, id est: Eigentum.“

[54] So Jellinek, St.V., p. 41: „Ein Recht steht jemandem zu eigenem Rechte zu, wenn er in Ausübung desselben nur der Vollstrecker seines eigenen Willens ist,“ und p. 41: „Eigenes Recht ist rechtlich unkontrollierbares Recht.“ Brie hat bereits in seiner Kritik der Staatenverbindungen Jellineks, a. a. O. p. 97, mit Recht hervorgehoben, daſs die Identifizierung des eigenen und unkontrollierbaren Rechtes verwirrend sei. Gegen Jellinek vgl. vor allem Gierke, a. a. O. p. 69 [1165] n. 2 und Rosin, p. 13. Cooley in seinem Buche ‚A treatise on the constitutional limitations which rest upon the legislative power of the states of the American Union Boston, 1871 p. 2, hat bereits den Begriff der ‚uncontrollable power‘ angewendet. ‚Sovereignty as applied to states imports the supreme, absolute uncontrollable power by which any state is governed.‘ Nur stellt er diesen Begriff als charakte-

zutreffend abgelehnt werden, indem man trotz einer Kontrolle „Vollstrecker des eigenen Willens“ sehr gut sein kann.

Was bedeutet demnach das „eigene Recht“ in positiver Fassung? Das „eigene Recht“ bedeutet nichts mehr und nichts weniger als ein mir zustehendes Recht, als mein Recht, als ein Recht, dessen Träger, mithin dessen Rechtssubjekt ich bin[55]. Auch eine Vertretungsbefugnis kann ich „zu eigenem Rechte“ besitzen[56].

Vor allem legen wir aber gerade für die Konstruktion der Halbsouveränität gröfstes Gewicht darauf, dafs die Innehabung eines solchen eigenen Rechtes eine substantielle sein kann oder aber auch eine solche quo ad exercitium[57], und insofern

ristisches Merkmal der Souveränität — er kennt nur den souveränen Staat — und sucht nicht, wie Jellinek, gerade darin die Unterscheidung des souveränen und nichtsouveränen Staates. Gerade im Sinne Jellineks ist eine solche Identifizierung des eigenen Rechtes = rechtlich unkontrollierbaren Rechtes verfehlt. Im wesentlichen übereinstimmend: Borel, a. a. O. p. 81 n. 164. Laband, Bd. I p. 62.

[55] Rosin, p. 16.

[56] Rosin, p. 15. Brie, St.V., p. 29, scheint nicht genügendes Gewicht auf diese Möglichkeit des eigenen Rechtes zu legen.

[57] Gierke, a. a. O. p. 68 [1164]: „Somit kann der Begriff des eigenen Rechtes durchaus nur von der Art seiner Innehabung abhängen. Sieht man auf den gewöhnlichen Sprachgebrauch, so wird es darauf ankommen, ob man ein Recht seiner Substanz nach oder nur der Ausübung nach inne hat. Dabei ist freilich zu beachten, dafs auch das Recht zur Ausübung eines fremden Rechtes ein ‚eigenes‘ Recht ist. Jedes Recht gehört ebenso weit, wie es reicht, seinem Subjekte zu eigen,“ und Rosin, p. 15: „Ist der Gegensatz des ‚eigenen Rechts‘ die vertretungsweise Ausübung eines fremden Rechts, so kann doch der Vertreter selbst ein Recht haben, als Vertreter zu fungieren, er kann die Vertretungsbefugnis als ein eigenes Recht besitzen. Hier erhält die Bezeichnung des ‚eigenen Rechts‘ eine besondere Richtung; nicht das Recht, welches er ausübt, ist des Vertreters eigenes Recht, wohl aber das Recht, auf Grund dessen er als Vertreter berufen ist; ihm steht die Vertretungsbefugnis zu eigenem Rechte zu.“ Als Beispiele werden von Rosin angeführt das prodominium im Lehenrecht, und die Interimswirtschaft. Als bestes Beispiel erscheint uns die Regentschaft, ein Beispiel, das von Rosin nicht angeführt wird, wohl aber das Königtum zu eigenem Rechte, ein Beispiel, dem wir aber nicht beistimmen können, und bei welchem Rosin selber zugibt, dafs es sich nicht um ein Vertretungsverhältnis, sondern um ein Verhältnis der Organschaft handle. Die Möglichkeit des Zustehens zu

hat die Unterscheidung in unserem Definitionsversuche, der Übertragung aus eigener Macht zu eigenem Rechte einen guten Sinn, indem damit ausgedrückt sein will, dafs das Recht, welches der halbsouveräne Staat ausübt, nicht sein eigenes Recht ist (ius proprium), sondern dafs er nur ein Recht auf Ausübung hat.

Wir glauben auf weitere Ausführungen über den Begriff des eigenen Rechtes verzichten zu können, da wir doch lediglich nur die trefflichen Argumente Gierkes und Rosins zu wiederholen hätten.

Als Gegensatz wird nun im öffentlichen Rechte, was die Art des Rechtes betrifft, das „delegierte Recht" hingestellt im Sinne von vertretungsweise ausgeübtem fremden Rechte. Es bedeutet daher delegiertes Recht nicht übertragenes Recht; dies ist, wie wir im folgenden sehen werden, für die Begriffsbestimmung der Halbsouveränität von Wichtigkeit, indem wir durch Annahme eines Delegationsverhältnisses zu einem unseres Erachtens unhaltbaren Repräsentationsprinzipe gelangen würden.

Wir erachten es für notwendig, auf die Mifslichkeiten einer delegatarischen Konstruktion im landläufigen Sinne aufmerksam zu machen. Es würde danach jede Handlung der halbsouveränen Staatsgewalt nicht im eigenen Namen erfolgen, sondern im fremden Namen, wobei sich dann als Konsequenzen einer solchen Verwaltung fortwährende Einwände seitens des Suzeräns ergeben müfsten. Aufserdem sind die Staatsangehörigen des halbsouveränen Staates nur mediatim — und nicht wie beim Bundesstaat immediatim — durch die halbsouveräne Staatsgewalt mit dem Suzerän verknüpft. Die halbsouveräne Staatsgewalt ist in ihrer Sphäre vollkommen kompetent, und in einem solchen Falle wird sie den Untertanen gegenüber wohl nicht nomine alieno handeln. Der halbsouveräne Staat ist eben beschränkt rechts- und handlungsfähig; insoweit er dies nicht ist, kann er weder in eigenem noch in fremdem Namen handeln, und auch die suzeräne Staatsgewalt handelt keineswegs im fremden Namen, etwa im Namen des Vasallen, sondern sie nimmt Handlungen für sich und für den halbsouveränen Staat, als Ganzes betrachtet, vor[58].

---

eigenem Rechte für den halbsouveränen Staat leugnet Le Normand, La reconnaissance, p. 71.

[58] A. A. Sirmagieff, p. 164. Im wesentlichen übereinstimmend

Wenn wir ferner in unserem Definitionsversuche die Übertragung der administrativen Autonomie als eine Übertragung in complexu bezeichnet haben, so wollten wir darin, wie bereits erwähnt, das unterscheidende Kriterium zwischen halbsouveränem Staate und privilegierter Provinz oder mit selfgovernment ausgestatteter Kolonie finden. Auch den letzteren kann zwar ein grofses Mafs von Rechtsverwaltung zu eigenem Rechte zustehen, aber der Kontakt zwischen Kolonie und Mutterland bleibt immer gewahrt; es bleiben ihnen gemeinsame Institutionen, wodurch sich die Staatsgewalt des Mutterlandes scharf abhebt von der obrigkeitlichen Gewalt einer privilegierten Provinz oder Kolonie. Ein Beamter, mag er nun Generalgouverneur, Lieutenant-governor, Oberkommissar oder sonstwie heifsen, steht an der Spitze der Verwaltung und übt ein prinzipiell unbeschränktes Oberaufsichtsrecht. Aufserdem stehen die vertretenden Körperschaften der Kolonien in wenn auch mehr oder minder losem Zusammenhange mit dem Parlamente des Mutterlandes. Der staatliche Konnex bleibt stets gewahrt[59]. Die Beziehungen von Mutterland und Kolonie sind ihrer Beschaffenheit nach Beziehungen von Staat zu Provinz, freilich zu einer mit einem ganz besonderen Mafse von Rechten ausgestatteten Provinz.

Negativ, und dieser Unterschied ist noch viel augenfälliger, kennzeichnet sich die privilegierte Provinz und Kolonie vom halb souveränen Staat dadurch, dafs begrifflich die Möglichkeit eines völkerrechtlichen Verkehres ausgeschlossen ist[60]. Durch einen

---

Pischel, p. 39, der aber zu weit geht, wenn er generell annimmt, dafs der Suzerän kein Recht der Einwirkung auf den Vasallenstaat habe.

[59] Als Beispiel möge eine vielleicht mit dem gröfsten Mafs von selfgovernment ausgestattete Kolonie Englands, nämlich Canada, dienen. Ein Generalgouverneur wird von der Königin ernannt, der im Namen der Königin die Beschlüsse des Parlamentes von Canada sanktioniert. Ein etwaiges Annulierungsrecht steht der Königin zu, und sogar der ‚Queen in council' ein zweijähriges Reservationsrecht, d. h. dem englischen Kabinett. Das englische Parlament hat ferner de iure ein Verfassungsänderungsrecht. Die Verfassung von Canada ist daher ein britisches Gesetz. Vgl. über Kolonien: Jellinek, Staatenverbindungen, p. 63—68. Ders. Über Staatsfragmente p. 21—25. Bornhak, Einseitige Abhängigkeitsverhältnisse, p. 16.

[60] Man könnte dagegen einwenden, dafs Kolonien auch Handelsverträge mit dritten Mächten — z. B. der Vertrag zwischen Deutschland und

solchen Verkehr wird eine privilegierte Provinz, wenn die inneren Voraussetzungen, d. h. die gesamte administrative Autonomie hinzutritt, wie wir gesehen, zu einem Völkerrechtsgenossen mit beschränkter Rechts- und Handlungsfähigkeit. Trotzdem ist aber zuzugeben, dafs eine mit selfgovernment ausgestattete Kolonie vielfach tatsächlich eine viel gröfsere Aktionsfreiheit geniefsen kann als ein halbsouveräner Staat, und daher ist es nicht ganz unberechtigt, in den heutigen Kolonien gewisser europäischer Mächte werdende Staaten zu sehen[61].

Die administrative Autonomie in complexu braucht keineswegs eine völlig in sich geschlossene zu sein. Es bedeutet vielmehr dieser Ausdruck in unserer Definition, dafs der Regel nach die gesamte Autonomie gewährt werde, ausgenommen einzelne Punkte. Man darf daher auch dann von einer solchen sprechen, wenn einzelne Hoheitsrechte, sei es ausdrücklich, sei es stillschweigend, vom Suzerän weiter ausgeübt oder selbst zurückgenommen werden[62].

Die letzte in unserem Definitionsversuche angeführte Bestimmung, wonach der halbsouveränen Staatsgewalt sogenannte äufsere Souveränitätsrechte übertragen werden können, ist für die staatsrechtliche Konstruktion nicht erforderlich, dagegen er-

---

Canada — abschliefsen können. Dieser Einwand ist aber zur Begründung von Halbsouveränität oder gar Souveränität nicht richtig, denn Canada schliefst die Verträge im Namen des Königs von England, und diese Verträge unterliegen aufserdem noch einer gewissen Kontrolle von seiten des englischen Parlamentes. Insofern ist Canada nichts anderes als beauftragtes Organ der englischen Krone, das bezüglich eines territorialen Teiles die Verhältnisse regelt, annäherungsweise vergleichbar einem Freihafen. „Schaltet man das Verhältnis Englands zu Canada aus den canadischen Institutionen aus, so ist Canada kein Staat, sondern eine Anarchie.“ (Jellinek, Staatsfragmente, p. 25.) Es gehen daher unseres Erachtens alle diejenigen Schriftsteller viel zu weit, welche gewissen Kolonien die Staatsnatur zusprechen wollen, so Erskine May, The constitutional history of England 5th ed., III p. 375, und Polier et Marans, p. 61. Vgl. dagegen vor allem Jellinek, a. a. O., Calvo, I § 40, p. 145, Sirmagieff, p. 199 u. a. m. Erschöpfend ist dieser Unterschied freilich nicht, daher ist es verfehlt, ihn mit Stöber, Arch. f. öffentl. Recht, Bd. I p. 637 ff., als einziges Unterscheidungsmerkmal zwischen Staat und Gemeinde hinstellen zu wollen. Rosenberg, a. a. O. p. 346.

[61] Jellinek, St.V. p. 65. Bluntschli, Reg. 79.

[62] So z. B. das Münzprägungs- oder das Besatzungsrecht der Festungen.

forderlich für die völkerrechtliche, die ja Hauptteil unserer Arbeit bildet. Wir werden daher in einem besonderen Abschnitte auf die Wirkungen der Halbsouveränität nach aufsen einzugehen haben.

In der Völkerrechtspraxis ist es endlich vielfach üblich, die halbsouveränen Staaten in diplomatischen Schriftstücken und Verträgen als integrierende Bestandteile des Oberstaates zu bezeichnen[63].

Nach all dem bisher Ausgeführten wird es nicht schwer fallen, diese Ausdrucksweise zu erklären.

Diese Bezeichnung „partie intégrante" in einem Vertrage will die beschränkte völkerrechtliche Rechts- und Handlungsfähigkeit ausdrücken. Da, wo der halbsouveräne Staat völkerrechtlich nicht in Betracht kommt, wird er von den Völkerrechtsgenossen als Verlängerung des Oberstaates angesehen. In allen diesen Fällen hat man es nicht mit ihm, sondern mit dem Suzerän zu tun in Angelegenheiten der betreffenden Provinz, und auf allen diesen Gebieten verpflichten die Handlungen des Suzeräns auch den halbsouveränen Staat. Bei Kolonien und privilegierten Provinzen mufs man sich stets an die Zentralgewalt wenden; hier aber beim halbsouveränen Staat kann man, sei es regelmäfsig, sei es ausnahmsweise, die Zentralgewalt in Anspruch nehmen, je nach der gröfseren oder geringeren Aktionsfähigkeit des halbsouveränen Staates nach aufsen[64].

In dem Ausdrucke „partie intégrante" liegt dagegen unseres Erachtens nicht — wie vielfach angenommen wird — eine unbedingte Schutzpflicht von seiten des Suzeräns[65].

Oft hat endlich in den Verträgen diese Bezeichnung gar keine praktische Bedeutung. Sie ist lediglich ein Akt der Courtoisie gegenüber der Türkei, ein nicht ausdrückliches Wider-

---

[63] So in vielen Aktenstücken vor dem Pariser Kongresse, wie in der Konstantinopler Konferenz vom 11. Februar 1856 Art. 2, in der Pariser Konferenz von 1858 und in vielen diplomatischen Schriftstücken bis in die neueste Zeit.

[64] Und je nach der Bereitwilligkeit desselben. So wendete sich z. B. Fürst Bismarck im Falle Strousberg an die Türkei und betonte ausdrücklichst die Zusammengehörigkeit.

[65] So Sirmagieff, a. a. O. p. 239. Ebenso Holtzendorff in seinem Handbuch des Völkerrechtes.

sprechenwollen gegen ihre Auffassung, dafs die halbsouveränen Staaten nichts weiter als privilegierte Provinzen seien, — eine Auffassung, die, wie wir des öfteren hervorgehoben, völkerrechtlich und staatsrechtlich gänzlich unhaltbar ist, und deren Konsequenzen von keinem anderen Staate ernstlich gezogen wurden[66].

[66] Brie, St.V. p. 29, erachtet den Staatscharakter so lange gewahrt, als die Gewalt des Staates über seine Untertanen auf eigenem Rechte ruht. Die Konstruktion der halbsouveränen Staaten der Türkei bereitet ihm Schwierigkeiten und er gibt p. 29 n. 3 die Annahme zu, dafs die Pforte die Befugnisse ihrer Vasallenstaaten als nur zur Ausübung übertragene und demgemäfs letztere als privilegierte Provinzen erachte. Brie scheint zu übersehen, dafs man auch ein eigenes Recht auf Ausübung haben könne, und dafs dieser Begriff nicht ausschliefslich staatscharakterisierend sei.

Zweites Kapitel.

Abgrenzung von den anderen Abhängigkeitsverhältnissen.

§ 20. Allgemeines.

Um eine Beriffsbestimmung der Halbsouveranität zu geben, genügt es nicht, eine Definition derselben aufzustellen, ihren Inhalt und Umfang zu bestimmen, sondern es kommt wesentlich auch darauf an, ihr Verhältnis zu den anderen Abhängigkeitsverhältnissen begrifflich festzulegen.

Die Abhängigkeitsverhältnisse können mannigfachster Art sein. Schon Bodin unterscheidet nicht weniger als sechs „potentiorum ac tenuiorum gradus", und er nimmt diese Unterscheidungen vor, mit Rücksicht auf die Fürstensouveränität[1].

Mit all den Abhängigkeitsverhältnissen lato sensu früherer Zeiten bis auf den heutigen Tag haben wir uns nicht zu beschäftigen. Dazu müfsten wir alle der Reihe nach vorgekommenen Abhängigkeitsverhältnisse induktiv untersuchen und noch deduktiv uns über die Grundbegriffe: Staat, Souveränität, Abhängigkeit, Unabhängigkeit auseinandersetzen.

---

[1] Landmann, Der Souveränitätsbegriff bei den französischen Theoretikern, p. 43, zählt die Abhängigkeitsverhältnisse Bodins — neun an der Zahl — auf, von denen aber nur sechs in Betracht kommen, weil die letzten drei aus Untertanen, Freigelassenen und Sklaven gebildet werden. Charakteristisch ist es für die Auffassung Bodins, dafs er bei der Vasallität, seiner vierten bis sechsten Klasse, zum Ergebnisse gelangt, dafs der Vasall als solcher nichtsouverän sei. Gemeint ist natürlich die lehensrechtliche Abhängigkeit.

Wir haben eine bestimmte Gruppe von Abhängigkeitsverhältnissen ins Auge gefaſst, die wir unter den Begriff der Halbsouveränität subsumiert haben. Neben diesem Abhängigkeitsverhältnisse findet sich ein anderes Abhängigkeitsverhältnis, nämlich das völkerrechtliche Protektorat, welches die Halbsouveränität heute an Bedeutung überragt, während die oben erwähnten Abhängigkeitsverhältnisse bloſs historische oder sekundäre Bedeutung haben. Deshalb sind für uns vor allem die Unterscheidungsmerkmale von Protektorat und Halbsouveränität wesentlich, während die Unterscheidung von den übrigen Abhängigkeitsverhältnissen eine viel einfachere Erledigung finden kann.

Den Einteilungsgrund von Halbsouveränität und allen übrigen Abhängigkeitsverhältnissen — das Protektorat mit eingerechnet — glauben wir gefunden zu haben in der personenrechtlichen Wirkung einerseits und der rein obligatorischen andererseits.

Alle Abhängigkeitsverhältnisse lato sensu, welche von der neuesten Völkerrechtswissenschaft als Protektionsverhältnisse bezeichnet werden, haben mit dem Protektorate zunächst die rein obligatorische Wirkung gemein; nur im Grade der Beschränkung und in den Folgen, insofern namentlich, als das obligatorische Band beim Protektorate personenrechtliche Wirkungen nach sich ziehen kann, unterscheidet sich letzteres von den ersteren.

Abgesehen vom Protektorate pflegt ein Protektionsverhältnis schon dann vorzuliegen, wenn der Unterstaat in eine Zustandsobligation eintritt, die zwar in gewissen Beziehungen und unter gewissen Umständen auch einen mehr oder minder geringen Einfluſs auf den status der Persönlichkeit üben kann; sie kann eine personenrechtliche Färbung haben; aber ein solcher Staat legt seiner Souveränität freiwillig Schranken auf, dieselbe wird jedoch dabei in keiner Weise berührt. Alle Abhängigkeitsverhältnisse dieser Art aus früheren Jahrhunderten, wie die Lehens-, Tributärstaaten, die ungleichen Allianzen, sind verschwunden. Es lieſsen sich als Beispiele auch heute die ungleichen Allianzen hinstellen, vor allem aber war typisches Beispiel bis vor kurzem Transvaal[2], und wir möchten noch hinzu-

[2] Vgl. I. Teil p. 72 ff.

fügen Montenegro im Verhältnisse zu Österreich[3]. Für diese Art der Abhängigkeitsverhältnisse ist in der modernen Wissenschaft der Ausdruck üblich „abhängiger Staat“[4].

Diejenigen Abhängigkeitsverhältnisse dagegen, welche eine personenrechtliche Wirkung erzeugen müssen, lassen sich heutzutage in der Halbsouveränität zusammenfassen, während das Protektorat und die bundesstaatlichen Verhältnisse zur Halbsouveränität führen können, indem der Verzicht auf die Ausübung in ein Aufgeben des Rechtes sich umwandeln kann, so dafs auf Selbstbestimmung verzichtet wird und an deren Stelle Bestimmbarkeit von aufsen tritt. Das nicht genügende Auseinanderhalten von Protektorat und Halbsouveränität in der Wissenschaft und der Mangel eines einheitlichen Einteilungsprinzipes veranlafst uns vor allem gerade diese beiden Abhängigkeitsverhältnisse in ihren Gegensätzen vorzuführen.

Unsere oberste Kategorie ist nach den voraufgehenden Erörterungen daher die der Abhängigkeitsverhältnisse im engeren Sinne (stricto sensu), und die Unterkategorien derselben werden gebildet durch Protektorat und Halbsouveränität. Der Begriff der Abhängigkeit deckt sich keineswegs mit dem Begriffe der Gewaltunterworfenheit. Letztere ist vielmehr eine besondere juristisch relevante Art der Abhängig-

---

[3] Vgl. I. Teil p. 33 ff.

[4] v. Martitz, Kritik von Labands Staatsrecht, Zeitschrift f. gesammte Staatswissensch. XXXII p. 565: „Der Gegensatz von einfachem und zusammengesetztem Staate kann ja keineswegs die begrifflich denkbaren und tatsächlich vorhandenen Beziehungen von Staat zu Staat erschöpfen. Neben jener Antithese erscheint als eine zweite der Gegensatz von unabhängiger und abhängiger Macht. Abhängig ist der Staat (auch der souveräne), der die Motive seines Handelns von aufsen her zu empfangen rechtlich verbunden ist. Unabhängig ist der Staat, der sie lediglich in sich selbst findet. Abhängigkeit vernichtet nicht die Freiheit der Staatsgewalt, sondern schädigt die Freiheit der Politik. Abhängig ist demnach der Schutzstaat gegenüber dem schutzherrlichen (z. B. die souveränen Rheinbundstaaten gegenüber dem kaiserlichen Protektor), abhängig ist weiter der einzelne Staat in der Föderation (z. B. die souveränen deutschen Staaten vom Frankfurter Bundestage), abhängig ist endlich der Vasallenstaat gegenüber dem Suzerän. Es kann sich ja letzteres Verhältnis wohl vermischen mit dem des zusammengesetzten Staates, geschieht auch regelmäfsig, aber nötig ist das nicht, und Ausnahmen kommen vor.“

keit[5], während der Begriff der Abhängigkeit lato sensu nicht bloſs alle übrigen Abhängigkeitsverhältnisse umfaſst, sondern ein allgemeiner Begriff ist[6].

Bevor wir nun auf die begriffliche Unterscheidung dieser beiden Arten von Abhängigkeitsverhältnissen, auf die es uns ja vor allem ankommt, eingehen, glauben wir eine Reihe von Abhängigkeitsverhältnissen lato sensu ihrer Terminologie wegen anführen zu sollen.

Eine begriffliche Unterscheidung von der Halbsouveränität wird nach dem von uns aufgestellten Einteilungsgrunde eine ziemlich einfache sein, denn auſser der personenrechtlichen und obligatorischen Wirkung wird der Unterschied in Souveränität und Halbsouveränität oder aber in Halbsouveränität und Nichtsouveränität bestehen, mithin in der Staats- oder Provinznatur.

§ 21. Unterschied von der Protektion, Okkupation, gleichen Allianz, Personalunion, Staatenbunde, Realunion, Bundesstaat, Garantievertrag, Staatsfragmente etc.

Eine Reihe von Publizisten hat den Begriff der Protektion aufgestellt, um ein, durch Beschluſs mehrerer Mächte einem kleinen Gemeinwesen gegenüber, auferlegtes Kollektivprotektorat zu bezeichnen[1]. Man bemühte sich und bemüht sich noch, diesen selbständigen Begriff zu bilden zweier Abhängigkeitsverhältnisse willen, die längst der Vergangenheit angehören, nämlich Krakaus und der Ionischen Inseln[2]. Abgesehen davon, daſs die Bestimmung dieser beiden Abhängigkeitsverhältnisse bis auf den heutigen Tag beständigen Schwankungen in der Wissenschaft unterworfen war, und daſs man, meines Erachtens mit Recht, vielfach nicht einmal von Halbsouveränität sprach, so vermögen wir selbst bei etwaiger Annahme der Staatsnatur beider Gebietskörperschaften eine begriffliche Scheidung zwischen sog. Protektion und dem

---

[5] Herzfelder, Gewalt und Recht, p. 9.

[6] Jellinek, Allg. Staatslehre, p. 683 n. 1.

[1] So namentlich Bornhak, Einseit. Abhängigkeitsverhältnisse, p. 21 ff. Bezüglich der Unterscheidung im englischen Sprachgebrauche vgl. Heilborn, p. 64.

[2] Vgl. I. Teil p. 66.

Protektorate nicht zu finden, vielmehr sind wir der Meinung, dafs die heutigen völkerrechtlichen Protektionsverhältnisse untereinander viel gröfsere Unterscheidungen aufweisen und erachten eine solche gekünstelte Abgrenzung für willkürlich und keineswegs zur Klärung der Begriffsverwirrung bei den Abhängigkeitsverhältnissen im allgemeinen für förderlich. Unserer Auffassung nach ist die Unterscheidung zwischen Krakau und den Ionischen Inseln auf der einen und den halbsouveränen Staaten auf der anderen Seite diejenige von Staat und Provinz.

Dagegen erachten wir die nach französischem Sprachgebrauch übliche Unterscheidung von Protektion und Protektorat[3] — es wird dabei ausdrücklich anerkannt, dafs etymologisch beide Begriffe synonym seien — in dem Sinne, dafs das Wort Protektion zur Bezeichnung der Abhängigkeitsverhältnisse lato sensu diene, während der Begriff Protektorat ein spezielleres Anwendungsgebiet, will sagen das völkerrechtliche Protektorat, angewiesen erhalte, für unbedenklich und haben auch in unserer Einteilung dem Sinne nach daran festgehalten[4], sowie die Unterscheidung von der Halbsouveränität gegeben.

Vom völkerrechtlichen Protektorate streng zu sondern und hier zu erwähnen sind ferner auch diejenigen Verhältnisse, welche als Protektorate bezeichnet werden, so z. B. die Übernahme des Schutzes fremder Staatsangehöriger durch eine befreundete Macht[5], der Schutz der feindlichen Angehörigen im Kriege durch den Feind selber, auch Protektion genannt[6], wobei ihnen gestattet wird, im Lande zu bleiben und ihrer Beschäftigung auch weiter-

---

[3] Gairal, p. 60.

[4] Auch gegen die Unterscheidung von altem und modernem Protektorat, wie vielfach üblich, haben wir nichts einzuwenden, wofern man genau bestimmt, was man darunter meint. So Pillet, R.G.D.J. II p. 585 und p. 585 n. 1. „Il existe une forme ancienne et une forme nouvelle de protectorat. La plus ancienne suppose deux États d'importance inégale, mais de civilisation sensiblement égale"; und einige Zeilen weiter: „Mais il existe une autre espèce de protectorat, d'origine beaucoup plus récente, et dont l'importance est aujourd'hui infiniment plus considérable: c'est le protectorat qu'un peuple civilisé exerce sur un autre peuple moins civilisé."

[5] Der Schutz der schweizerischen Staatsangehörigen durch Deutschland in der Türkei.

[6] Russisch-türkischer Krieg 1877. Japanisch-chinesischer Krieg. Alles Nähere R.G.D.J. II p. 577.

hin nachzugehen, die durch Konsularjurisdiktion privilegierte Stellung der europäischen Staatsangehörigen in nicht christlichen Staaten[7], sowie das sog. kolonialrechtliche Protektorat[8] (deutsche Schutzgebiete), und endlich auch die durch die Berliner Kongreſsakte von 1885 geschaffene Okkupation „à titre de protectorat", auch Pseudoprotektorat genannt[9]. Letzteres ist eben ein in Zukunft zu erwartendes Protektorat, wobei vorläufig nur der protegierende Teil bestimmt ist, während der protegierte eine Expektanz des ersteren bildet. Der Oberstaat hat sich ein dinglich wirkendes Aneignungsrecht gesichert, welches, wenn wir den engeren Begriff nehmen, auch speziell in einem Vorkaufsrechte bestehen kann[10].

Ohne auf die einzelnen Definitionen der verschiedenen Staatenverbindungen mit ihren Streitfragen einzugehen — dies würde uns viel zu weit führen —, müssen wir uns begnügen, nur einzelne Merkmale bei den einzelnen Verbindungen hervorzuheben, durch welche sie sich von der Halbsouveränität be-

---

[7] Rey, a. a. O., ferner Tschernoff, Le droit de protection exercé par un État à l'égard de ses nationaux thèse. Paris 1898. Lippmann, Konsularjurisdiktion im Orient.

[8] Stengel, Die staats- und völkerrechtl. Stellung der deutsch. Kolonien 1886. Derselbe, Das Kolonialstaatsrecht 1887. Derselbe, Die deutschen Schutzgebiete. Hirths Annalen 1889. Bornhak, Anfänge des deutschen Kolonialstaatsrechtes. d'Orgeval, Les protectorats allemands, Annales de l'Ecole libre des sciences politiques, 1891 p. 623. Despagnet, p. 148, 211.

[9] Gairal, p. 58, 64. Despagnet, p. 213. Vgl. Berliner Kongreſsakte 1885, Art. 7, 8, 10, 11, 32, 34. Brüsseler Generalakte Art. 1, 3, 9. Vgl. v. Martiz im Annuaire de l'Institut IX p. 247 (1887) tom. X p. 173 ff. (1888) und derselbe in R.D.J. XIX p. 371 (1887). Salomon, L'occupation des territoires sans maitre 1889. Jèze, L'occupation 1896. Despagnet, p. 218—238. R.D.J. XVIII 1886, (Engelhardt) R.G.D.J. I p. 103 (Despagnet). Gairal, a. a. O.

[10] So hat sich z. B. Frankreich, das am meisten interessiert war, ein Vorkaufsrecht sowohl seitens des Kongostaates (Konv. vom 23. April 1884, 14. August 1894) als auch Belgiens (Konv. vom 5. Febr. 1895) gesichert, falls irgend ein Teil des Kongostaates veräuſsert werden sollte. Die letzte Konvention ist abgedruckt R.G.D.J. II p. 545. Vgl. auch Ribier, Répertoire des traités II vol. 1895, 1899 tom. II p. 73 sq. Es könnte dies auch zwar ein obligatorisch wirkendes Aneignungsrecht sein, eine Unterscheidung, die im Völkerrechte Schwierigkeiten bereiten dürfte, im Privatrechte sich dagegen durch die Eintragung leichter gestaltet.

grifflich abheben[11]. Wir machen auf eine erschöpfende Darstellung der Unterschiede keinen Anspruch. In absteigender Linie wollen wir die einzelnen Staatenverbindungen verfolgen, ohne auf ihre staatsrechtliche oder völkerrechtliche Entstehung Rücksicht zu nehmen.

Die gleiche Allianz unterscheidet sich von der Halbsouveränität in der vollkommenen Gleichheit der Teile und in ihrer Gegenseitigkeit. Es ist ein auf völkerrechtlichem Vertrag beruhendes Verhältnis rebus sic stantibus[12].

Die Personalunion[13] ist ebenfalls eine zwischen zwei gleichberechtigten Staaten begründete temporäre Vereinigung mit zufälliger Gemeinsamkeit des Staatsoberhauptes, ihr Gegensatz zur Halbsouveränität mithin offensichtlich.

Der Staatenbund[14] unterscheidet sich von der Halbsouveränität darin, dafs er seinen Rechtsgrund in der Gleichheit der Teile hat, dafs kein Verhältnis der Über- und Unterordnung zwischen den Gliedern besteht, sondern ein Verhältnis, das auf dem Majoritätsprinzipe aufgebaut ist. Die Anerkennung ist ebenso wie bei der Halbsouveränität für seine Völkerrechtssubjektivität seitens der Völkerrechtsgenossen erforderlich. Er ist nicht mit Laband I p. 53 auf ein reines Sozietätsverhältnis zurückzuführen, sondern der Staatenbund ist vielmehr blofs nach innen Sozietät, nach aufsen dagegen Rechtssubjekt. In letzterer Hinsicht hat der Staatenbund Berührungspunkte mit der Halbsouveränität, indem auch dort ein und dieselbe Gebietskörperschaft Völkerrechtssubjekt und integrierender Bestandteil sein kann.

Auch bei der Realunion[15] ist die Entstehungsart gleichgültig.

---

[11] Auch auf das Suchen des tertium comparationis, worin nämlich die Gleichheit zwischen der Halbsouveränität und den übrigen Staatenverbindungen — eine nicht leichte Aufgabe — besteht, müssen wir aus dem oben angeführten Grunde verzichten.

[12] Heffter-Geffcken, p. 200.

[13] Juraschek, Personalunion und Realunion 1878. Ulbrich, Die rechtliche Natur der österreich-ungar. Monarchie 1879. Jellinek, Staatenverb., p. 82 ff. Ders., Allg. St.L., p. 687 ff. Brie, Theorie der Staatenverbindungen, 1886 p. 69 ff.

[14] Vgl. die oben Angeführten, namentlich Brie, St.V. p. 85 ff.

[15] Vor allem die trefflichen Ausführungen Jellineks, St.V. p. 197—253.

Es liegt eine Vereinigung von Staaten vor, die nicht als juristische Person, sondern als Kollektiveinheit mit rechtlich gemeinsamen Staatsoberhaupte zu denken ist, mit vollständiger Gleichheit der Teile sowohl nach aufsen wie nach innen. Ungleichheit der Teile, Haupt- und Nebenpersönlichkeit bei der Halbsouveränität sind die unterscheidenden Punkte.

Das bundesstaatliche Verhältnis[16] hebt sich von der Halbsouveränität durch seine Gesamtpersönlichkeit ab und beruht auf dem Willen der einzelnen Gliedpersönlichkeiten, deren Willen selbst so weit gehen kann, dafs sie im Bunde aufgehen und zur Begründung eines Herrschaftsverhältnisses beitragen, somit auf Halbsouveränität sich selbst zurückführen[17]. Die Art der Entstehung ist mithin auch für das bundesstaatliche Verhältnis nicht von begrifflicher Wesentlichkeit. Für gewöhnlich ist freilich beim Bundesstaate die umgekehrte Entwickelung zu beobachten, indem hier eine Zentralgewalt gebildet und mit Rechten ausgestattet wird, während sie bei den von uns betrachteten Fällen der Halbsouveränität besteht und mit Rechten ausstattet.

Alle Fragen über Souveränität, Staatsangehörigkeit, Reichsmittelbarkeit und -Unmittelbarkeit, Kompetenz-Kompetenz etc. finden bei der Halbsouveränität, die wir ins Auge gefafst, ihre einfache Erledigung. Ein näheres Eingehen auf die Beziehungen zueinander müfste Gegenstand einer selbständigen Studie bilden.

Die ungleiche Allianz ist ein Abhängigkeitsverhältnis, von dem bereits Bodin und Vattel gesagt, dafs es der Souveränität des schwachen Staates keinen Eintrag tue. Es ist eben ein zwischen zwei Staaten auf dem Fufse der Gleichberechtigung abgeschlossener Vertrag. Der Unterschied von der Halbsouveränität liegt auf der Hand. Ein der neueren Zeit angehöriges Bei-

---

[16] Brie, Bundesstaat, 1874. Ders., St.V. p. 95 f. Jellinek, St.V. p. 137 ff. Laband, Staatsrecht, I p. 51 ff. Stengel, a. a. O. Pischel, a. a. O. p. 46, 47.

[17] Brie, St.V. p. 22: „Da aber auch die Unterordnung unter eine höhere Gewalt der hier vertretenen Auffassung gemäfs mit dem Staatsbegriff vereinbar ist, so kann der einzelne Staat im Verhältnis zu anderen Staaten auch solchen Rechtsschranken unterliegen, welche zu ihrer Entstehung, resp. zu ihrem Bestehen einen dem einzelnen Staat übergeordneten Willen voraussetzen.“

spiel wäre der Vertrag zwischen der Türkei und Rufsland von Unkiar I Skelessi[18] (1833).

Beim Garantievertrag[19] sind ebenfalls beide Teile koordiniert, oder es wird aber von mehreren für einen Dritten Garantie übernommen. Die Garantie kann sogar eine gegenseitige sein, namentlich unterscheidet sich die Garantie von der Halbsouveränität, dafs sie nicht erga omnes wirkt, und dafs sie sich auf ein speziell vertraglich bestimmtes Gebiet erstreckt, also in einem Spezialmandat besteht. Eine Vereinbarkeit von Halbsouveränität und Garantie würden wir begrifflich ablehnen, mit Ausnahme des Garantiebeschlusses.

Unter dem Sammelnamen „Staatsfragmente"[20] werden in der neuesten Staatsrechtswissenschaft diejenigen Gebietskörperschaften eingereiht, die, sei es auf Grund eines historischen Titels oder sonst wie, auch heutzutage Autonomie in ausgedehntem Mafse geniefsen, denen man aber Staatscharakter nicht zusprechen kann, weil ihre Existenz durch die Existenz der Zentralgewalt bedingt ist, vor allem aber, weil der Wille des Oberstaates nicht auf Schaffung eines halbsouveränen Staates ging, und weil das Völkerrecht eine Anerkennung nicht ausgesprochen hat. Beim Fortfall der letzteren müfste sich die Gebietskörperschaft als Staatswesen

---

18 Martens, N.R.G. XV p. 655. A. M. Jellinek, St.V. p. 134 n. 25, der diesen Vertrag als Garantievertrag bezeichnet, „weil Rufsland ein mindestens so grofses Interesse an dem Zustandekommen des Vertrages hatte wie die Türkei."

19 Millovanovitch, Les traités de garantie 1888. Den Unterschied von der Protektion und vom Protektorate gibt Gairal, p. 71—73 und p. 111.

20 Der Ausdruck stammt von Jellinek in seiner bereits erwähnten Abhandlung „Über Staatsfragmente". Eine Definition gibt zwar Jellinek nicht, er meint aber solche Gebietskörperschaften, die, ohne Gemeindeverbände zu sein, gewisse Eigenschaften, die nur Staaten zukommen, besitzen. Dahin zählt Jellinek die Deutschen Schutzgebiete, Schleswig-Holstein von 1864—1866, Bosnien und die Herzegowina, einen Teil der britischen Kolonien wie Canada, Kapland und die Kolonien in Australien, Island, die österreichischen Königreiche und Länder, die nordamerikanischen Territorien, Elsafs-Lothringen, Sachsen-Coburg und -Gotha, Kroatien-Slawonien, Finland. Otto Mejer, in seiner Einleitung in das deutsche Staatsrecht, p. 21, hat bereits den Ausdruck „Fragmentstaaten" aufgebracht, um Staatsgebilde zu bezeichnen, die nicht auch politisch dem Staatsbegriffe genügen, sondern nur rechtlich, dahin rechnet er z. B. die einzelnen Bundesstaaten.

erst neu konstituieren. Ob der Ausdruck „Staatsfragmente“ glücklich gewählt, bleibe dahingestellt. Jedenfalls faſst er sehr Verschiedenartiges zusammen. Er kann einerseits auf den Ursprung hindeuten[21], mithin vorwiegend historischen Charakter haben, andererseits aber auf die Staatsähnlichkeit hinweisen[22], und endlich auch auf keines von beiden (Bosnien). Von der Halbsouveränität unterscheiden sich aber die Staatsfragmente, um nur ein Merkmal hervorzuheben, durch das Fehlen einer organisierten Staatsgewalt. Sie können mithin zwar auch einen interkommunalen, aber niemals einen internationalen Charakter annehmen.

Auſser diesen Arten von Verbindungen zwischen Staaten untereinander oder zwischen Staat und Provinz können Fälle vorkommen, bei welchen es sich um Gebiete handelt, in denen von einem fremden Staate Hoheitsrechte ausgeübt werden auf Grund von Verträgen oder auf Grund von tatsächlichen Machtverhältnissen. Je nach dem Rechtsverhältnisse, auf Grund dessen diese Okkupationen vor sich gehen, unterscheidet man verschiedene Arten derselben, so die occupatio bellica, die zur Annexion führen kann. Es ist möglich, daſs die Besetzung des Gebietes erfolgt gegen fortlaufende Entschädigung, eine pachtweise Okkupation (völkerrechtliche Pacht); es kann aber auch dieselbe erfolgen aus Sicherheit für Kapitalsrückzahlung, die sogenannte Pfandschaft[23], mit der auch die modernen Finanzkontrollen[24] in nahem Zusammenhange stehen. Hier handelt es sich ebenfalls um wirtschaftliche Sicherstellung der Gläubiger, nur ist das Objekt der Sicherstellung keine Provinz, sondern sämtliche nutzbaren Regalien des Staates. Ist es aber eine Provinz, dann kommt das Verhältnis wieder auf Antichrese heraus. Die Okkupation kann endlich ohne Rücksicht auf die causa erfolgen, und dies geschieht auch vielfach; es wird dann ganz allgemein von einer vertragsweisen Okkupation gesprochen. Dahin gehören vor allem die Schöpfungen des letzten orien-

---

[21] So z. B. Kroatien, die österreichischen Kronländer.

[22] So z. B. Canada.

[23] Verpfändung Wismars seitens Schwedens an Mecklenburg 1803. Br. Schmidt, Der schwedisch-mecklenburgische Pfandvertrag. Leipzig 1901.

[24] Nähere Literaturangaben bei Murat, Le controle international sur les finances de l'Égypte, de la Grèce et de la Turquie. Thèse. Paris 1899.

talischen Krieges, nämlich Cypern und Bosnien-Herzegowina[25]. Es sind dies Delegationen von Souveränitätsrechten an eine dritte fremde Staatsgewalt, die in vielen Beziehungen Ähnlichkeiten mit der Halbsouveränität aufweisen, die sich von ihr aber vor allem dadurch unterscheiden, dafs die dritte Staatsgewalt in Stellvertretung die Souveränitätsrechte ausübt, und zwar nomine alieno und nicht aus eigenem Rechte.

Die begriffliche Unterscheidung von der Halbsouveränität und aller dieser von uns erwähnten Beziehungen zwischen zwei Staaten in Sachen eines Gebietes, einer von diesen Staatsgewalten, liegt eben in dieser Übertragung an einen Dritten, in dem Hereinziehen des Völkerrechts in die rein staatsrechtlichen Beziehungen einer Staatsgewalt und ihrer Provinz.

§ 22. Unterscheidung vom völkerrechtlichen Protektorate[1].

Nachdem wir alle übrigen auch mit dem Worte „Protektorat“ bezeichneten Verhältnisse in der modernen Völkerrechtswissenschaft von dem sogenannten völkerrechtlichen Protektorate begrifflich zu trennen versucht haben, sind noch die begrifflichen Verschiedenheiten zwischen der Halbsouveränität und des heutzutage wichtigsten Abhängigkeitsverhältnisses, nämlich

---

[25] Schneller, Die staatsrechtliche Stellung Bosniens und der Herzegowina. Inaug.-Diss. Berlin 1892. Guerschitsch, Die Stellung Bosniens und der Herzegowina sowie Cyperns (serbisch). Spalaïkovitch, La Bosnie et l'Herzegovine 1898. Weitere Literaturangaben daselbst und bei Bonfils, a. a. O. p. 184 ff.

[1] Heilborn, Das völkerrechtliche Protektorat, 1891. Despagnet, Essai sur les protectorats, 1896. Gairal, Le protectorat international, 1896. Hachenburger, De la nature juridique du protectorat. Thèse, Paris 1896. Engelhardt, Les protectorats anciens et modernes, Paris 1896. In diesem Buche sind seine einzelnen Aufsätze aus der R.D.I. zusammengestellt. Duhamel, Condition juridique des pays de protectorat, 1891 (nicht erhältlich). Clunet, XVII, 1890 p. 206 (Wilhelm), XXII, 1895 p. 760 (Wilhelm), R.G.D.J. II, 1895 p. 583—608 (Pillet); III, 1896 p. 613 bis 647 (Pic); IV, 1897 p. 176—202 Pouvourville); V, 1898 p. 207—236 (Pourvourville). Wilhelm, Étude sur les principes du protectorat. Annales de l'École libre des sciences politiques, 1889 p. 694 sq. Weitere Angaben bei Bonfils, p. 93 n. 3, und Marquis d'Olivart, Catalogue d'une Bibliothèque de droit international, Paris, 1900.

des Protektorates, festzustellen, zumal da ja in der Wissenschaft, wie wir gesehen, die Neigung besteht, entweder alle Abhängigkeitsverhältnisse unter den Begriff des Protektorates[2] zu bringen, oder aber umgekehrt den Begriff der Halbsouveränität als einen allumfassenden Oberbegriff aufzustellen[3].

Um eine begriffliche Unterscheidung vorzunehmen, genügt es nicht, lediglich auf die Verschiedenheit ihrer Entstehungen hinzuweisen, es kommt vielmehr darauf an, einen inhaltlichen, qualitativen Unterschied und erst im Anschlusse daran einen quantitativen resp. einen Unterschied in Entstehung und Beendigung zu geben.

Der Begriff des Protektorates hat in der neuesten Zeit eine Reihe wissenschaftlicher Darstellungen erfahren. Da es sich um gänzlich moderne Erscheinungen der neuesten Literatur handelt, so glauben wir, bevor wir auf einen Unterscheidungsversuch eingehen, einen summarischen Überblick über das bezüglich des Protektorates Feststehende geben zu sollen. Auch hier ist, wie bei der Halbsouveränität — wir müssen von vornherein darauf aufmerksam machen — scharf zwischen Seiendem und Seinsollendem zu unterscheiden.

Vor allem ist es die französische Literatur, die bezüglich des Protektorates bahnbrechend gewirkt hat. Es finden sich in ihr alle nur denkbaren Auffassungen desselben vertreten.

Die Leugnung der Möglichkeit einer Aufstellung eines Rechtsbegriffes[4], die ganz allgemein gehaltene Begriffsdefinition, unter die sich auch andere Abhängigkeitsverhältnisse bringen liefsen[5],

---

[2] So Despagnet in seinen Arbeiten, ebenso Engelhardt.

[3] Heilborn, a. a. O. p. 50. Sirmagieff, a. a. O., Le Normand, a. a. O. p. 71.

[4] Hanotaux, in der Revue de Paris du 1er janvier 1896: „Le traité de Tananarive et Madagascar et le régime du protectorat“, p. 5 s.: „Le protectorat ne se définit pas. C'est un état de fait et voilà tout“; und d'Orgeval Annales de l'École des sciences politiques, 1890 p. 699. Les protectorats allemands, der überhaupt die Möglichkeit leugnet, eine wissenschaftliche Theorie des Protektorates aufzustellen. Vgl. auch Despagnet, a. a. O. p. 4.

[5] So Heilborn, a. a. O. p. 34 ff. Despagnet, p. 51. Gairal, p. 109. Wilhelm Clunet, 1896 p. 209, und die meisten Lehrbücher, wie: Pradier-Fodéré, I p. 186. Calvo, I p. 200. Piėdelièvre, I p. 87. Rivier, I p. 95. Bonfils, p. 94. Fiore, I p. 300. Bluntschli,

und endlich eine eng formulierte, vielleicht tatsächlich nicht vollkommen zutreffende Bestimmung des Protektorates[6] sind die Ergebnisse der vielfachen Untersuchungen.

Die letzte Konstruktion hat juristisch das meiste für sich, und auch sie verkennt keineswegs trotz ihrer engen Begrenzung die mannigfachen Abarten dieses Abhängigkeitsverhältnisses. Sie sucht nur einzelne gemeinsame Merkmale herauszuheben, und dies sucht sie zu erreichen, indem sie sich nicht lediglich auf die positiven Verträge stützt.

Und in der Tat heiſst es beim Protektorate, zwei verschiedene Welten miteinander vereinigen zu wollen: die bis jetzt wenig zivilisierte, nicht auf dem Boden europäischer Kultur stehende Nation zu zivilisieren. Aber nicht genug damit, jede einzelne protegierende Macht hat eine andere Auffassung vom Protektorate, mithin ist auch Inhalt und Wirkung desselben grundverschieden, je nach der kolonisatorischen Tätigkeit des einzelnen Staates. Es ist mit dem besten Willen nicht zu leugnen, daſs das völkerrechtliche Protektorat nicht etwa dazu da sei, wie vielfach in idealer Überschwänglichkeit angenommen wird, um für die Wohlfahrt und das Glück des minder Zivilisierten zu sorgen[7],

---

Reg. 78. Heffter, p. 19. Jellinek, St.V. Ullmann, § 16, 17. Liszt, § 6. IV. Bulmerincq, § 14. Wheaton, I p. 43. Tr. Twiss, I, p. 25. Lawrence, Commentaires, I § 225. Hall, p. 25. Phillimore, I p. 100.

[6] Holtzendorff, Handbuch, II p. 103 ff. Gareis, p. 54. Ortolan, Règles internationales et diplomatiques de la mer, I p. 48. Chrétien, Principes de droit international, I p. 255 (1893). Mc. Illraith in der Law Quaterly Review, XII 1896 p. 114. Pillet, R.G.D.J. II p. 583 f. Nur nimmt Holtzendorff keine Scheidung zwischen Protektorat und Halbsouveränität vor; in ihrer Allgemeinheit sind seine Einschränkungen oft durchaus nicht zutreffend.

[7] Pillet, a. a. O. II p. 585: „Actuellement le civilisé préfère respecter l'existence et les institutions du non civilisé avec lequel il est entré en contact sauf à assumer par rapport à lui un pouvoir de direction conforme à ses visées politiques, conforme aussi à la mission de civilisation dont il doit s'acquitter à son égard, et qui constitue la seule justification plausible de la supériorité par lui prétendue. C'est en vue de cet objet qu'a été créée la theorie moderne du protectorat. L'État civilisé se présente à l'État moins civilisé comme un tuteur, comme un instituteur, comme un guide. Il facilite son entrée dans la communauté internationale en se chargant de ces relations avec les peuples étrangers, ralations que ce dernier serait inhabile à conduire avec succès; il promet de le défendre contre tout

sondern lediglich eine Vorbereitung zur Kolonisation. Je nach der Kolonisationsart des einzelnen Staates richtet sich auch die Tendenz des Protektorates. Die Kolonien haben aber für die einzelnen Mächte eine gänzlich verschiedene Bedeutung[8]. Die spanische und portugiesische Kolonisation hatte sich — unbekümmert um die Wohlfahrt dieser Länder — zur Aufgabe gestellt, die Kolonien bis zur Erschöpfung gänzlich auszusaugen, alles an sich zu reifsen. Die Tendenz ihrer Protektorate wird hiervon nicht viel verschieden gewesen sein. Holland und England haben vorwiegend auf den wirtschaftlichen Ertrag der Kolonien Gewicht gelegt. Sie suchten daher die Kolonien zu erziehen und wirtschaftlich zu heben, um Rohprodukte beziehen zu können und ein Absatzgebiet für Waren zu finden. Die englische Kolonisationspolitik ist deshalb bestrebt, einen innigen Anschlufs der Kolonien an das Mutterland zu erlangen, daher wird auch das Protektorat von diesen Gesichtspunkten geleitet. Die Annexionspolitik Frankreichs tritt bei seiner Kolonisation klar zu Tage, die Tendenz seiner Protektorate ist daher offensichtlich. Auch die Stellung, welche den deutschen Schutzgebieten staatsrechtlich und völkerrechtlich zugewiesen ist, wird sicherlich nicht auf die deutschen Protektorate ohne Einwirkung bleiben. Die Amerikaner trachten danach, ihre neuerworbenen Gebiete zu Staaten zu erheben, daher ihre Tendenz beim Protektorate ebenfalls eine verschiedene von allen anderen[9].

Auch die Eigenart der einzelnen protegierten Länder, namentlich die Einwirkung der Religion auf das Staatsleben,

---

danger extérieur; il se charge de le faire avancer peu a peu dans la voie du progrès. Le protégé, de son côté, se borne le plus souvent à promettre à son protecteur la somme d'obéissance nécessaire à l'exercise de ses importantes et délicates fonctions. Cette conception est en vérité séduisante, et cette relation de tuteur à pupille qu'elle constitue entre civilisé et moins civilisé est l'une des inventions politiques les plus heureuses de notre époque. Elle purifie, elle ennoblit le rôle du protecteur, elle sauvegarde les intérêts les plus sacrés du protégé, lui garantissant son existence, la conservation de sa nationalité le respect de ses mœurs propres, et lui ménageant une accession progressive et insensible aux avantages de la civilisation."

[8] Leroy-Beaulieu, Colonisation chez les peuples modernes, 1874, seitdem noch neuere Auflagen erschienen.

[9] Neuestens Cuba.

spiegelt sich in den verschiedenen Protektoratsverträgen wieder, sie erheischen eine individuelle Berücksichtigung. Auch die Wirkung dritten Mächten gegenüber kommt bei Errichtung des Protektorates wesentlich in Betracht.

Eine ganz allgemein gehaltene Definition, welche alle Protektorate nach gleichem Maſsstabe behandeln will, kann daher unmöglich zutreffend sein, insbesondere ist der Versuch, einen einheitlichen Staatentypus für das Protektorat aufzustellen, in dem Sinne von souveränen[10], halbsouveränen[11] oder gar nichtsouveränen Staaten[12], falls man solche anerkennt, gänzlich verfehlt, indem — wie die Geschichte der Protektorate zur Genüge lehrt — dieselben sehr mannigfacher Art sein können, und auch sogar ein und dasselbe Protektorat eine Metamorphose von völliger Souveränität bis zur Nichtsouveränität, also bis zum Verluste der Staatsnatur erfahren kann.

Bis in die neuere Zeit war man gewohnt, auch das völkerrechtliche Protektorat im Anschlusse an das sogenannte alte Protektorat nur vom Gesichtspunkte des protegierten Staates ins Auge zu fassen, so daſs man sich wundern muſste, wie es denn im Interesse einer Macht liegen könne, ein Protektorat zu übernehmen. Es schleppte sich die traditionelle Auffassung der Protektion in den Lehrbüchern weiter fort; merkwürdigerweise ist aber doch eine solche Auffassung nur ein ideales Postulat, mit der Wirklichkeit hat sie nichts zu tun. Die neueste Richtung hat das Verhältnis umgedreht. Indem sie als zu erstrebendes Ziel lediglich die Erziehung und Zivilisierung des Unterstaates hinstellt — auf weniger ideale Gedanken des Protektors kommt sie nicht —, nimmt sie für den Oberstaat so viele Rechte begrifflich in Anspruch, daſs unseres Erachtens für den Unterstaat, falls man ihn nicht Provinz oder Kolonie nennen will, nichts übrig bleibt. Es heiſst hier, die richtige Mitte zwischen beiden Richtungen zu finden, und das ist — wir geben es ohne weiteres zu — ungemein schwer, die Rechte- und Pflichtenkollision ungemein groſs. Trotzdem lassen sich vom objektiven Standpunkte aus, auſser Schutzpflicht und Verzicht auf höhere Politik, einige

---

10 Jellinek, St.V. p. 133 oben.

11 Heilborn, a. a. O. p. 50.

12 Rehm, Allgemeine Staatslehre, p. 22, 85.

wenige Merkmale finden, welche allen Protektoratsverhältnissen gemeinsam sind; eine Reihe von Fragen werden sich aber niemals generell beantworten lassen.

Mit diesen Ausführungen glauben wir auch die Ansicht abgelehnt zu haben, dafs das Protektorat lediglich auf Grund der positiven Verträge zu konstruieren sei, dafs mithin nur, was im Vertrage stehe, dem Protektor zukomme [13]. Wie bei der Halbsouveränität die Präsumption zwar für den Suzerän gelten soll, jedoch aber ganz gewichtige Ausnahmen erfahren kann, so ist es auch hier der Fall. Diese allzuenge, rein positivistische Auffassung, die nur den Gegnern eines Rechtsbegriffes des Protektorates zugute käme, verdient dieselbe Widerlegung wie dieselbe Auffassung bezüglich der Halbsouveränität.

Untersuchen wir die einzelnen Protektoratsverträge, so finden wir, dafs in den meisten von ihnen Bestimmungen enthalten sind, mit denen allein sich der Protektor niemals begnügen kann [14]. Besser daher, eine engere, rechtliche Formulierung des Protektorates zu versuchen, als es auf eine tatsächliche und rohe Frage des Mächtigeren ankommen zu lassen. Durch einen solchen Verzicht verliert die Definition des Protektorates wesentlich an Wert.

Eine Mittelmeinung bezüglich des Protektorates zwischen der juristischen Unfafsbarkeit und der allzuengen Umfassung werden wir daher vertreten. Ein begrifflicher Scheidungsversuch zwischen Protektorat und Halbsouveränität wird dadurch ebenfalls wesentlich erleichtert.

Das Protektorat ist also ein vertragliches Verhältnis der Koordination zwischen einem auf europäischer Kultur

---

[13] So Westlake, R.D.J. XXVIII p. 274. Mit Recht führt Despagnet, a. a. O. p. 4, aus: „Mais, de ce qu'il n'y a pas deux contrats de vente qui se ressemblent dans leurs détails, peut-on en conclure qu'il n'y a pas une théorie juridique de ce contrat? Nous pensons au contraire, qu'il est possible de dégager de la variété des traités de protectorat certaines idées générales.“

[14] Vgl. z. B. Vertrag zu Kasr-Said mit Tunis Art. VI, oder den Vertrag von Tamatave, 17. Dez. 1885, beide abgedruckt bei Rouard de Card, Les traités de protectorat conclus par la France en Afrique, Paris 1896 p. 159 und 177; beide auch bei Clercq, XIII p. 25, XV p. 922. Einer der genauesten Protektoratsverträge ist der vom 3. August 1847 zwischen Frankreich und den Gesellschaftsinseln, namentlich Art. 35.

stehenden und einem minder zivilisierten Staate, wonach sich ersterer verpflichtet, letzteren zu schützen, als Entschädigung dafür sich die sogenannten äufseren Souveränitätsrechte zur Ausübung übertragen läfst, mithin auch einen rechtlichen Einflufs auf die inneren Angelegenheiten des Unterstaates gewinnen mufs, soweit dieselben auch auf äufsere Angelegenheiten eine Rückwirkung üben.

Diese Definition läfst sich unseres Erachtens generell für das Protektorat anwenden. Die einengenden Momente sind ebenfalls in ihr enthalten, ohne auf ein zu grofses Spezialisieren, wie die neueste Doktrin es tut, einzugehen.

Vergleicht man unsere Definition des Protektorates mit den anderen bis jetzt üblichen Definitionen, so zeigt sich die nähere Begrenzung einmal in dem Hervorheben der ungleichen Kultur[15].

Es wird der Einwand kaum erspart bleiben, dafs damit Unjuristisches in eine juristische Definition hineingetragen wird. Gewifs ist die Kultur kein Rechtsbegriff, aber mit dem Rechte innig verwachsen, ein Motiv für dasselbe. Schon die alten Römer legten gerade auf die Kultur in ihren Beziehungen zu anderen Staaten gröfstes Gewicht; Athen wurde anders behandelt als asiatische Fürsten oder die Kelten, und das Völkerrecht ist ja geradezu auf Gleichheit der Kultur aufgebaut. Das Völkerrecht hat die Lebensverhältnisse der Staaten untereinander zu regeln, und es nimmt eben diese Regeln aus den Lebensverhältnissen der einzelnen Staaten heraus. Wenn der physische und psychische Zustand des Menschen für das Recht eine grofse Bedeutung hat, warum sollte der Kulturzustand gerade für das Protektorat nicht von Belang sein können?

Ferner mufs nach unserer Definition eine vollständige Übertragung der sogenannten äufseren Souveränitätsrechte zur Ausübung, mithin eine direkte Übertragung vorliegen[16], ein blofses

---

[15] Übereinstimmend Pillet, R.G.D.J. II p. 585 und Pic, R.G.D.J. III p. 613 ff.

[16] Protektoratsverträge Frankreichs mit den Gesellschaftsinseln, 1847 Art. 35. Annam, 1844 Art. 1. Anjouan, 1886 Art. 1. Madagaskar, 1885 Art. 1, und 1895 Art. 3. Die einzige scheinbare Ausnahme macht Tunis im Vertrage von Kasr-Said, 1881 Art. 6. Im selben Jahre wurde

Kontrollrecht oder eine blofs an die nachträgliche oder voraufgehende Genehmigung des Oberstaates bedingte Ausübung seitens des Unterstaates [17], erfüllt nicht die Voraussetzungen des Protektorates; eine solche Selbstbeschränkung kann bei allen „Abhängigkeitsverhältnissen lato sensu" auch vorkommen [18].

Endlich mufs die Einmischung in die inneren Angelegenheiten des Unterstaates dem Oberstaate, auch wenn sie vertraglich nicht festgelegt, unbedingt in gewissen Fällen zustehen: denn die Vertretung nach aufsen ist nur durch die Möglichkeit von Eingriffen nach innen bedingt. Allerdings mufs man bei der Aufstellung von solchen Einwirkungsrechten nach innen grofse Vorsicht walten lassen und nur die nötigsten Teile von Zweigen der Verwaltung im weitesten Sinne dem Oberstaate zusprechen. Eine Grenze zu finden, ist freilich namentlich heute bei der mannigfachen Wechselwirkung der sogenannten äufseren und inneren Souveränität ungemein schwer. Bei den so vielfachen Wechselbeziehungen der Staaten untereinander lassen sich eine Reihe von Fragen, welche in die Sphäre der sogenannten inneren Souveränität fallen, mit Leichtigkeit auch in den Bereich der äufseren Souveränität hinüberspielen. Daher wird man begrifflich nur solche Absplisse von Zweigen der Verwaltung für den Oberstaat in Anspruch zu nehmen haben, welche unbedingt und immer auch eine Wirkung auf dritte Mächte üben. Dahin gehört vor allem die Fremdenrechtspflege und Rechtshilfe, soweit sie nicht durch Konsularjurisdiktion erledigt wurde, und soweit dritte Mächte auf dieses ihr wohlerworbenes Recht verzichtet haben [19].

---

aber der französische Resident zum Minister des Auswärtigen ernannt. Vgl. ferner die englischen Protektoratsverträge.

[17] So Heilborn, a. a. O. p. 40.

[18] Z. B. Transvaal; Konvention von 1884, Art. 4.

[19] Pic, R.G.D.J. III p. 626, will die Wirkung gegen Dritte so weit erstrecken, dafs durch die blofse Tatsache des Protektorates die Kapitulationen der fremden Mächte, also wohlerworbene Rechte, ihre Geltung verlieren. Vgl. auch Pillet, a. a. O. p. 605. Wilhelm, a. a. O. p. 208. Pradier-Fodéré, IV no. 2137. Uns erscheint diese schroffe Stellungnahme zu einem wohlerworbenen Rechte Dritter zu sehr im Widerspruch mit den tatsächlichen Verhältnissen zu stehen. Indes ist diese Forderung keineswegs so unberechtigt. Nur scheinbar spricht dagegen der Protest Frankreichs gegen eine ähnliche Forderung hinsichtlich Massaouahs. Derselbe bezog sich nicht allgemein auf diese Frage, sondern erfolgte wegen

Es trifft hier die merkwürdige, aber unvermeidliche Konsequenz zu, dafs in Sachen der Rechtspflege und Rechtshilfe der Unterstaat für den Oberstaat Inland [20], für dritte Mächte Ausland ist. Es gehört ferner dahin die Fremdengesetzgebung, die Fremdenpolizei und Seegerichtsbarkeit. Weiter darf man unseres Erachtens nicht gehen. Die weiteren Einschränkungen der neuesten Richtung sind nicht allgemein zutreffend und unvereinbar mit der Staatsnatur [21]. Die Persönlichkeit des protegierten Staates würde dadurch auch nach innen völlig verschwinden, wie dies auch tatsächlich oft der Fall z. B. bei den meisten indischen Fürsten ist. Dafs trotzdem das frühere System mit dem Herrscher an der Spitze und dem grofsen Prunke beibehalten wurde, ist eine innerpolitische, verwaltungstechnische Mafsregel, mit dem Verfassungsrechte hat sie wohl nicht viel zu tun.

Wenn man nun wieder einwenden wollte, auch dieser Punkt in unserem Definitionsversuche sei sehr unbestimmt, so ist dem nur beizustimmen. Immerhin dürfte er trotzdem einen Fortschritt bedeuten gegenüber dem ganz allgemein gehaltenen Definitionsversuche der älteren Doktrin.

In den meisten Fällen wird freilich deshalb die Frage, wie die Rückwirkung auf die inneren Angelegenheiten qualitativ und quantitativ beschaffen sein soll, allerdings eine Tatfrage bleiben. Beispiele: kann der Unterstaat eine andere Währung besitzen oder neu einführen als der Oberstaat? Antwort: quaestio facti. Oder: kann der Protektor durch die blofse Tatsache des Protektorates die Rechte der meistbegünstigten Nation erlangen, oder Zollfreiheit dem Unterstaate gewähren? Die Antwort ist wieder: quaestio facti.

Hiermit gelangen wir zu der ungemein schwierigen und den

---

der Abhängigkeit dieses Landes zur Pforte mit Rücksicht auf Ägypten. Alles Ausführlichere R.G.D.J. III p. 630 n. 2. R.D.J. XVII p. 229 sq. Spalaikovitch, a. a. O. p. 260.

[20] Diese Konsequenz hat auch das französische Oberste Gericht gezogen. Arrêt de la cour de cassation du 27. oct. 1893 (S. 95. 1. 57.), mit ausführlichem Kommentar von Appert. Die Entscheidung ist auch abgedruckt R.G.D.J. I p. 64.

[21] So z. B. eigenmächtige Regelung des Münzwesens, oder die gesamte Zivil- und Strafgesetzgebung, oder gar die unbedingte Kriegsfolge. Daran knüpfen sich die wichtigen Fragen der Neutralität u. s. w.

Begriff des Protektorates komplizierenden, allgemeinen Frage, ob das Protektorat eine personenrechtliche Wirkung ausübt; daſs es eine solche ausübt, scheint nach den voraufgehenden Erörterungen der Fall zu sein, und doch ist die Frage bei genauer Betrachtung zu verneinen, und zwar aus der Erwägung heraus, daſs begrifflich das Protektorat ein auf Koordination beruhendes Rechtsverhältnis ist, welches sich freilich aus dem Verhältnis der Koordination in ein solches der Subordination umwandeln kann, wobei die personenrechtliche Wirkung dann offensichtlich zu Tage tritt. Daraus aber, daſs der vertragliche Ausübungsverzicht auch einzelne Einwirkungen, die zwar nicht besonders vertraglich hervorgehoben sind, hervorruft, kann man nicht ohne weiteres auf die personrechtliche Wirkung, mithin auf das Verhältnis von Über- und Unterordnung, wie bei der Halbsouveränität, schlieſsen. Wir können natürlich im Rahmen dieser Darstellung auf die Frage nicht ausführlich eingehen [22]. Einige Punkte werden bei der Unterscheidung von Protektorat und Halbsouveränität noch zu erwähnen sein.

Die Frage der Protektoratspolitik, namentlich die Beschränkungen, die sich der Protektor auferlegen soll, hier zu erörtern, ist ebenfalls nicht der Ort, wie wichtig sie auch zum Verständnis des Protektorates im allgemeinen sein möge [23]. Und endlich seien auch hier nur der Vollständigkeit halber die interessanten Fragen angedeutet, welche sich an die Vor- und Nachteile des Protektorates im Gegensatze zu denen einer Annexion knüpfen [24].

Nachdem wir diese für uns grundlegenden Auffassungen des

---

[22] Vgl. darüber Pic, Influence de l'établissement d'un protectorat sur les traités antérieurement conclus avec des puissances tierces par l'état protégé in der R.G.D.J. III p. 613 sq., namentlich p. 626 ff.

[23] Pouvourville, Des bases de la politique extérieure dans les pays de protectorat in der R.G.D.J. IV p. 176 ff., V p. 207 ff.

[24] Pic, a. a. O. p. 615 und p. 616 s., 620 s., der in objektiver Weise die Vor- und Nachteile von Protektorat und Annexion zu vergleichen sucht. Für die Annexion Madagaskars traten ein, auſser den meisten Journalisten, Despagnet, a. a. O. p. 384 und 424, und Leroy-Beaulieu, im l'Économiste français vom 24. August 1895, II. Bd. p. 237—239. p. 237: „Le protectorat comme à Tunis, sans annexion, cela ferait de Madagascar un commensal européen, ou les hotes les plus voraces et les plus énergiques, à savoir les Anglais, prendraient tout pour eux et nous réduiraient à rien.“

Protektorates vorausgeschickt, können wir nunmehr zum Unterscheidungsversuche schreiten. Derselbe wird, glauben wir, noch deutlicher vor Augen treten, wenn wir zuerst das tertium comparationis suchen. Ihrem Inhalte nach haben beide Rechtsverhältnisse nichts Gemeinsames. Staatsrechtliche Herrschaft, völkerrechtliche Forderung sind ihre Gegensätze. Für gewöhnlich ist auch die Art der Entstehung eine verschiedenartige. Was ist aber beiden Instituten, so wie sie fertig dastehen, gemeinsam? Zunächst zeichnen sich beide durch eine distinkte Staatspersönlichkeit aus. Sie mufs gegeben sein, um überhaupt von Protektorat und Halbsouveränität sprechen zu können. Beide hängen von einer anderen Staatsgewalt, dem Oberstaate, in einer Weise ab, dafs bei der Halbsouveränität der status stets affiziert wird, beim Protektorate dagegen affiziert werden kann, und dasselbe dann auf Halbsouveränität hinausläuft.

Beide Abhängigkeitsverhältnisse heben sich von allen übrigen, wie wir gesehen, als gesonderte Gruppe ab. Beide haben das Gemeinsame, dafs die Vertretung nach aufsen dem Oberstaate zusteht. Die prinzipielle Unbeschränktheit nach innen, vermöge ihrer Staatsnatur, ist ebenfalls ein ihnen gemeinsames Merkmal. Die Ausnahmen freilich, welche diese prinzipielle Unbeschränktheit erleidet, dienen nicht, um ihre Gleichheit darzustellen, sondern sind vielmehr eine Unterkategorie von Unterscheidungsmerkmalen. So liefsen sich noch mehrere Gleichheiten aufstellen, sobald man sie aber näher untersucht, weisen sie mannigfache Nuancierungen auf.

Nunmehr glauben wir die Hauptunterschiede zwischen Halbsouveränität und Protektorat geben zu können. Sie liegen unseres Erachtens in folgendem:

Die Hauptunterscheidungsmerkmale zwischen Halbsouveränität und Protektorat werden auf dem Gebiete des Völkerrechts zu suchen sein.

Das erste und wichtigste Unterscheidungsmerkmal liegt in ihrer Stellung als völkerrechtliche Persönlichkeiten.

Der halbsouveräne Staat ist zunächst völkerrechtlich weder rechts- noch handlungsfähig; durch das Überlassen von einigen sog. äufseren Souveränitätsrechten seitens des Suzeräns erlangt er eine beschränkte Rechtsfähigkeit und durch die Anerkennung resp. tatsächliche Ausübung seitens der Völkerrechtsgenossen auch eine beschränkte Handlungsfähigkeit. Erst durch das Mitwirken von Suzerän und dritten, aufserhalb des Rechtsverhältnisses stehenden, Mitgliedern der Gemeinschaft erlangt er eine distinkte völkerrechtliche Persönlichkeit.

Der protegierte Staat hat an seiner Rechtsfähigkeit nichts eingebüfst, er verzichtet lediglich auf die Ausübung der gesamten sogenannten äufseren Hoheitsrechte, wird mithin vertraglich handlungsunfähig. Seine Persönlichkeit auf dem Gebiete des Völkerrechts bleibt aber trotzdem vollständig gewahrt, ja sie gewinnt sogar an Bedeutung, indem er durch den Oberstaat hindurch mit dritten Staaten in Verkehr tritt, mit denen er sonst nie etwas zu thun gehabt hätte. Infolge dieser seiner unverletzten Persönlichkeit bleibt der Charakter der Trennung zwischen Oberstaat und Unterstaat stets gewahrt und zeigt sich in der gesamten Betätigung des Oberstaates zu Gunsten seines Schützlings. Der Oberstaat handelt daher stets im Namen des Unterstaates als dessen Vertreter — annäherungsweise vergleichbar dem Vormunde im Privatrecht —, also für sich in eigenen Sachen und in Sachen des Unterstaates, oder aber für den Unterstaat allein, niemals aber für Unterstaat und Oberstaat als Ganzes betrachtet. Ein organisches Band ist nicht vorhanden, sondern blofs eine mechanische Beziehung. Es ist deshalb auch das Gesandtschaftsrecht des Unterstaates mit dem Protektorate nicht unvereinbar, sofern der Oberstaat es zuläfst, und sofern er nunmehr dem Gesandten des Unterstaates bestimmte Funktionen zuweist. Auch das Kriegsrecht steht ja, infolge seiner Persönlichkeit, dem Unterstaate begrifflich zu, nur bildet es freilich, falls der Protektor nicht auch die Streitsache zu seiner eigenen macht — das suam causam facere der Römer —, Auflösungsgrund des Protektorates. Der Unterstaat wird in den seltensten Fällen von diesem seinem Rechte ohne Zustimmung des Protektors Gebrauch machen, denn, weil Auflösungsgrund des Protektoratsvertrages, kann es auch einen casus belli für den Oberstaat abgeben.

Die Halbsouveränität zeigt trotz der Übertragung einzelner äufserer Hoheitsrechte auch weiterhin stets das Prinzip der unvermittelten Einheit. Die Zusammengehörigkeit zwischen Ober- und Unterstaat bleibt dem Auslande gegenüber gewahrt. Daher gelten auch die Verträge, die der Suzerän abschliefst, eo ipso auch für den halbsouveränen Staat[25]. Der Suzerän kann überhaupt nicht im Namen des halbsouveränen Staates einen Vertrag abschliefsen, sondern nur für ihn, zu Gunsten desselben, in favorem vasalli. Nur in denjenigen Materien der sogenannten äufseren Souveränität, welche dem halbsouveränen Staate zur Ausübung übertragen sind, kann derselbe für sich selbst handeln; letzte Instanz bei Konflikten ist aber auch in diesen Materien stets der Suzerän. Infolge dieser Bestandteilsnatur der Halbsouveränität kann man auch dem halbsouveränen Staate das Gesandtschaftsrecht begrifflich nicht zusprechen; nur Agenten, sogenannte diplomatische Agenten, kann er entsenden, die aber nur insoweit und insolange ihre Funktionen ausüben können und dürfen, als der Suzerän Absplisse von Souveränitätsrechten zur Ausübung übertragen hat und dieselben nicht widerruft[26]. Aus demselben Grunde steht daher ein Kriegsrecht dem halbsouveränen Staat auch nicht zu. Er kann zwar in einzelnen Fällen mit der Kriegführung beauftragt werden. Ein Recht zur Kriegführung kann er aber daraus nicht ableiten[27].

Eine weitere Konsequenz der prinzipiellen völkerrechtlichen Rechtsfähigkeit des protegierten Staates und der prinzipiellen Rechtsunfähigkeit des halbsouveränen Staates liegt auf dem Gebiete der völkerrechtlichen Delikte.

Der halbsouveräne Staat ist vermöge seines Charakters als „partie intégrante", als selbständiges Ganze, deliktsunfähig. Der Suzerän hat die unbedingte Haftpflicht, auch wenn er das Delikt nicht verschuldet hat. Er ist sogar in den Materien, welche er dem halbsouveränen Staate zur Ausübung überlassen hat, verantwortlich. Diese Möglichkeit seitens dritter Mächte, sich an den

---

[25] Es wird dies noch ausdrücklich in den einzelnen Verträgen der suzeränen Staatsgewalt mit dritten Mächten ausgesprochen. So z. B. im Handelsvertrage zwischen der Pforte und dem norddeutschen Zollverein, Art. IX; abgedruckt bei Martens und Cussy. Recueil 1ère Série tome V p. 366; auch im Vertrage von Balta Liman, Art. 16.

[26] A. A. freilich Heilborn, p. 91 und viele andere. Vgl. dagegen unten § 27.

[27] Vgl. oben I. Teil p. 49 betreffs Bulgariens. Auch Ägypten führte Kriege allein gegen eingeborene Stämme. Komplizierter wird die Frage durch das Eingreifen Englands, namentlich gegen den Mahdi.

Suzerän zu halten, ist der stärkste Grad der personenrechtlichen Wirkung des Gesamtverhältnisses, „Halbsouveränität" von Suzeräns seiten aus betrachtet. Die Widerruflichkeit wird bei der Übertragung von sogenannten äufseren Souveränitätsrechten, gerade wegen seiner Haftpflicht seitens des Suzeräns des öfteren in Anspruch genommen werden müssen. Tatsächlich ist dem Suzerän gerade bei Delikten des Unterstaates oftmals die Möglichkeit benommen, präventive Mafsregeln zu ergreifen oder aber eine Exekution gegen den halbsouveränen Staat vorzunehmen und sich dadurch schadlos zu halten, weil vielfach ein solches etwaiges Interventionsrecht der suzeränen Staatsgewalt durch dritte Mächte beschränkt oder gänzlich unmöglich gemacht worden ist. Es ist dies der schwächste Punkt der Halbsouveränität, der namentlich bei der durch Dismembration entstandenen Staatenverbindung oder bei einer schwachen, schlecht organisierten Zentralgewalt zum deutlichen Ausdrucke gelangt[28].

Der Protektor hat wieder vermöge der Persönlichkeit des Unterstaates nur eine bedingte Haftpflicht. Er haftet nur, falls er verschuldet mithin verursacht hat, aber dann hat er auch eine unbedingte Schutzpflicht. Soweit er dagegen nicht verschuldet, sondern lediglich der Unterstaat, womöglich auf eigene Faust, ein Delikt begangen hat im Widerspruche mit dem Protektionsvertrage, hat der Oberstaat die Möglichkeit, den Schaden, falls er nicht in einem allzu grofsen Mifsverhältnisse zu seinen Vorteilen aus dem Protektoratsvertrage überhaupt steht, auf eigene Faust wieder gut zu machen, oder aber, falls eine zu grofse Diskrepanz vorhanden, den Unterstaat preiszugeben, ähnlich der noxae causa deditio im römischen Rechte. Dadurch wird natürlich die Beziehung des Protektors zum Protégé, weil Vertragsbruch, von beiden Seiten ipso facto aufgelöst.

Der protegierte Staat tritt nunmehr in vollem Umfange in seine nur vertragsweise dem Protektor übertragenen Rechte, aber damit auch in alle Verpflichtungen wieder ein[29].

---

[28] So Pariser Vertrag, Art. XXVIII. Im Berliner Vertrage ist eine Intervention der Pforte überhaupt nicht vorgesehen.

[29] Madagaskar ist unseres Erachtens durch den Kriegszustand mit Frankreich das geworden, was es früher war, ein unabhängiger Staat, der Verträge nunmehr eingehen konnte, welche er wollte, und wie er wollte.

Diese günstige Möglichkeit beim Protektorate, zwischen Vorteilen und Nachteilen einer etwaigen Haftung zu kompensieren, mit sich selbst zu Rate zu gehen, hat oftmals den mächtigeren Staat bewogen, eine Begründung eines Protektoratsverhältnisses einer sich darbietenden Annexion vorzuziehen[30], zumal da ja die Beantwortung der Frage, ob die Nachteile die Vorteile überwiegen, vom Oberstaate abhängt, der in diesem Falle iudex in suam causam ist.

Aus all dem Angeführten geht zur Genüge hervor, dafs der protegierte Staat alle ihm zustehenden Rechte aus seiner völkerrechtlichen Persönlichkeit heraus deduziert, und die ihm nicht zustehenden Rechte aus dem völkerrechtlichen Protektoratsvertrage. Deswegen läfst sich auch das Protektorat blofs vom Protektoratsvertrage aus betrachten, und nur für das Protektorat findet der Satz Anwendung: Exceptio est strictissime interpretanda, oder, allgemeiner ausgedrückt und aus diesem Grunde auch für die Halbsouveränität anwendbar: Es lassen sich beide Verhältnisse nicht blofs von der substantiellen Innehabung der Rechte aus betrachten, sondern auch lediglich von der Ausübung derselben[31]. Im letzteren Falle mufs die Darstellung von der vorhin gegebenen eine gänzlich umgekehrte sein. Beide Betrachtungsweisen müssen aber, wofern man ein vollständiges Bild erlangen will, nebeneinander laufen, und sie stehen, wenn man stets eine scharfe Trennung zwischen der Zuständigkeit quoad exercitium und quoad substantiam durchführt, keineswegs miteinander im Widerspruche.

Durch den Protektoratsvertrag hat der Unterstaat seine Handlungsfähigkeit nach aufsen gänzlich aufgegeben, deshalb hat er auch auf alle Attribute der äufseren Souveränität, die im Vertrags-, Gesandtschafts- und Kriegsrecht zusammengefafst zu werden pflegen, verzichtet. Sobald er dieselben auszuüben versucht, setzt er sich in Widerspruch mit dem Inhalt des Protektoratsverhältnisses, begeht er Vertragsbruch. Jede Ausübung von Rechten, auf die er verzichtet hat, wider den Willen des Oberstaates, ist Auflösungsgrund. Obwohl der Unterstaat, wie wir gesehen, indirekt völkerrechtlich an Bedeutung gewinnt, verliert er direkt

---

30 Vgl. oben Anm. 24.

31 Vgl. oben p. 143.

die Möglichkeit jeglichen Verkehrs. Er ist auf den Protektor angewiesen und verschwindet von der völkerrechtlichen Oberfläche. Der halbsouveräne Staat erlangt dagegen, falls ihm sogenannte äufsere Hoheitsrechte zur Ausübung verliehen werden, was ja in der Regel geschieht, und falls die Anerkennung hinzukommt, eine beschränkte völkerrechtliche Persönlichkeit und erscheint auf der völkerrechtlichen Oberfläche. Er ist daher, trotzdem ihm substantiell keine Rechte zustehen, doch völkerrechtlich handlungsfähig, nur hat diese Handlungsfähigkeit im Herrschaftsverhältnisse ihre Grenzen. Es lassen sich ferner alle Konsequenzen, die sich allgemein aus der völkerrechtlichen Vertragsnatur und der staatsrechtlichen Verleihungsnatur ergeben, mutatis mutandis auch bei Protektorat und Halbsouveränität durchführen, und damit gelangen wir endlich zur Entstehungsart beider Institute und der sich daran knüpfenden Folgen.

Das Protektorat entsteht durch vertragliche Beziehung zwischen zwei gleichberechtigten souveränen Persönlichkeiten, welche ein Recht auf Selbstbeschränkung und Bindung haben. Ihre Regelung fällt daher ausschliefslich dem Völkerrechte zu.

Die Halbsouveränität entsteht dagegen durch einseitigen konstitutiven Willensakt seitens der suzeränen Staatsgewalt, daher ist das Staatsrecht zur Regelung der Beziehungen zwischen dem Suzerän und seinem Gliedstaate berufen. Während aus diesen Gründen z. B. die Schutzpflicht, also eine völkerrechtliche Pflicht des Oberstaates, ein essentiale des Protektorates ausmacht, ist hier bei der Halbsouveränität die administrative Autonomie in complexu, eine staatsrechtliche Verleihung, ein Recht des Unterstaates, für das Herrschaftsverhältnis von Belang. Völkerrechtliche Verträge können zwar auch bei der Halbsouveränität eine vorausgegangene Sanktion der beiderseitigen Beziehungen enthalten oder eine nachträgliche Bestärkung. Insofern dies völkerrechtliche Verträge tun und insofern der halbsouveräne Staat völkerrechtlich beschränkt rechts- und handlungsfähig ist, insofern ist die Halbsouveränität auch ein völkerrechtliches Institut. Die Halbsouveränität hat eine äufsere und innere Seite, ebenso wie die Souveränität. Nur unterscheidet sie sich von ihr dadurch, dafs die Souveränität eine innere und äufsere ist, was bei der Halbsouveränität nicht der Fall zu sein braucht.

Das Verhältnis der Rechte und Pflichten ist somit auch bei Protektorat und Halbsouveränität ein grundverschiedenes. Bei letzterer wird nur aus eigener Macht gegeben (Privileg), bei ersterem aber gegenseitig Rechte gegeben, Pflichten übernommen. Hier behält der Unterstaat seine eigene Persönlichkeit, dort erhält er sie. Letzte Instanz ist deswegen bei der Halbsouveränität in jeder Beziehung vermöge des Verleihungsprinzipes theoretisch der Suzerän oder die Revolution (staatsrechtliche Regelung), praktisch freilich dagegen die Grofsmächte oder der Krieg (völkerrechtliche Regelung), letzte Instanz beim Protektorate in thesi freilich das Völkerrecht, also Schiedsgericht oder der Krieg, in praxi aber der Protektor und die Rebellion mit ihren unabweislichen Folgen.

Der Grad der Einwirkung auf die inneren Angelegenheiten bei beiden Abhängigkeitsverhältnissen ist ein verschiedenartiger. Allgemeine Regeln werden sich, wie bereits gesagt, nicht aufstellen lassen, nur einiges Wenige möchten wir, als sich voneinander unterscheidend, hervorheben.

Bei Errichtung des Protektorats verbleiben die alten Institutionen und werden vom Oberstaate nach Möglichkeit geschont. Das Staatsoberhaupt erleidet in seiner Stellung als solches auch nicht die geringste Einbufse; es bleibt souverän. Der Oberstaat entsendet einen diplomatischen Vertreter, der gewöhnlich den Titel Ministerresident führt. Er wird zum dortigen diplomatischen Korps gehören, nur wird er die Stellung als primus inter pares für sich beanspruchen können. Der Minister des Auswärtigen im protegierten Staate wird, falls der Vertreter des Oberstaates nicht selber dieses Ressort übernommen hat, vorwiegend die Befehle des letzteren auszuführen haben. Der Ministerresident dient dem Unterstaate „wie der fränkische Hausmeier seinem Könige, d. h. nominell, tatsächlich beherrscht er ihn“[32].

Im Protektorate gibt es nicht, wie bei der Halbsouveränität,

[32] Heilborn, p. 137. Der treffliche Vergleich stammt von Leroy-Beaulieu: „La colonisation française en Tunisie.“ Revue des deux mondes 1886, t. 73 p. 397; zitiert von Heilborn l. c., mit dem Druckfehler aber t. 78 statt 73.

prinzipiell nur eine verantwortliche Stelle, sondern deren verschiedene.

Bei Meinungsverschiedenheiten bezüglich der Interpretation der Grundbestimmungen haben beide Teile mitzusprechen, weil vertragliches Verhältnis.

Diese wenigen Andeutungen mögen genügen.

Drittes Kapitel.

Wirkungen der Halbsouveränität.

Erster Abschnitt.

Wirkungen nach innen.

§ 23. Administrative Autonomie, insbesondere Successionsverhältnisse.

Durch den Konstitutivakt der suzeränen Staatsgewalt erlangt die neugeschaffene Staatsgewalt Gebietshoheit, und damit taucht auch sofort die Frage auf: In welchem Verhältnisse steht diese neue Staatsgewalt zur alten, liegt Staatensuccession vor oder nicht? Während für die Begriffsbestimmung die Entstehungsart nicht wesentlich war, mufs sie für den Spezialfall der Staatensuccession des näheren ins Auge gefafst werden.

Bei dieser Frage ist zu unterscheiden zwischen den einzelnen Entstehungsarten halbsouveräner Staaten, und es zeigt sich, dafs zwischen ihnen mannigfache Variationen bestehen, die ein zu starkes Generalisieren nicht gestatten.

Bei der Entstehung durch Zurückschneiden eines souveränen Staates zu einem halbsouveränen — eine Entstehungsart, die wir praktisch nicht behandelt haben[1] — wird man überhaupt von keiner Staatensuccession sprechen können. Auch bei dem zwar von uns am ausführlichsten behandelten Falle der Halbsouveränität, wo nämlich nach und nach die administrative Autonomie

---

[1] Diese Art der Entstehung wäre vor allem bei der Darstellung des Bundesstaates näher ins Auge zu fassen.

gewährt wird[2], läfst sich schwer von einer Staatensuccession reden, da ja die die Halbsouveränität umfassenden Rechte in Wirklichkeit vielleicht schon lange bestanden[3], und dieselben nur, ohne an den tatsächlichen Verhältnissen zu Gunsten des Unterstaates irgend etwas zu ändern, durch eine authentische Deklaration des Suzeräns ihre Sanktion erfahren haben. In einem solchen Falle liegt eben eine langsame organische Entwickelung vor.

Wird dagegen plötzlich aus einer einfachen Provinz durch einen einzigen Willensakt auf einmal ein halbsouveräner Staat geschaffen[4], dann könnte man vielleicht eher geneigt sein, eine Staatensuccession anzunehmen. Indes steht auch dieser Annahme die Tatsache entgegen, dafs bei der Staatensuccession der Nachfolger das Verhältnis sowie die näheren Modifikationen der Nachfolge bestimmt, bei der Halbsouveränität aber derjenige, in dessen Rechte die Nachfolge gewissermafsen stattfindet. Der Wille des Suzeräns ist allein mafsgebend.

Von einer eigentlichen Nachfolge kann daher unseres Erachtens bei keiner Art der Halbsouveränität die Rede sein. Es wird sich manchmal in einzelnen Fällen ein der Staatensuccession analoges Verhältnis herausstellen, das man vielleicht als „quasi successio“ wird bezeichnen dürfen[5].

Der neugeschaffenen Staatsgewalt stehen, im Gegensatze zu der durch völlige Dismembration zum Staate gewordenen Provinz, weder allgemein gültige völkerrechtliche Sätze über die Bestimmung der Nachfolge zur Verfügung, noch kann sie sich auf eine völkerrechtliche Praxis stützen. Es kommt lediglich auf die Bestimmungen des Suzeräns an, die sich auch, wie wir gesehen, äufserlich als Verträge darstellen können[6].

---

[2] Wie bei den Donaufürstentümern, Serbien, Ägypten.

[3] So namentlich bei Serbien vor dem Pariser Vertrage.

[4] Bulgarien 1878, Transvaal 1881.

[5] Huber, Staatensuccession, 1898, beschäftigt sich mit dieser „quasi successio“ bei der Halbsouveränität nicht. Er beschäftigt sich blofs mit dem Eintritt in den Bundesstaat und mit den „unechten Successionsfällen“, worunter er das Protektorat und die Verwaltungseinverleibung zählt.

[6] Sirmagieff, a. a. O. p. 210, will alle Regeln der Staatensuccession zur Anwendung bringen, weil nach ihm eine neue Souveränität an Stelle

Wenn wir daher in folgendem es versuchen, ein System der quasi successio zu entwickeln, so können wir dafür bloſs auf das bisherige usancemäſsige Verfahren des Suzeräns uns stützen[7] und, wo uns ein solches im Stiche läſst, lediglich aus dem Suzeränitätsverhältnis heraus, selbst oft im Widerspruche mit den Prinzipien der echten Staatensuccession, das Verhältnis bestimmen.

Durch die Mediatisierung, als charakteristischem Merkmale der Halbsouveränität, ist auch die Bestimmung der Staatsangehörigkeit eine einfachere als beim Bundesstaat[8]. Eine doppelte ist hier nicht vorhanden. Es gibt nur eine Untertanenschaft, nämlich dem halbsouveränen Staate gegenüber[9]. Nur der Träger der halbsouveränen Staatsgewalt ist nach innen Herr, nach auſsen Untertan[10]. Er ist in seinem Staate der einzige Untertan des Oberstaates. Nur durch ihn hindurch kann sich die suzeräne

der alten getreten sei. Vgl. auch ebend. p. 214. Wir können dieser Verallgemeinerung nicht beistimmen. Gewisse Fragen werden sich gewiſs im Sinne einer Staatensuccession entscheiden lassen, immer aber vorbehaltlich anderweitiger Festsetzungen durch den Suzerän.

[7] Also namentlich auf die Regelung des Verhältnisses durch die Türkei.

[8] Für Laband, I p. 55, ist sie freilich auch eine einfache für den Bundesstaat, indem er das Charakteristische des Bundesstaates in der Mediatisierung der Staaten sieht, andererseits aber eine unmittelbare Einwirkung gegen Land und Leute zugibt. Mit Recht wirft ihm Le Fur, a. a. O. p. 646, in diesen Sätzen Widerspruch vor, wenn auch Laband sich in der neuesten Auflage damit zu verteidigen sucht, daſs die Mediatisierung darin bestehe, daſs eine Staatsgewalt der anderen untergeordnet sei und nicht darin, daſs die Zentralgewalt alle Hoheitsrechte ausschlieſslich durch das Medium der Gliedstaaten ausübe.

[9] Ob dies auch für Ägypten gilt, erscheint wegen der religiösen Zusammengehörigkeit fraglich. Bei der entgegengesetzten Entstehungsart der Halbsouveränität, die wir nicht betrachtet haben, erscheint eine doppelte Staatsangehörigkeit keineswegs ausgeschlossen. Über den Erwerb und Verlust der Staatsangehörigkeit im allgemeinen vgl. Martitz, in Hirths Annalen, 1875 p. 793. Rehm, ebendaselbst: 1892 p. 137 ff. Stoerk, R.G.D.J. II p. 273, ferner ders. in Martens, Recueil général, XIX p. 513, und Ullmann, Völkerrecht, p. 229.

[10] Eine Auffassung, die Laband, I p. 55, allerdings im Gegensatz zur herrschenden Ansicht auch für den Bundesstaat vertritt. Pischel, a. a. O. p. 46, gibt eine im allgemeinen richtige Beschaffenheit des Verhältnisses des halbsouveränen Staates zum Suzerän. Dagegen geht er zu weit, wenn er annimmt, daſs sie keinerlei Rechte und Pflichten verbinden. Jellinek, Allg. St.L. p. 685.

Staatsgewalt betätigen. Ihre Gebote und Verbote werden aber stets formell durch die halbsouveräne Staatsgewalt erlassen[11].

Der Erwerb der Staatsangehörigkeit ist daher nach der Konstituierung nur an die Bedingungen, die der Unterstaat stellt, geknüpft. Er erfolgt direkt und nicht, wie beim Bundesstaate, durch das Reich hindurch oder umgekehrt für das Reich durch die einzelnen Gliedstaaten[12]. Möglich ist ferner der Erwerb der halbsouveränen Untertanenschaft, ohne damit auch in ein solches Verhältnis zum Suzerän zu treten. Nicht ausgeschlossen ist es auch, daſs Untertanen des Suzeräns Untertanen des halbsouveränen Staates werden[13].

Somit sind auch alle Tatbestände, welche sich an die Staatsangehörigkeit knüpfen, wie die Pflicht zur Treue und zum Gehorsam, die Möglichkeit des Hoch- resp. Landesverrates gegeben, auf der anderen Seite besteht aber auch die Pflicht der halbsouveränen Staatsgewalt, die Untertanen zu schützen. Nur erstreckt sich die Schutzpflicht — ein weiteres Charakteristikum der Halbsouveränität — auf das Inland, nicht aber auf das Ausland, denn da übernimmt die Schutzpflicht der Suzerän und betrachtet die Staatsangehörigen des Unterstaates in diesem Sinne als seine Staatsangehörigen.

Sobald ferner der Staatsangehörige des halbsouveränen Staates das Gebiet des Suzeräns betritt, so wird er von demselben behandelt, als ob er sein eigener Staatsangehöriger wäre und ist daher in manchen Beziehungen besser, in manchen schlechter gestellt als die Fremden, denen eine exempte Jurisdiktion zukommt.

Die nächste Frage, die namentlich bei einer plötzlichen

---

[11] Der modus publicandi der Firmane war allerdings ein ursprünglich direkt an das Volk gerichteter. Es wurde der Firman an einem bestimmten Platze der Residenz nach vorhergegangener Ankündigung laut verlesen. Später wurde dann bloſs sein Inhalt als Gesetz des halbsouveränen Staates im jeweiligen Amtsblatte publiziert.

[12] Z. B. die Vereinigten Staaten einerseits, Deutschland, die Schweiz andererseits.

[13] Sie bilden dann eine besondere Art von „sujets mixtes". Über das Unzulängliche einer mehrfachen Staatsangehörigkeit vgl. v. Martitz, a. a. O. p. 794 ff. Im Verhältnisse der christlichen Vasallenstaaten zur Türkei schlieſsen sich freilich wegen der Religionsverschiedenheit beide Staatsangehörigkeiten aus, weil die Staatsangehörigkeit der Unterstaaten an die christliche Religion geknüpft war.

Schaffung eines halbsouveränen Staates wichtig ist, wäre nun, wer erwirbt denn alles bei der Entstehung die Staatsangehörigkeit des Unterstaates? Oder anders ausgedrückt: Welche Personen erwerben denn bei der Entstehung des Unterstaates die Zugehörigkeit zu demselben, dessen Angehörigkeit? Allgemein wird sich die Frage freilich kaum beantworten lassen. Mafsgebend werden vielmehr die positiven Festsetzungen zwischen Suzerän und halbsouveränem Staate sein. Bei der Türkei ist die Beantwortung freilich eine viel leichtere, indem es da vorwiegend auf die Nationalität und die Religion ankommt[14]. Sonst werden aber, wie fast überall, die bekannten Prinzipien des jus sanguinis und des jus soli zu kombinieren sein[15].

Allgemeine Grundsätze, welche dieser Übergang auf die halbsouveräne Staatsgewalt mit seinen gewichtigen Folgen auf dem Gebiete des privaten und öffentlichen Rechtes nach sich zieht, lassen sich, wie gesagt, nicht aufstellen, der Einzelfall als solcher ist vielmehr mafsgebend.

Eine Erörterung aller einzelnen auf die Succession sich beziehenden Fälle ist hier um so weniger angebracht, als dieselben in den meisten Fällen eine rein staatsrechtliche und verwaltungsrechtliche Wirkung hervorrufen werden, die unsere vor allem völkerrechtliche Darstellung der Halbsouveränität nicht berühren. Einige Successionstitel sind aber, weil auch für das Völkerrecht von Belang, hier besonders hervorzuheben[16].

Der Übergang des Staatsvermögens (domaine de droit public) wird nach den verschiedenen Arten der Halbsouveränität verschieden zu beurteilen sein, namentlich je nachdem der Übergang ein plötzlicher oder allmählicher ist. Der Grundgedanke wird aber bei allen Arten derselbe sein, dafs nämlich alle, sei es einzeln, sei es in complexu, gewährleisteten Privilegien auch wirk-

---

[14] Schwierigkeiten bereitete die Frage bei Transvaal vor dem Jahre 1870, wo bekanntlich die Engländer wegen der sogen. „perpetual allegeance" niemals ihre Staatsangehörigkeit aufgeben konnten. Durch die „naturalisation act" vom 12. Mai 1870 ist freilich dieses Prinzip und damit sind auch seine Mifsstände verschwunden.

[15] Vgl. Ullmann, p. 230 u. a. m.

[16] Als System legen wir das von Huber aufgestellte zu Grunde, ohne zu untersuchen, ob dasselbe vollständig und allgemeinbefriedigend sei. Gegen dasselbe Jellinek, Allg. St.L. p. 250.

lich realisierbar seien[17], dafs sie mithin mit allen Pertinenzen, mit allem, was drum und dran ist, gegeben werden müssen. Der Begriff der Pertinenz trifft zwar hier nicht ganz genau zu, weil es sich nicht blofs um Sachen handelt im technischen Sinne des Wortes, sondern auch um Rechte, die unbedingt mit einem Privileg zusammenhängen müssen; der Ausdruck adminicula iuris wäre vielleicht in diesem Falle vorzuziehen[18].

Die öffentlichen Sachen (res publicae und res publicae in publico usu) werden als Bestandteile des Bodens behandelt und gehen mithin, soweit der Suzerän sich einige derselben nicht ausdrücklich vorbehalten hat, auf die halbsouveräne Staatsgewalt über. Es gehören dazu z. B. die Festungen, Glacisanlagen, Gefängnisse, Staatsgebäude aller Art, die nunmehr von den neuen Staatsfunktionären bezogen werden, aber auch die Spitäler, Magazine, Archive[19], Bibliotheken, Flüsse[20] und Landstrafsen, sowie alles andere, was gemäfs dem vermutlichen Willen der Parteien zur Ausübung der Verwaltung im weitesten Sinne gehört. Was zum Staatsleben erforderlich bleibt, öffentliche Rechte zum Fortbetrieb der Staatswirtschaft, gehen auf die neue Staatsgewalt über. Im grofsen und ganzen also die ganz allgemein geltenden völkerrechtlichen Grundsätze bei jeglicher Staatensuccession.

Dagegen geht das fiskalische Eigentum (domaine de droit privé) im Zweifel nicht über. Für den Erwerb des fiskalischen Eigentums ist Entschädigung zu leisten, soweit dasselbe in das Eigentum der neuen Staatsgewalt übergeht.

Die Forderungsrechte, sowohl öffentlichrechtlicher (Steuerforderungen) wie privatrechtlicher Natur, selbst wenn sie fällig,

---

[17] Wenn z. B. die Justizhoheit übertragen, so gehört zur Realisierbarkeit, dafs auch die Justizgebäude, Gefängnisse etc. übertragen worden sind.

[18] Über adminicula iuris: Heumann, Handlexikon zu den Quellen des römischen Rechtes, 1895. Göschen, Vorlesungen, Band II p. 210. Dernburg, Preufsisches Privatrecht, I p. 732 n. 3. Es wäre vielleicht auch der Ausdruck Rechtsausübungs- oder Rechtsverwirklichungsmittel nicht unangebracht. Wer den Zweck will, will die nötigen Mittel.

[19] Nicht mehr seit der Haager Konferenz.

[20] Wenn man zugibt, dafs sie im Eigentume des Staates stehen. Herrschende Ansicht ist bekanntlich, dafs sie nicht im Eigentume stehen. So Windscheid, Band I § 146 n. 11. Regelsberger, I § 113 n. 2. Dagegen Dernburg, Pandekten, I p. 171 § 73.

aber noch nicht eintreibbar waren, gehen auf die neue Staatsgewalt über. Es ist dies um so notwendiger, als dadurch schwierige Berechnungen, namentlich die Eintreibungskosten, erspart werden. Der halbsouveräne Staat übernimmt eben alles, sei es nun in gutem oder schlechtem Zustande, besonders wenn Abfindungssumme, die ja im Tribut enthalten scin kann, bezahlt wird. Er übernimmt die Masse ohne beneficium inventarii.

Das passive Staatsvermögen müſste freilich auch nach allgemeinen Grundätzen der neuen Staatsgewalt zuzurechnen sein[21]. Das ob und das wie ist aber in der völkerrechtlichen Literatur ungemein bestritten[22]. Namentlich sind bezüglich der Berechnung alle möglichen Variationen aufgestellt und tatsächlich durchgeführt worden, so die Berechnung der Staatsschulden nach der Oberfläche, nach der Einwohnerzahl, nach dem Einkommen[23].

Zunächst kommt es auch bei der Halbsouveränität darauf an, zwischen den einzelnen Arten von Schulden zu unterscheiden. Für die fundierten Schulden im weitesten Sinne, die im Interesse des ganzen Landes gemacht wurden, wird eine proratarische Haftung für die neue Staatsgewalt anf jeden Fall zu konstruieren sein.

Dagegen für solche Schulden, die ausschlieſslich im Interesse der früheren, nunmehr dismembrierten Provinz gemacht worden sind, die sogenannten bezüglichen Schulden (dettes relatives) — wir würden sie Gebietssonderschulden benennen — werden, um einen Ausdruck Hubers zu gebrauchen, „als ganze selbständige Vermögenspost einem geographisch umschriebenen Gebiete“ zugewandt[24]. Der neugeschaffene halbsouveräne Staat muſs die ganze Schuld übernehmen.

Abgesehen davon, daſs diese aufgestellten Regeln selbst bei der gewöhnlichen Staatensuccession nicht allgemein zur An-

---

[21] Es ist dies freilich eine Forderung, die nur zu oft nicht eingehalten wurde. Weder die Vereinigten Staaten von Nordamerika 1773, noch Griechenland 1831, noch Piemont betreffs der Lombardei, noch Deutschland 1871, noch Ruſsland 1878 haben einen Teil der Schuld des Cedenten übernommen. Huber, a. a. O.

[22] Vgl. darüber namentlich Huber, a. a. O. p. 125 ff., 205, 270.

[23] Ullmann, p. 71.

[24] A. a. O. p. 49.

wendung gelangen, so weist die Praxis gerade bei der Halbsouveränität konstante Schwankungen auf[25].

Wir würden indes als Regel bei der Halbsouveränität gerade das der gewöhnlichen Staatensuccession entgegengesetzte Prinzip zur Geltung bringen, dafs nämlich aus dem Begriffe der Halbsouveränität heraus, namentlich aus der Charakterisierung als partie intégrante, eine Schuldübernahme, wie sie bei der echten Staatensuccession vorzukommen pflegt, nicht gut möglich sei.

Als Ersatz für die nicht stattfindende Schuldübernahme kann bei der Halbsouveränität gerade noch der Tribut hinzutreten. Bezüglich des Tributes wird bei den Beziehungen zum Suzerän auf alles Nähere einzugehen sein.

Die Verwaltungsschulden, wie z. B. die passiven Kreditverträge der Verwaltungsstellen, Sachen- und Dienstmieten, Besoldungen, Pensionen von Beamten und Militärs etc. etc., gehen natürlich die neue Staatsgewalt nichts an, denn sie setzt an die Stelle des alten Verwaltungsapparates einen neuen[26].

Freilich kann sich der Suzerän ausbedungen haben, dafs die neuerrichtete Staatsgewalt ganze Verwaltungsorganisationskomplexe übernimmt. Es gehen dann selbstverständlich alle Aktiva und Passiva für die Gebiete mit über.

Die juristischen Personen (Korporationen, Anstalten, Stiftungen) werden durch die Tatsache der Schaffung eines halbsouveränen Staates nicht aus der Welt geschafft. Sie bleiben auch weiter bestehen, eventuell als nicht rechtsfähige Vereine, und müssen dann eine an die Bestimmungen der neuen Staatsgewalt angepafste Organisationsänderung vornehmen. Auch hier ist es vielfach üblich, dafs schon bei Errichtung zwischen Ober- und Unterstaat diesbezügliche Vereinbarungen getroffen werden.

So erfolgte z. B. zwischen der Pforte und Serbien eine Regelung bezüglich der Vacoufs in Serbien[27].

---

[25] Rumänien und Serbien mufsten 1878 nur insoweit einen Teil der türkischen Schuld übernehmen, als er neuerworbene Gebiete betraf. Bulgarien mufste dagegen allgemein einen Teil der Schuld übernehmen.

[26] Huber, a. a. O. p. 111.

[27] Über die Wakufs (Vacouf) Tornauw, Moslemisches Recht, Leipzig 1855, p. 155 ff. Über die Organisation derselben Aristarchi Bey, Législation ottomane Première partie p. 223 sq., vor allem p. 241 sq. Vacouf im weitesten Sinne ist jedes Zweckvermögen, im engeren Sinne sind es da-

In Rumänien gab es keine Vacoufs, bezüglich der couvents dédiés konnte man aber zu keiner Einigung gelangen[28].

gegen religiöse milde Stiftungen der Türken, welche in Mobilien und Immobilien bestehen können. Soweit sie Immobilien betrafen, erfolgte die Regelung der Vacoufs zwischen Serbien und der Türkei in der Weise, daſs Spezialkommissionen eingesetzt wurden, welche das Vacoufvermögen festzustellen hatten, was mangels genauer Bemessungen und Grundbücher notwendig war. Für die Säkularisation der Vacoufs sollte Serbien eine Entschädigungssumme leisten, eine Leistung, die aber niemals tatsächlich erfolgte.

[28] Viel interessanter ist die noch heute offene Frage der „couvents dédiés“ in Rumänien. Folgender Sachverhalt liegt ihr zu Grunde: Diese Klöster im Gegensatz zu den nationalen „couvents libres“, auch „non dédiés“ genannt, waren durch die Wohltätigkeit eingewanderter griechischer Familien begründet mit der Zweckbestimmung zur Wohltätigkeit, Armenpflege, Erziehung der Geistlichen etc. — Die rumänische Kirche war keine autocephale und unterstand dem Patriarchate zu Konstantinopel. Ein Teil des Vermögens der „couvents dédiés“ wanderte daher auch nach Konstantinopel und nach den Schwesteranstalten auf dem Berge Athos und Sinai. Der rumänischen Regierung stand dieser sogen. Besitz der toten Hand im Wege, und sie suchte eine Lösung herbeizuführen. In der Pariser Konferenz von 1858, betreffend die Regelung der Lage der Donaufürstentümer, ergriff der russische Vertreter die Gelegenheit und machte die Frage zu einer Angelegenheit der Konferenz. Sie gab aber keine Lösung, sondern schlug nur eine Lösung vor: Schiedsgericht eventuell Oberschiedsrichter. Rumänien zögerte. 1862 votierte die Deputiertenkammer ein Säkularisationsgesetz für die nationalen Klöster, und dieses wurde trotz Protestes des Patriarchates und der Pforte auf die „couvents dédiés“ ausgedehnt. Eine zu Konstantinopel 1864 einberufene Konferenz der Mächte miſsbilligte das Verhalten Rumäniens. Die Verhandlungen schleppten sich weiter fort. Rumänien bot eine Entschädigungssumme, was das Patriarchat ablehnte. Im Berliner Kongresse, Protokoll XV, wurde die Frage berührt und eine endgültige Regelung in Erwägung gezogen, bis auf den heutigen Tag hat sie aber noch nicht stattgefunden. An diesen Tatbestand knüpft sich ein wahrer Fragenherd. 1) Hat Rumänien als halbsouveräner Staat das Recht gehabt, diese Frage zu regeln? 2) Die Stellung Rumäniens zum Patriarchat? 3) Die Stellung zur Türkei in dieser Frage? 4) Wer hat Eigentum an diesen „couvents dédiés“? 5) Wie kam die Pariser Konferenz dazu, diese Frage an sich zu ziehen; ist sie dadurch eine internationale Frage geworden? 6) Ist eine Veränderung durch die Unabhängigkeitserklärung Rumäniens 1878 eingetreten? 7) Ist ein Interventionsrecht der Mächte noch heute, nachdem Rumänien souverän geworden, statthaft? 8) Wie und mit wem ist die Frage bezüglich der couvents dédiés in Bessarabien zu regeln, eine Provinz, die 1878 seitens Rumäniens an Ruſsland abgetreten wurde? Im Rahmen unserer Darstellung haben wir nur die erste Frage zu beantworten, ob

Die Regelung der Beamtenverhältnisse wird natürlich hier ebenso, wie bei der echten Staatensuccession, in den meisten Fällen dieselbe mangelhafte Lösung erfahren.

Speziell bei der Türkei pflegten ähnliche berüchtigte Zustände in dieser Frage zu herrschen wie bei der Auflösung des deutschen Reiches 1806.

Rumänien als halbsouveräner Staat berechtigt war, die Klöster zu säkularisieren, sei es mit, sei es ohne Entschädigung? Rumänien durfte als halbsouverän überhaupt nicht säkularisieren. Die Klöster, sei es als eigene juristische Personen, oder aber als Einrichtungen der griechisch-orientalischen Kirche, als solche vertreten durch den Patriarchen von Konstantinopel, haben ihre Persönlichkeit erworben nach türkischem Rechte. Die griechisch-orientalische Kirche des türkischen Reiches ist Staatseinrichtung, und insofern sind alle Fragen, welche die Kirche selbst, deren Einrichtungen und Vermögensangelegenheiten betreffen, Fragen des türkischen Staatsrechtes. Der halbsouveräne Staat ist, wie bereits hervorgehoben, nur insoweit zuständig, als er zuständig gemacht wurde. Für Kirchengebiet war Rumänien, weil nicht autocephal, nicht zuständig und konnte demgemäfs das ganze Verhältnis nicht regeln. Diese Materie unterstand nach wie vor dem Suzerän. Es war eine innere Frage des inneren türkischen Staatsrechtes. Die Konferenz hätte sich mit ihr nicht zu beschäftigen gehabt. Über „couvents dédiés" R.D.J. XV p. 443—451 (Jooris), der zu Gunsten Rumäniens entscheidet. Eine glänzende Widerlegung findet sich in derselben Revue tom. XVI p. 1—23. Beide vertreten aber im Gegensatze zu uns die Ansicht, dafs sogar noch heutzutage die Regelung der Frage dem europäischen Konzerte in Form einer Konferenz zustehe. Unseres Erachtens ist die Frage durch die eingetretene Staatensuccession eine rein völkerrechtliche Frage zwischen der Türkei und Rumänien geworden. Dafs die Frage aber durch die einseitige Erklärung Rumäniens, eine Entschädigung zahlen zu wollen, nicht aus der Welt geschafft wurde, ist offensichtlich. Auf nähere Ausführungen mufs hier verzichtet werden. Eine gröfsere Anzahl von Dokumenten und Protokollen bei Testa, Recueil, V p. 345—469. Eine gröfsere Sammlung der Dokumente ist in Konstantinopel in 2 Bänden 1880 erschienen, I 1858—64; II 1864—78, zitiert in der R.D.J. XVI p. 6. Über die Immunitäten des ökonomischen Patriarchats in der Türkei R.D.J. XVI p. 227—236 (Jooris). Gegen die Säkularisation im allgemeinen Meurer, Begriff und Eigentum der heiligen Sache, p. 18 ff., über analoge Fragen bezüglich des Eigentums in der römisch-katholischen Kirche Hübler, Eigentümer des Kirchengutes, Leipz. 1868. Eine Übersicht über die einzelnen völkerrechtlichen Verträge, die Bezug haben auf die Stellung der Türkei zu ihren christlichen Untertanen in religiösen Fragen in der R.G.D.J. tom. I p. 397 sq. Daselbst auch interessante Beiträge über die Einwirkung der Pforte zur Trennung der bulgarischen Kirche vom ökumenischen Patriarchat. Siehe auch R.G.D.J. tom. II p. 83 ff.

Diese gerade bei den Beamtenverhältnissen meist vorkommende unbefriedigende Erledigung findet ihre Erklärung darin, dafs durch die plötzliche Schaffung ein grofser Überschufs an Material besteht, indem der Unterstaat nur mit seinen Nationalen die Beamtenstellen wird besetzen wollen, der Oberstaat aber keine anderweitige Verwendung für sie findet.

Die Fragen über Successionsverhältnisse haben wir durch unsere Ausführungen nur angedeutet, keineswegs aber erschöpft.

§ 24. Beziehungen zum Suzerän.

Den Kernpunkt einer völkerrechtlichen Darstellung der Halbsouveränität bilden die Beziehungen zum Suzerän und zu den dritten Mächten, die Bestimmung ihres Inhalts und Umfangs.

Im folgenden werden wir Gelegenheit haben, für die von uns namentlich ins Auge gefafsten Fälle der Halbsouveränität gemeinsame typische Merkmale herauszufinden. Es bedeutet dies aber blofs ein Generalisieren für eine bestimmte Art der Halbsouveränität und nicht prinzipiell für alle Fälle derselben. Wir werden daher in denjenigen Fällen, wo das Aufstellen eines Prinzipes sich auch sehr wohl auf alle Arten halbsouveräner Staaten beziehen könnte, stets besonders hervorzuheben haben, ob wir alle Arten mit inbegriffen wissen wollen oder nur die für uns vor allem relevanten halbsouveränen Staaten der Türkei.

Kann der Suzerän noch überhaupt auf dem Gebiete der von ihm zum Staate erhobenen Provinz Hoheitsrechte ausüben oder nicht?

Er kann es *prinzipiell nicht*, denn das ist gerade der Zweck der Errichtung halbsouveräner Staaten, dafs die alte Verwaltung aufhört, eine neue, nationale an ihre Stelle tritt. Die Grenzen des halbsouveränen Staates gegen den Suzerän sind zugleich auch prinzipielle Grenzen des Suzeräns. Im einzelnen können und werden freilich in der Regel Ausnahmen gemacht.

Die gesetzgebende Gewalt des Unterstaates hebt sich sofort nach seiner Errichtung scharf von derjenigen des Oberstaates ab. Damit ist nicht gesagt, dafs sämtliche alten Gesetze aufgehoben sind und ihre Geltung aufhört, dafs mithin zwischen altem und neuem Rechtszustand ein vacuum sich befindet. Der Übergang wird natürlich stets, wie bei jeder Änderung der Gesetzgebung, ein allmählicher sein. Übergangsbestimmungen werden denselben nach jeder Richtung hin vorbereiten.

Eine Gesetzeskollision oder Konkurrenz, wie sie beim Bundesstaate oder anderen Staatenverbindungen vorzukommen pflegt, ist ausgeschlossen[1]. Freilich dürfen die Gesetze des halbsouveränen Staates nicht im Widerspruch stehen mit den gewährleisteten Privilegien, sie dürfen dieselben nicht überschreiten und müssen in gewissen Beziehungen auch auf die Gesetze des Oberstaates Rücksicht nehmen. Eine allgemeine Beantwortung läfst sich auch hier wieder nicht geben, es spielen vielfach andere als Rechtsfragen eine Rolle, so z. B. die Frage der religiösen Zusammengehörigkeit und Verschiedenheit.

Was von der gewöhnlichen Gesetzgebung im allgemeinen, das gilt auch von der qualifizierten, der Verfassungsgesetzgebung. Sie steht ebenfalls dem Unterstaate prinzipiell in den privilegsmäfsigen Schranken zu[2]. Indes ist es freilich üblich, dafs die suzeräne Staatsgewalt neben dem staatsrechtlichen Konstitutivakt auch zugleich das Grundgesetz des Unterstaates auf eigene Faust, blofs unter Assistenz des halbsouveränen Staates, bestimmt[3]. Sie mischt sich gleich bei der Begründung des halbsouveränen Staates in sein Staatsrecht und durchbricht gleich bei der Errichtung die prinzipielle Autonomie in complexu. Es ist unseres Erachtens ganz natürlich, dafs die suzeräne Staatsgewalt der von ihr entlassenen Provinz einen Verhaltungsplan, einen Kommentar zum Konstitutivakt mit auf den Weg gibt.

Eine, sei es partielle, sei es totale Änderung dieser vom

---

[1] Freilich wäre ein Zusammenwirken der Gesetzgebungen des Ober- und Unterstaates wohl denkbar in ähnlicher Weise wie beim Bundesstaat. Bei den halbsouveränen Staaten der Pforte kommt es aber nicht vor.

[2] Die Donaufürstentümer haben Verfassungsänderungen vorgenommen, ebenso Serbien, das sich sogar 1869 eine neue Verfassung gab. Jellinek, Staatsfragmente, p. 49, spricht das Recht der Verfassungsänderung selbst denjenigen Gebietskörperschaften zu, welche keine Staaten, sondern blofse „Staatsfragmente" sind.

[3] So wurde die Verfassung Serbien aufoktroiert durch den Firman vom Dezember 1838, ebenso das organische Statut von 1830 für die Moldau und Walachei, freilich unter Mitwirkung Rufslands, ferner auch ihr Statut von 1858 unter Mitwirkung der Mächte (Pariser Konferenz). Beim Protektorat wird eine Verfassung niemals aufoktroiert, sondern auf Grund des völkerrechtlichen Vertrages vom Unterstaate freiwillig modifiziert.

Suzerän aufoktroierten Verfassung wird in den Grenzen des Konstitutivaktes, gewöhnlich auch mit vorhergehender Vereinbarung mit dem Suzerän, stattzufinden haben.

Oft kommt es nun vor, dafs der Konstitutivakt in der Verfassungsurkunde selber enthalten ist[4]. Eine Scheidung zwischen beiden wird häufig Schwierigkeiten bereiten; es kommt daher wieder stets auf den praktischen Fall an. Solche Verfassungsänderungen sind auch praktisch des öfteren vorgekommen[5].

Der richterlichen Gewalt des Unterstaates können ebenfalls Schranken gezogen werden, einerseits vermöge der Identität der halbsouveränen und suzeränen Staatsgewalt nach aufsen, soweit sich letztere dritten Mächten gegenüber gebunden hat[6], andererseits kann sich die suzeräne Staatsgewalt die eigene Gerichtsbarkeit über ihre eigenen Untertanen im Lande vorbehalten[7]. Die richterliche Gewalt des Unterstaates wird daher in den meisten

---

[4] So die serbische Verfassungsurkunde von 1838.

[5] Vgl. die Verfassungsänderungen in Rumänien mit Übereinstimmung der Pforte, I. Teil p. 20. Serbische Thronfolgeordnung 1861. Neumann, Recueil N.S. VI p. 734.

[6] Es fällt hierher die ganze Konsularjurisdiktion, die, wenn sie für den Oberstaat gilt, auch weiterhin für den Unterstaat Geltung bewahrt auf Grund der Kapitulationen mit dem Oberstaate. Sowohl in Serbien und den Donaufürstentümern bestand diese Jurisdiktion weiter, sie wurde erst nach der Unabhängigkeitserklärung aufgehoben, so z. B. von Frankreich erst durch den Vertrag mit Serbien vom 18. Januar 1883 Art. 26. In Ägypten und Bulgarien besteht dieselbe noch heute, und eine Änderung des Zustandes hängt lediglich von der Einwilligung des Suzeräns ab. Nur Tunis macht eine Ausnahme, weil daselbst das Protektorat Frankreichs hinzugetreten ist.

[7] So hat die Pforte in allen halbsouveränen Staaten für ihre Untertanen eigene Richter gehabt und bestimmte auch oft den Instanzenzug im Lande selbst. Wenn aber der Instanzenkreis ein für das betreffende Land nicht völlig geschlossener war, so konnten sich leicht zwischen Oberstaat und Unterstaat namentlich in der Rechtshilfe Kompetenzkonflikte ergeben, zumal da die Pforte in einzelnen Ländern, z. B. Serbien, auch eine eigene lokale Polizei besafs. Die Regel ist es jedenfalls nicht. Vgl. über den Instanzenzug z. B. den Hatticherif von 1784 an die Moldau und Walachei. Martens, R. III p. 72. Über die Rechtsverhältnisse der Türken in Serbien im allgemeinen vgl. Tkalac, p. 53, und die von ihm zitierten Hatticherife, namentlich der von 1830. Abgedruckt ebend. p. 261. Der Hat an die Walachei von 1802 bei Testa, V p. 288.

Fällen blofs auf Grund des Personalitätsprinzipes über die eigenen Untertanen ausgeübt werden können.

Kann auf dem Gebiete des halbsouveränen Staates der suzeräne Staat auch Handlungen der Rechtspflege ausüben? Wer exequiert und wie wird exequiert?

Die Rechtshilfe liegt in den meisten Fällen dem Unterstaate ob; daher kann er bestimmte Verfügungen über die Rechtshilfe auch gegenüber dem Suzerän selbständig treffen und vertragliche Festsetzungen mit dem Suzerän auf diesem Gebiete vornehmen. Praktisch ist aber meistens diese Frage, namentlich die der Auslieferung zwischen Suzerän und halbsouveränem Staate, nicht geregelt, sie wird vielmehr gewöhnlich von politischen Gesichtspunkten geleitet und bietet Anlafs zu beständigen Reibereien zwischen Ober- und Unterstaat. Es ist dies ein wesentlicher tatsächlicher Fehler der Halbsouveränität[8].

Während der Unterstaat bezüglich der Rechtshilfe selbständige Mafsregeln gegen den Suzerän treffen kann, ist er dem Auslande gegenüber an die vertragliche Regelung des Suzeräns gebunden; er kann, selbst wo keine Verträge mit dem Suzerän bestehen, nicht selbst Bestimmungen treffen, sondern mufs sich auch da an das usancemäfsige Verfahren des Suzeräns halten[9].

---

[8] Vgl. Teil I p. 45. Rumänien hatte im Jahre 1871 hinsichtlich eines Auslieferungsvertrages mit der Pforte auf der Grundlage der Reziprozität zu verhandeln begonnen. Die Verhandlungen zogen sich jedoch bis 1874 hin, ohne zu einem Ergebnisse zu führen. Djuvara, Einl. p. XLI.

[9] Fall Chadourne. Der Tatbestand war folgender: 1891 wurde der französische Journalist Chadourne aus Bulgarien von der bulgarischen Regierung ausgewiesen, weil er falsche, tendenziöse Nachrichten über Bulgarien verbreitet hatte. Der französische Vertreter protestierte gegen eine solche Verletzung der in den Kapitulationen gewährten Privilegien. Der bulgarische Minister erwiderte, dafs von einer Verletzung der Privilegien nicht die Rede sein könne, weil dieser Fall daselbst nicht vorgesehen sei. Unseres Erachtens ist dieser Einwand zu Unrecht erfolgt, denn die Kapitulationen waren ihrem Wesen und ihrem Sinne nach abgeschlossen, um die Fremden von etwaigen Eingriffen des Empfangsstaates und von jeder Gewalttätigkeit zu schützen. Nunmehr wandte sich aber Frankreich an den Suzerän und führte gegen Bulgarien Beschwerde. Bulgarien mufste auch in der Tat nachgeben und sich entschuldigen. Dieses Beispiel dient einmal dazu, um zu zeigen, dafs alle Verträge des Oberstaates, soweit ausdrücklich nicht das Gegenteil bestimmt ist, auch für den Unterstaat gelten; dafs ferner eine Interpretation derselben blofs dem Oberstaate, weil von ihm ge-

Die vollziehende Gewalt[10], zu der die bereits erwähnte Rechtshilfe ebenfalls gehört, findet mit wenigen Ausnahmen ausschliefslich durch die halbsouveräne Staatsgewalt statt. Es ist deshalb für den Unterstaat die Möglichkeit gegeben, Grenz- und Zollfragen nach eigenem Ermessen gegenüber dem Suzerän zu regeln, das Pafswesen selbständig zu ordnen, den suzeränen Staatsangehörigen gewisse Beschränkungen aufzuerlegen.

Was der halbsouveränen Staatsgewalt vermöge der administrativen Autonomie erlaubt, ist ihr vermöge ihres Bestandteilcharakters dritten Mächten gegenüber versagt. Daher mufs ihr z. B. das Erheben von Transitzöllen begrifflich verboten sein, ein Verbot, das meistens auch in den Verträgen ausgesprochen ist[11].

Ganz allgemein wird man daher als Inhalt der Halbsouveränität eine solche Unbeschränktheit nach innen annehmen, dafs von einer Staatsgewalt die Rede sein kann.

Jedoch läfst sich trotzdem eine scharfe Abgrenzung oder gar eine gänzliche Aussonderung des Suzeräns unmöglich durchführen; derselbe wird sich vielmehr stets einige sogenannte Oberhoheitsrechte in gröfserem oder geringerem Mafse, sei es bei der Errichtung oder später, vorbehalten können. Eine scharfe Grenzziehung ist undurchführbar. So ist es z. B. üblich, dafs die Pforte sich bei ihren Unterstaaten das Münzrecht vorbehalten

---

schlossen, zustehe, und dafs endlich, wenn alle friedlichen Mittel gegen den halbsouveränen Staat erschöpft sind, man auf Grund seines Charakters als „partie intégrante" sich an den Suzerän zu wenden hat. Übereinstimmend Merignhac, Le conflit franco-bulgare in der R.D.J. t. XXIV p. 149 s.

[10] Diese und namentlich die Rechtshülfe erfährt eine einfachere, für den Unterstaat schroffere Regelung als bei gewissen anderen Abhängigkeitsverhältnissen, namentlich beim Protektorate. Für die Republik Andorra hat z. B. der französische Kassationshof in seiner Entscheidung vom 12. Mai 1859 (S. 59. 1. 975) ausgeführt, dafs sich die französische Rechtshilfe auch auf das Gebiet von Andorra erstrecke, dafs es mithin einer Auslieferung nicht bedürfe, weil die andorrischen Behörden nicht im stande seien, gegen ausländische Verbrecher einzuschreiten. In diesem Sinne auch die Entscheidung des französischen Kassationshofes bezüglich des protegierten Anjouans (S. 95. 1. 57.).

[11] So z. B. im Berliner Vertrage, Art. VIII al. 2.

hat[12]. Es wurde auch ein Festungsbesetzungsrecht[13] oder ein Flaggenrecht[14] als Zeichen der Oberherrlichhkeit in Anspruch genommen.

Der Oberstaat kann ferner bei gewissen Verwaltungszweigen ein direktes oder indirektes Einwirkungsrecht sich sichern, namentlich wenn diese Verwaltungszweige leicht eine Wirkung auf dritte ausländische Mächte erzeugen können. Deshalb ist es z. B. keineswegs ausgeschlossen, dafs der Oberstaat eine Finanzkontrolle übernimmt, eine Kontrolle, die er sogar übernehmen kann und soll, wenn es sich um auswärtige Gläubiger handelt[15].

Die Militärhoheit der halbsouveränen Staatsgewalt kann ebenfalls vom Suzerän eingeschränkt werden. So kann sich derselbe ein Chargenernennungsrecht vorbehalten oder Militärinspektionen vornehmen[16]. Die Türkei speziell hat ein solches Recht stets beansprucht und hat auch in ihren Konstitutivakten dem Heere des einzelnen halbsouveränen Staates nicht einen politischen, einen Charakter der äufseren Landesverteidigung, zu-

---

[12] So für Serbien, Rumänien. Allerdings hat Serbien unter Fürst Michael Scheidemünzen in Kupfer geprägt und bereits früher auch Rumänien. Die Pforte protestierte übrigens dagegen. In der Türkei gibt es bekanntlich kein einheitliches Münzsystem, alle Münzen werden vielmehr gebraucht. Bei Bulgarien hat die Pforte auf dieses Recht kein Gewicht gelegt. Ägypten hat ein besonderes Münzprägungsrecht. Alles Nähere über türkische Währung bei Schneller, a. a. O. p. 108—120 insb. p. 117. Im Interesse des Suzeräns wird es z. B. auch liegen, die Seegerichtsbarkeit sich vorzubehalten.

[13] So bei Serbien ein Recht, welches erst 1867 aufgegeben wurde. Vgl. Staatsarchiv, XIII Nr. 2962 ff.

[14] Für Serbien und für die Donaufürstentümer auf öffentlichen Gebäuden neben der nationalen Flagge.

[15] Über Finanzkontrollen Murat, a. a. O. Die Frage war in früherer Zeit gar nicht praktisch, denn weder Serbien noch die Donaufürstentümer hatten vor 1878 fremde Schulden. Dagegen ist die Frage bei Ägypten aktuell geworden, nur lag bei diesem Halbsouveränitätsverhältnis der komplizierende Fall vor, dafs auch der Oberstaat seinerseits einer Finanzkontrolle bedürftig war, dafs er daher kaum geeignet war, selber eine Finanzkontrolle zu üben. Es sind, wie bekannt, die Grofsmächte für den geldschwachen Suzerän eingetreten. Bei einer starken Zentralgewalt hätte diese Kontrolle unbedingt von seiten des Suzeräns zu erfolgen.

[16] So bei Ägypten. Auch für Serbien und die Donaufürstentümer nahm die Pforte dieses Recht in Anspruch.

gewiesen, sondern dasselbe als besondere Schutztruppe für die Ruhe und Ordnung im Innern (milice)[17] betrachtet. Um diesen lokalen Charakter deutlich hervortreten zu lassen, nahm die Pforte das Recht in Anspruch, Chargen vom Obersten aufwärts selbst zu ernennen, ein Recht, das mit Ausnahme Ägyptens von den übrigen halbsouveränen Staaten stets aber bestritten wurde. Bei vielen Verwaltungszweigen wird der Oberstaat gar kein Interesse empfinden, irgend welches Einmischungsrecht sich vorzubehalten und wird gern die volle Verantwortung nach innen der halbsouveränen Staatsgewalt allein überlassen. Die Notwendigkeit einer Einmischung wird gewöhnlich von Utilitätsrücksichten geleitet sein.

Der Verkehr zwischen beiden Staatsgewalten zur Herstellung der gegenseitigen regelrechten Beziehung kann zwar in vielen Fällen diplomatische Formen annehmen, sein Inhalt ist aber kein diplomatischer (völkerrechtlicher), sondern ein staatsrechtlicher.

Die Beziehungen wurden ursprünglich durch den im Lande befindlichen Statthalter besorgt, wie bei jeder einfachen Provinz. Daneben trat das vom Suzerän anerkannte nationale Oberhaupt der privilegierten Provinz, und nun wurde zwischen beiden verhandelt und verkehrt; ein direkter Verkehr mit der Metropole war anfangs unzulässig[18]; in der Folgezeit wurde aber namentlich bei wichtigen Angelegenheiten von seiten des Suzeräns direkt mit dem nationalen Oberhaupte in Verbindung getreten, und es wurden oft Spezialgesandte empfangen und geschickt. Nunmehr wurde auch dem nationalen Oberhaupte des halbsouveränen Staates das Recht gewährt, neben sich noch einen Gehilfen (Adlatus), fälschlich Vertreter genannt, zu halten[19]. Derselbe hatte lediglich den Willen des Staatsoberhauptes auszuführen, da ja letzterer für die suzeräne Staatsgewalt die einzig

---

[17] Diese Bezeichnung findet sich auch in allen völkerrechtlichen Verträgen vor.

[18] Vgl. I. Teil p. 27.

[19] In Serbien wurde er „prestavnik“ (Vertreter) genannt. Über seine Befugnisse vgl. Tkalac, a. a. O. p. 119 sq. Gewissermafsen eine „pica domini“.

kompetente Stelle war, an die alle Gebote und Verbote ergingen, und der sie dann an das Volk vermittelte[20].

Um nun die Beziehungen zum Oberstaate leichter zu gestalten, wurde seitens des Suzeräns zugelassen, dafs der halbsouveräne Staat einen Vertreter beim Oberstaate halte, der in keiner Beziehung diplomatischen Charakter besafs[21].

Diese nichtvölkerrechtliche Natur ergibt sich einmal aus der staatsrechtlichen Natur der Beziehungen[22], aus der ganzen Zeremonial- und Ettiquettenfrage diesen Vertretern gegenüber[23] und endlich aus der völkerrechtlichen Praxis[24].

---

[20] Bei den Unterstaaten der Pforte bestand niemals ein direkter Verkehr des Fürsten mit dem Sultan, sondern lediglich mit dem Grofsvezier: ein Zeichen der Inferiorität. Zum Belege siehe Briefe des Fürsten Milosch von Serbien an einzelne türkische Minister, in denen er seinen Dank für gewährte Privilegien ausspricht. Petrovitsch, Bd. I p. 246. Die Pforte betrachtete das nationale Staatsoberhaupt als ihren Beamten. Es zeigte sich dies oft auch äufserlich darin, dafs er einen Gehalt seitens der Pforte erhielt. Z. B. Hat vom 24. Dez. 1838 Art. II für Serbien. Aristarchi Bey, II p. 61.

[21] Ein solcher Vertreter in der Metropole war sogar für gewöhnliche Provinzen zugelassen und allgemein üblich. Sowohl die Provinzial- wie die Vertreter der halbsouveränen Staaten wurden alle Kaputjehaje genannt, was wörtlich bedeutet „bei der Pforte“. So hat bereits die Pforte vor der Kapitulation von 1413 (1511) Agenten der Moldau in Konstantinopel zugelassen, denn es heifst in Art. 7: „Les Moldaves pourront entretenir et acheter une maison à Constantinople, pour la résidence de leur agent. Ils pourront également y avoir une église.“ Vgl. den Kontrast zu Art. 8: „Les Turcs ne pourront avoir, ni acheter des terres en Moldavie; ils ne pourront non plus y bâtir de mosquées ni s'y établir en aucune manière. Für eine mehr diplomatische Vertretung Jellinek, p. 147, und Sirmagieff, p. 274.

[22] Aus der staatsrechtlichen Konzessionierung durch Firmane, so Hatticheriff vom 3. August 1830 § 20. Serbischer Ustaw § 18. Darüber Tkalac, p. 121.

[23] Er wird in jeder Beziehung anders als die diplomatischen Vertreter behandelt. Eine besondere Rangordnung besteht für ihn. Er führt nicht den Titel „Exzellenz“, auch nicht courtoisiemäfsig, sondern blofs „Efendi“ (Herr). Er überreicht dem Sultan keine Beglaubigungsschreiben, wird vom Sultan nur in Privataudienz empfangen. Er ist ferner auch nicht beim Minister des Auswärtigen akkreditiert, sondern beim Grofsvezier und verkehrt mit dem Ministerium des Inneren und auch direkt mit allen übrigen Ministerien, und zwar in türkischer Sprache. Bei Empfängen wurden, um ja nicht den Verdacht der Zusammengehörigkeit aufkommen zu lassen, ursprünglich

Es werden zwar diesen Agenten aus Courtoisie gewisse, sonst nur diplomatischen Vertretern zustehende Privilegien auch viel-

---

zwischen den diplomatischen Vertretern und diesen Agenten die türkischen Marschälle und andere hohe Würdenträger eingeschoben. Dies wurde auf höflichstes Ersuchen des serbischen Agenten in den siebziger Jahren abgeschafft. 1882 errichtete die Pforte ein besonderes Departement für privilegierte Provinzen, und dahin wollte sie auch den Verkehr mit Bulgarien hinüberleiten. Dies entsprach zwar der türkischen Staatsauffassung, ist aber völkerrechtlich entschieden anfechtbar, denn ein halbsouveräner Staat ist eben keine privilegierte Provinz. Wenn er auch nicht mit dem Ministerium des Äufseren verkehren darf, so braucht und darf man ihn noch lange nicht an ein Departement für privilegierte Provinzen verweisen. Bulgarien wehrte sich auch dagegen, es wurden die Beziehungen auch eine Zeitlang unterbrochen, endlich gab die Pforte nach. Andererseits aber, selbst wenn Bulgarien mit dem türkischen „Auswärtigen Amt" verkehren würde, wäre damit noch nicht der Charakter diplomatischer Beziehungen gegeben. Es wäre dies ein Fall, der etwa vergleichbar wäre dem in Bayern, dafs nämlich daselbst das Postwesen dem Ministerium des Äufseren unterstellt ist — vgl. Seydel, Bayerisches Staatsrecht II, p. 332 (1887) —, oder mit demjenigen, dafs der abhängige Staat Transvaal mit dem englischen Kolonialamte in Verbindung steht.

[24] Friede von Kutschuk-Kainardji 1874. Art. XVI Nr. 9 (Originaltext italienisch): „De permettre encore aux Souverains des deux principautés de Valachie et de Moldavie d'avoir, chacun pour son compte, auprès de la Sublime Porte, des chargés d'affaires chrétiens de la religion grecque, qui feront leurs affaires et ces chargés d'affaires auront soin des intérêts desdites Principautés, et il seront favorablement traités par la Sublime Porte, qui les regardera même, malgré leur peu d'importance, comme des hommes jouissant du droit des gens, et par conséquent exempt de toute vexation." Bei Martens, R. II p. 286, ist die Übersetzung eine etwas andere: „La Porte permet aux Princes de ces deux États d'avoir auprès d'Elle chacun un chargé d'affaires, pris d'entre les Chrétiens de la communion grecque, lesquelles veilleront aux affaires concernant lesdites principautés et seront traité avec bonté de la Porte et non-obstant leur peu d'importance, considérés comme personnes jouissant du droit des gens, c'est à dire à l'abri de toute violence." Der italienische Originaltext ebenfalls bei Martens, a. a. O., und „erklärende Konvention" zum Frieden von Kutschuk-Kainardji, Art. VII Nr. 5: „Que chaque Principauté entretiendra à Constantinople un chargé d'affaires chrétien de la communion grecque, lequel la Sublime Porte accueillera avec bonté et considerera comme jouissant du droit des gens, c'est à dire à l'abri de toute violence et avanie." Noradhounghian, p. 327, 343. Martens, R. II p. 653. Diese Bestimmungen wurden in den nachfolgenden Verträgen neu bestätigt. Ähnlich auch hinsichtlich der Funktionen des englischen Vertreters in Transvaal. Pretoria-Vertrag 1881, Art. XVIII: „The following will be the

fach gewährt, aber ein Recht auf die sogenannte Exterritorialität haben dieselben nicht. Vom Empfangsstaate können sie deshalb für begangene rechtswidrige Handlungen zur Verantwortung gezogen werden, und derselbe braucht sich nicht erst an den Sendestaat zu wenden[25].

Die Stellung eines solchen nicht diplomatischen Vertreters ist eine keineswegs beneidenswerte. Während er auf der einen Seite das Prestige des Völkerrechtes nicht geniefst, so mufs er doch andererseits viel öfter und in viel wechselreichere Beziehungen zum Oberstaate treten. Er ist sozusagen in den Dienst beider Staatsgewalten gestellt, einmal als Auskunftsorgan für den Suzerän, sodann aber als Vermittler für den Unterstaat. Seine Hauptaufgabe wird sein, stets mäfsigend an Ort und Stelle zu wirken, gegenüber etwa eingegangenen Berichten seitens des oberstaatlichen Vertreters beim Unterstaate. Er wird dem Suzerän stets die Gelegenheit zu bieten haben des audiatur et altera pars.

Die suzeräne Staatsgewalt kann dem Unterstaate gestatten, auch Handelsagenten in einzelne gröfsere Städte zu entsenden, um die Handelsbeziehungen zwischen beiden Staatsgewalten reger zu gestalten. Ihre Stellung ist wieder eine materiell und formell von den übrigen Konsuln verschiedene[26]. Sie sind nichts

---

duties and functions of the British Resident: (1) He will perform duties and functions analogous to those discharged by a Chargé d'Affaires and Consul General." St.A. Bd. XL Nr. 7662.

[25] Wenn daher z. B. der bulgarische Vertreter in seinem Hause hochverräterische Handlungen duldet oder vornimmt, so wird unbedingt der Pforte das Recht zuzusprechen sein, eine Haussuchung zu veranstalten, und ihn eventuell zu verhaften. Andererseits wird aber der Vertreter des Unterstaates, auch der Handelsagent, beanspruchen dürfen, dafs er Achtung und manche Vorteile wie die übrigen Vertreter geniefse, so namentlich auch die Achtung seiner Hoheitszeichen. Über die Frage der Behandlung der diplomatischen Agenten kamen häufig Meinungsverschiedenheiten zwischen Ober- und Unterstaat vor. Vgl. z. B. die Beschwerde der rumänischen Regierung wegen ungleicher Behandlung ihrer Agenten im Verhältnisse zu den übrigen diplomatischen Vertretern. Neumann, Recueil XI p. 366.

[26] Die Pforte hat erst neuestens solche Handelsagenten zugelassen, und zwar nur für Bulgarien. Es wird ihnen aber eine von den übrigen Konsuln gesonderte Behandlung zu teil. Auch die fremden Konsuln behandeln sie verschiedenartig. Sie werden z. B. bei festlichen Gelegenheiten,

anderes als Vermittler und Wegweiser für ankommende ortsunkundige Handelsleute. Dieselben werden indes tatsächlich öfters in die Lage kommen, nur Konsuln zustehende Funktionen auszuüben, wie z. B. die Erteilung von Pässen. Der Suzerän wird für gewöhnlich eine Abneigung gegen Zulassung solcher Agenten empfinden, da sich ja ihr Wirkungskreis niemals wird genau feststellen lassen, und da dieselben in den meisten Fällen, gerade wegen ihrer unbestimmten und unbestimmbaren Natur, sich nicht viel unterscheiden werden von den gewöhnlichen sosogenannten agents provocateurs.

Um eine erhöhte offizielle Kontrolle zu besitzen, wird der Suzerän in der Regel auch seinerseits einen Vertreter beim halbsouveränen Staate halten, der gewöhnlich den Titel eines Kommissars, Oberkommissars oder Residenten führt.

Das Mafs seiner Rechte und Pflichten ist naturgemäfs bei den einzelnen halbsouveränen Staaten ein verschiedenes. Allgemein wird sich nur so viel negativ sagen lassen, dafs er kein diplomatischer Vertreter ist[27], und dafs er weniger Rechte geniefst als der diplomatische Vertreter beim protegierten Staate[28].

Speziell bei der Türkei ist der Kommissar in gewissen Beziehungen besser, in anderen schlechter gestellt als die Vertreter der übrigen Mächte.

Gegenüber dem Vertreter des Suzeräns werden auch gewöhnlich diplomatische Formen beobachtet, soweit natürlich der Suzerän einwilligt. Er wird auch bei kleineren Zeremonialfragen oft seine Einwilligung dazu geben, prinzipiell betont er aber stets den r e i n s t a a t s r e c h t l i c h e n C h a r a k t e r der Beziehungen und verzichtet sogar oftmals auf eine Vertretung, um

---

im Gegensatze zu den übrigen Konsuln, nicht eingeladen. Sie kommen aber gewöhnlich auch ohne Einladung! Hinausweisen kann man sie natürlich nicht. Nach den üblen Erfahrungen, welche die Pforte mit dieser Institution Bulgarien gegenüber gemacht, ist es leicht erklärlich, dafs dieselbe auf eine günstige Gelegenheit wartet, um dieses Privileg zurückzunehmen. Nach einer persönlichen Mitteilung aus Konstantinopel!

[27] Er nimmt vielmehr eine von denselben gesonderte Stellung ein.

[28] Auf Einzelheiten können wir uns hier nicht einlassen.

[29] Nur der Vertreter Englands in Transvaal hatte durch Vertrag von 1888, Art. 17, 18, ein dem diplomatischen Vertreter im protegierten Staate nahekommendes ausgedehntes Mafs von Rechten.

ja nicht auch nur den Schein diplomatischer Beziehungen zu erwecken[30].

Über die Befugnisse der konsularen Vertreter der Mächte wird er vielfach hinausgehen dürfen. So wird ihm unbedingt eine gröſsere Verkehrsmöglichkeit mit dem Staatsoberhaupte des Unterstaates zukommen müssen, denn dieser ist die einzige Stelle, an die er sich in letzter Instanz halten kann. Gegenüber dem Suzerän ist nur das Staatsoberhaupt des Unterstaates verantwortlich. Er kann seine Verantwortlichkeit auf niemandes Schultern abwälzen. Man kann also beim halbsouveränen Staat nicht sagen, daſs sich die Verantwortlichkeit des Fürsten in der Ministerverantwortlichkeit zeige. Er ist in dieser Beziehung kein Souverän. Die privative Ministerverantwortlichkeit, welche den Fürsten entlasten soll, ist daher ausgeschlossen. Eine kumulative Verantwortlichkeit würden wir dagegen als konstruierbar erachten. Dieses rein persönliche Moment tritt gerade bei der von uns betrachteten Art der Halbsouveränität scharf zu Tage, und dies mag die meisten Schriftsteller veranlaſst haben, lehensrechtliche Beziehungen anzunehmen.

Dem Vertreter des Suzeräns wird daher das Recht zuzusprechen sein, Ratschläge zu erteilen, die wenigstens angehört werden müssen, auf ungerechtfertigte Handlungen der halbsouveränen Staatsgewalt im allgemeinen aufmerksam zu machen und bei wichtigen Angelegenheiten um direkte Vermittelung von der Metropole aus nachzusuchen[31].

Er wird im Gegensatze zu den übrigen Vertretern stets eine direkte Akkreditierung beim Staatsoberhaupte, falls man hier von einer solchen sprechen will, beanspruchen dürfen, sowie auch das Recht, nach dem Fürsten als höchster Beamter angesehen und behandelt zu werden.

Was seinen Schutz betrifft, so wird ihm zwar das Recht der Exterritorialität nicht zu geben sein, dafür aber der besondere Schutz, der Beamten als solchen gewährt wird, als Schatten-

---

[30] So war die Türkei nach der Räumung der Festungen (1867) nur zeitweilig durch einen Kommissar in Serbien vertreten.

[31] Der Pascha von Belgrad machte z. B. von diesem Rechte häufigen Gebrauch.

seite daneben freilich die besondere Beamtenverantwortlichkeit. Seinen Richter hat er aber stets in der Metropole zu suchen[32].

In welcher Weise und in welchem Maſse die Einwirkung des Kommissars in die inneren Angelegenheiten stattzufinden hat, läſst sich keineswegs allgemein bestimmen. Es wird sich meistens um Taktfragen handeln, die mit Vorsicht gehandhabt sein wollen, und wo das kluge Ermessen, sowie die Erfassung des günstigen Momentes für den Vertreter des Oberstaates ausschlaggebend sind.

Trotzdem die Beziehungen zwischen beiden Staatsgewalten, wie erwähnt, nicht völkerrechtlicher Natur sind, so wird dem Unterstaate doch unter Umständen das Recht zustehen dürfen, dem Völkerrechte ähnliche Maſsregeln, wie die völkerrechtliche Retorsion und Repressalien, zu ergreifen, soweit dies Handlungen sind, die der Unterstaat im eigenen Lande begeht, um den Gegner zu schädigen[33].

Sobald aber alle friedlichen Mittel erschöpft, fragt es sich, ob ein Krieg zwischen Suzerän und halbsouveränem Staate begrifflich möglich sei[34]? Wir für unseren Teil würden die Frage

---

[32] Von einer Gefangennahme oder Aburteilung des Kommissars im Unterstaate ist natürlich keine Rede. In keiner Beziehung unterliegt er der halbsouveränen Staatsgewalt. Der Unterstaat kann sich bloſs beschweren und nur präventiv eingreifen im Falle der Not.

[33] Bei Einfuhrverboten des Oberstaates kann er auch seinerseits mit solchen erwidern; ferner kann er bei Grenzüberfällen, wie sie in der Türkei an der Tagesordnung sind, sich selber Genugtuung holen.

[34] Die Frage ist sehr bestritten, meistens wird sie für Protektorat und Halbsouveränität unseres Erachtens zu Unrecht auf gleiche Weise gestellt und auf gleiche Weise beantwortet. So Despagnet, a. a. O. p. 336 ff., der die Frage unseres Erachtens mit Recht für das Protektorat bejaht. Dagegen unterscheidet er nicht zwischen Protektorat und Halbsouveränität. Ebenso Gairal, p. 163, und Heilborn, p. 167, der doch wenigstens für die Unterstaaten der Pforte die Möglichkeit der Annahme eines Bürgerkrieges zugibt. Hachenburger, a. a. O. p. 102, verneint die Frage ganz allgemein, ebenso Wilhelm, Clunet, 1895 p. 760 ff., und derselbe in R.G.D.J. II p. 156, wo sich nur zu deutlich die Begriffsverwirrung zwischen Protektorat und Halbsouveränität zeigt. „En droit international la guerre ne peut exister qu'entre deux États indépendants et il est difficile de déclarer tels deux pays attachés l'un à l'autre par un lien de protectorat: le pays protégé aliène entre les mains du pays protecteur une partie de sa souveraineté; il ne peut traiter avec lui d'égal à égal. L'établissement

in zwei Sonderfragen zerlegen, nämlich: Ist ein Krieg mit dem Begriffe der Halbsouveränität vereinbar, und kommen empirische Kriege zwischen Suzerän und halbsouveränem Staate vor? Auf die erste Frage ist wegen des staatsrechtlichen Herrschaftsverhältnisses, des Verhältnisses von Über- und Unterordnung, oder wie man es sonst nennen mag, mit nein zu antworten; denn durch eine begriffliche Möglichkeit des Krieges wäre sowohl untereinander wie in den Augen Dritter das Herrschaftsverhältnis gelöst; ein staatsrechtlicher Konstitutivakt hätte überhaupt keinen Sinn und Bedeutung. Es käme darauf hinaus, Gebietskörperschaften aller Arten, namentlich Provinzen, ein Kriegsrecht einzuräumen. Es erscheint uns daher die in den meisten Lehrbüchern sich findende nicht präzise Stellungnahme zu dieser Frage prinzipiell für verfehlt. Man nimmt z. B. an, dafs es nur auf die vertraglichen Bestimmungen zwischen Suzerän und halbsouveränem Staat in dieser Frage ankomme[35], oder dafs es lediglich eine Tatfrage sei[36].

Solche schriftstellerische Unbestimmtheiten zeugen von einem Mangel im systematischen Einteilungsgrunde, namentlich zeugen sie von einer Verkennung des Unterschiedes von Protektorat und Halbsouveränität.

Auf die zweite Frage, ob tatsächlich Kriege zwischen Suzerän und halbsouveränem Staate vorkommen, ist mit ja zu antworten[37]. Geradeso, wie es im Belieben jeder Zentralgewalt steht, Rebellen als kriegführende Partei anzuerkennen, mit ihnen Verträge, Waffenstillstände, ja auch Frieden zu schliefsen[38], ebenso ist es, falls man die Sache juristisch betrachtet, vom Suzerän eine Gnade, wenn er sich bei Erhebung des Unterstaates als mit demselben im Kriegszustande befindlich erklärt. Diese Gnade

---

d'un protectorat ne crée-t-il pas entre l'État protecteur et l'État protégé une situation analogue à celle de deux États dont l'un est le vassal de l'autre?“ Vgl. ferner Feraud-Giraud, R.G.D.J. II p. 295, und Fauchille, R.G.D.J. III p. 58. Liszt, Völkerrecht, p. 208, macht ebenfalls keinen Unterschied zwischen Halbsouveränität und Protektorat in unserer Frage.

[35] So Rivier, II § 61, 177.

[36] Liszt, p. 208.

[37] So die Kriege Mehemed Alis gegen die Türkei, ferner die Kriege Serbiens.

[38] Frieden zwischen Serbien und der Pforte vom 28. Februar 1877, St.A. XXXII Nr. 6321.

mufs nicht und ist gewöhnlich nicht aus Humanität veranlafst, sondern aus Vorteilen und politischen Rücksichten. Wie du meine Gefangenen behandelst, so werde ich deine behandeln, lautet ein Prinzip im Kriege. Die Pflichten und Rechte der Neutralen sind ebenfalls an den regelrechten völkerrechtlichen Kriegszustand geknüpft. Ferner ist es ein Gebot politischer Klugheit, eine dem Kriegsrechte entsprechende Behandlung dem halbsouveränen Staate angedeihen zu lassen; denn es trägt ja streng genommen nur das halbsouveräne Staatsoberhaupt die Verantwortung. Er ist sozusagen der einzige, der Hochverrat am Suzerän begeht[39].

Gerät nun aber der Suzerän mit dritten Mächten in Krieg, dann wird eo ipso auch der halbsouveräne Staat als im Kriegszustande befindlich erachtet. Eine Neutralitätserklärung des Unterstaates, weil eine politische Erklärung, braucht keine Wirkung Dritten gegenüber zu erzeugen. Es ist dies die zwingende Folge seiner staatsrechtlichen Stellung. Nun freilich wird aber die halbsouveräne Staatsgewalt tatsächlich oft am Kriege keinen aktiven Anteil nehmen und kann deswegen vom dritten Staate als neutral betrachtet werden, und dies geschieht auch des öfteren[40]. Es ist dies jedoch eine Neutralität, die ganz im Belieben des kriegführenden Gegners steht. Beim Protektorate mufs dagegen unseres Erachtens der protegierte Staat, falls er nur die Pflichten des Neutralen erfüllt, als neutral angesehen werden. Denn aus dem Protektoratsvertrage heraus ist der Protegierte zu schützen, nicht dagegen der Protektor. Die Neutralität des halbsouveränen Staates ist in praxi vielfach vorgekommen.

Welches sind nun zusammenfassend die Pflichten der einen und der anderen Seite, nachdem wir die Successionsverhältnisse, den Inhalt der Halbsouveränität und die Beziehungen beider Saatsgewalten zueinander im einzelnen erörtert haben?

Zunächst hat der Oberstaat eine Schutzpflicht. Während

---

[39] Vgl. die Proklamation des Sultans an das serbische Volk, gegen den Fürsten Milan gerichtet. Martens-Samwer, 2ème Sér. III p. 234.

[40] Serbien 1828, 1855. Für die Neutralität der Ionischen Inseln im Krimkriege die berühmte Entscheidung des englischen Admiralitätsgerichtes unter Dr. Lushington bei Phillimore, p. 106 sq. Nicht unbestritten! Vgl. z. B. Revue algérienne et tunésienne, I (1893) p. 120, und die damalige Auffassung der englischen Regierung.

aber beim Protektorate gerade die Schutzpflicht es ist, welche den einen Teil bewogen, den Vertrag einzugehen, so ist hier eine Schutzpflicht nicht in allen Fällen, weder nach innen noch nach aufsen, unbedingt erforderlich. Nach innen wird der Oberstaat in den meisten Fällen eines wirksamen Schutzes für einen der streitenden Teile sich enthalten müssen, er wird gewissermafsen über den Parteien zu stehen haben und vor allem zunächst blofs darauf bedacht sein müssen, die Unruhen im halbsouveränen Staate auf sein Gebiet zu lokalisieren. Ein Gebrauch seines Interventionsrechtes ist daher nur mit grofser Vorsicht geboten[41]. Es wird oft vertragsmäfsig ein Interventionsrecht nur unter Zustimmung der Mächte gewährt[42].

Nach aufsen wird er in den meisten Fällen, weil er ja völkerrechtlich zu Gunsten des halbsouveränen Staates, da es sich um partie intégrante handelt, auftritt, auch wenn alle diplomatischen Mittel erschöpft, einen wirksamen Schutz übernehmen. Er kann aber auch, falls er selbst nicht willens oder nicht im stande ist, dem anderen die Exekution in den halbsouveränen Staat überlassen und mit ihm ein pactum de non praestandis delictis abschliefsen. Sobald der Anspruch befriedigt, tritt er für denselben wieder ein[43]. Insoweit ist die dritte Macht blofs Mandatar des Suzeräns. (Das kann freilich oft sehr weit gehen, man denke an China, Bosnien, Cypern!) Eine Ablehnung des Schutzes führt daher nicht wie beim Protektorate zur Auflösung des Verhältnisses, denn der Oberstaat allein ist kompetent zu bestimmen, ob er eintreten soll oder nicht. Eine starke suzeräne Staatsgewalt wird es nie dazu kommen lassen, die Exekution aus ihrer Hand zu geben. Sie wird vielmehr die Angelegenheit des Unterstaates zur eigenen machen. Dieses Abwälzen der Exekution bildet, vorausgesetzt, dafs die beteiligte Macht einwilligt, eine Abschwächung seiner prinzipiellen Haftpflicht nach aufsen.

---

[41] Die Pforte beanspruchte wiederholt eine Einmischung in die moldauwalachischen Angelegenheiten, fand aber beim Unterstaate kein Gehör. Vgl. die Korrespondenz des Fürsten Cusa, I. Teil p. 19. Auch in Serbien war dies der Fall, und zwar hier manchmal mit mehr Erfolg.

[42] Pariser Vertrag, die Artikel Serbien und die Donaufürstentümer betreffend.

[43] So der serbisch-bulgarische Krieg 1885.

Seine Hauptpflicht ist aber eine negative, nämlich die von ihm gewährte administrative Autonomie in complexu nicht grundlos zu verletzen, und in allen eventuell sich notwendig herausstellenden Beschränkungen das richtige Maſs walten zu lassen.

Während nun einerseits die Pflichten des Suzeräns gegenüber dem halbsouveränen Staate Pflichten der bona fides sind, sozusagen Anstandspflichten mit einer im ausschlieſslichen Willen des Suzeräns gelegenen quantitativen und qualitativen Bemessung derselben, sind die Pflichten des halbsouveränen Staates unwandelbare Pflichten des strictum ius, das im Konstitutivakt seine Quelle findet. Seine Hauptpflicht ist daher, nichts zu tun, was gegen die gewährleisteten Privilegien verstöſst. Der Unterstaat wird sich um so eher hüten müssen, privilegwidrige Handlungen vorzunehmen, als ja der Suzerän Partei und letzte Instanz bei jedem Streitfall bildet, soweit nicht durch das Völkerrecht für den Unterstaat anderweitige Garantien geschaffen worden sind.

Es wird in den meisten Fällen von der Oberstaatsgewalt im Konstitutivakt das Recht gefordert, die für den Suzerän einzig kompetente Stelle, nämlich das nationale Oberhaupt, entweder geradezu zu ernennen oder aber nur, besonders namentlich, falls die Erblichkeit gewährt wurde, zu bestätigen[44]. Es bedeutet dieses Bestätigungsrecht keinesfalls bloſs eine Formalität, sondern es kann auch bedeutende Einwirkungen auf das gesamte Staatsleben des Unterstaates ausüben[45].

Eine zweite Pflicht besteht in der Zahlung seines Tributes. Die Entwicklungsgeschichte des Tributes reicht bis in das früheste Mittelalter zurück, indem bei lehensrechtlichen Ab-

---

[44] In der Moldau und Walachei bestand ursprünglich ein Ernennungs-, sodann ein Bestätigungsrecht. In Serbien dagegen bloſs ein Bestätigungsrecht, ebenso in Bulgarien und Ägypten. Die Bestätigung erfolgt durch einen sogen. Investiturfirman, in welchem die Pflichten der halbsouveränen Fürsten aufgezählt werden. Die Erblichkeit wurde nur ungern gewährt. So z. B. die Nichtgewährung der Erblichkeit an Alexander Karageorgewitsch von Serbien. Vgl. auch die verschiedenen Investiturfirmane an: Carl von Hohenzollern, St.A. XII Nr. 2634, Fürst Milan, St.A. XVI Nr. 3516[a]; ferner die Investiturfirmane an die Herrscher Ägyptens, abgedruckt bei Holland, European concert in Eastern Question.

[45] Das zeigte sich namentlich in Bulgarien, als Ferdinand von Coburg gewählt wurde. A. A. freilich Jellinek, p. 148.

hängigkeitsverhältnissen früherer Zeiten ein solcher gefordert wurde zum Zeichen der Unterwürfigkeit. Er war gewöhnlich in die Form eines Geschenkes an den Herrscher des Oberstaates gekleidet – bei den Türken „peschkesch" genannt[46] und bestand entweder in realen Leistungen oder in Geld[47]. Heutzutage ist dieses rein Formale und Persönliche beim Tribut verschwunden, und er hat in den meisten Fällen den Charakter einer Entschädigungssumme angenommen[48].

Seine Bedeutung ist bei den einzelnen Abhängigkeitsverhältnissen verschieden. Er kann einmal geradezu das Bestehen eines Rechtsverhältnisses resolutiv bedingen. An die Zahlung des Tributes kann Sein oder Nichtsein einer privilegierten Provinz oder eines halbsouveränen Staates geknüpft werden[49].

Der Tribut kann sich ferner darstellen als jährlich wiederkehrende Entschädigungssumme für die gewährte administrative

---

[46] Kapitulation der Pforte an die Walachei von 1450 Art. 5: „Mais à cause de cette haute clémence et parce que nous avons inscrit le prince dans la liste de nos autres sujets, il sera aussi, lui, tenu de payer par an, à notre trésor impérial, trois mille piastres rouges du pays, ou cinq cents piastres d'argent de notre monnaie," zitiert von Ubicini. Bei Testa, V, steht dagegen die Pflicht des Tributes in Art. 1: „Le sultan s'engage et s'oblige pour lui et ses successeurs, à protéger la Valachie et à la défendre contre tout ennemi sans éxiger autre chose que la suprematie sur la souveraineté de cette principauté, dont les Voïvodes seront tenus de payer à la Sublime Porte un tribut de 10,000 ducats." Ferner Kapitulation von 1413 (1511) Art. 9: „En signe de soumission, le prince, conjointement avec la nation, aura soin d'envoyer chaque année à la Porte, par deux boyards de Moldavie, 4000 ducats turcs, soit 11 000 piastres, 40 faucons et 40 cavales pleines, le tout à titre de présent (pechkeche)." Über die damalige Tributpflicht im allgemeinen: Hancke, Bodin, p. 13 f. Landmann, p. 43. Vgl. auch Boeresco, R.G.D.J. IV p. 338.

[47] Daſs die Zahlung des Tributes schon damals von hoher Bedeutung werden konnte, zeigt z. B. der Vertrag zwischen Tunis und Karl V. von Frankreich vom 4. August 1535, wonach sich Mulep Hazem, Bey von Tunis, verpflichtet, jährlich zu St. Jacob 6 maurische Pferde und 12 Zelter (Paſsgänger) zu liefern, bei Versäumnis aber 50 000 Golddukaten zum ersten, 100 000 zum zweiten zu zahlen und zum dritten mit dem Verluste seiner Krone zu büſsen. Abgedruckt bei Du Mont, Corps. univers. dipl. du dr. des gens, tome IV, II ème partie Nr. 90 p. 128. Amsterdam 1726 (spanisch).

[48] Vgl. I Teil p. 100, 101.

[49] So bei Ägypten: Separatakte zur Londoner Konferenz, 1840 Art. 5. Siehe I. Teil p. 101 Anm. 69.

Autonomie in complexu und in einem solchen Falle wird er gewöhnlich eine ziemlich bedeutende Höhe erreichen[50].

Aufserdem kann er aber auch blofs für die Gewährung einzelner sogenannter Hoheitsrechte und zwar selbst bei privilegierten Provinzen gefordert werden[51]. Ferner wird oft der Tribut in Zusammenhang gebracht mit der Frage der Schuldübernahme und bildet dann eine für die Halbsouveränität charakteristische Art derselben. Eine blofse Zahlung des Tributes genügt als Gesamtschuldübernahme aber oftmals nicht; es wird dem halbsouveränen Staate ein Teil der Schuld des Suzeräns aufgetragen, und nebenher mufs er noch gleichsam als Regulativ einen Tribut entrichten.

Der Tribut kann ferner als Matrikularbeitrag dienen für die Vertretung nach aufsen oder aber für die etwa in Betracht kommende Haftpflicht, die der Suzerän für den Unterstaat Dritten gegenüber zu übernehmen hat, vergleichbar einer Risikoprämie.

Im Verhältnisse der mohammedanischen Vasallenstaaten zu ihrem Suzerän kann es vorkommen, dafs der Tribut nicht als eine an das Staatsoberhaupt oder an den Oberstaat gerichtete Zahlung aufgefafst wird, sondern lediglich als religiöse Gabe an das religiöse Oberhaupt des Islams, an den Sultan[52].

Wir haben hier einige der wichtigsten Kategorien des

---

[50] Ebenfalls Ägypten, Serbien, Bulgarien.

[51] So z. B. bei Serbien, Firman vom November 1833 § 19. Abgedruckt bei Tkalac, p. 263 § 19: „Mit Rücksicht auf den Steuerbetrag, welchen die Serben bisher an Meinen kaiserlichen Schatz zahlen, auf den Wortlaut des oberwähnten Firmans und auf die Vermehrung ihrer Auslagen, die dadurch angewachsen sind, dafs die innere Verwaltung ihren Häuptern überlassen wird, ist der Tribut für die Zukunft in der Summe von zwei Millionen und dreihunderttausend Piastern festgestellt worden; in diesem Aversionalbetrage ist auch der Zoll, welcher dir übergeben wird, die Einkünfte der Verwaltung der Kriegslehen (Timars, Sijamets und Mukaats) haben in die Hände der Serben überzugehen, ebenso die Kopfsteuer (Charadsch) und alle Abgaben überhaupt, welche bisher, sei es in baarem Gelde, sei es in Naturalien, empfangen wurden, und welchen Namen sie auch tragen mögen, miteinbegriffen. Der Tribut wird jedes Jahr in Belgrad in zwei Raten, angefangen vom St.-Demetriustage dieses Jahres und am Schlusse jedes sechsten Monats bezahlt.“ Vgl. auch Tkalac, p. 30.

[52] So bei Tunis.

Tributes angeführt; die Fälle liefsen sich mehren, Kombinationen und Variationen der einzelnen Arten werden vorkommen können.

Die Festsetzung der Höhe des Tributes erfolgt nach vorhergegangener Vereinbarung zwischen Oberstaat und Unterstaat und eventueller Beteiligung dritter Mächte und kann im Laufe der Zeit mannigfache Abänderungen erfahren, je nach der politischen und wirtschaftlichen Lage beider Teile. Der Zahlungstermin braucht auch nicht ein fest bestimmter zu sein, gewöhnlich hat die Zahlung jährlich zu erfolgen, sie kann aber auch eine periodisch wiederkehrende sein, z. B. bei jedesmaligem Tode des Herrschers im Unterstaate.

Tatsächlich trifft daher die von der Theorie aufgestellte Behauptung, dafs der Tribut ein blofses Zeichen der Abhängigkeit ohne praktische Bedeutung bilde, unseres Erachtens nirgends zu und findet ihre Erklärung nur im Festhalten lehensrechtlicher Prinzipien. Die Widerlegung dieser Auffassung haben wir bereits im historischen Teile versucht[53].

Der Tribut ist zwar nicht ein der Halbsouveränität begriffsnotwendiges Merkmal, er kann auch fehlen, aber wenn er vorkommt, dann hat er nicht blofs formale, sondern reale Bedeutung[54].

Es wird auch endlich von einer Treupflicht des halbsouveränen Staates gegenüber dem Suzerän gesprochen. Versteht man darunter die Verpflichtung, die gewährten Privilegien genau zu beobachten, so haben wir nichts dagegen einzuwenden. Meint man aber damit ein ganz allgemeines Treu- und Respektsverhältnis, etwa vergleichbar der lehensrechtlichen Treueverpflichtung, so können wir dem nicht beistimmen und erachten eine so vage Treuebestimmung für juristisch unerheblich[55].

§ 25. Beziehungen zu halbsouveränen Staaten desselben Suzeräns.

Falls der Oberstaat im Laufe der Zeit mehrere halbsouveräne Staaten geschaffen hat, und namentlich, wenn dieselben aneinander grenzen, wird es allseitiges Bedürfnis sein, sie in direkte Be-

---

[53] Vgl. hist. Teil p. 100. Brie, St.V. p. 28 n. 3.

[54] A. A. Despagnet, p. 39.

[55] Sirmagieff, p. 260, scheint dies darunter verstehen zu wollen.

ziehungen untereinander treten zu lassen. Die Beziehungen haben selbstverständlich wieder keinen diplomatischen Charakter, sondern gleichen darin vollständig denjenigen zwischen Ober- und Unterstaat oder zwischen zwei privilegierten Provinzen, falls dieselben solche Beziehungen überhaupt haben, was speziell bezüglich der Türkei durchaus möglich ist. In der Regel werden sogar die Beziehungen zwischen zwei privilegierten Provinzen, falls sie zu halbsouveränen Staaten geworden, auf Grund der alten Genehmigung des Oberstaates in derselben Weise fortgesetzt[1]. Es wird als selbstverständlich angesehen, daſs das, was ihnen als privilegierten Provinzen bereits gewährt ist, ihnen erst recht als halbsouveränen Staaten zustehe.

Ihren gegenseitigen Beziehungen werden die halbsouveränen Staaten naturgemäſs eine erhöhte Bedeutung beizulegen suchen und werden ihre Vertreter, wofern vom Suzerän oder dritten Mächten nicht Einspruch erhoben wird, dieselben in jeder Beziehung den Abgesandten der übrigen Mächte gleichzustellen trachten.

Es tritt nun häufig der Fall ein, daſs halbsouveräne Staaten, namentlich wenn alle gemeinsam dem Suzerän feindlich gegenüberstehen, einen näheren Anschluſs aneinander suchen, also eine staats- oder völkerrechtliche Verbindung einzugehen trachten. Es fragt sich, ob sie eine solche eingehen können.

Wir würden eine solche ablehnen und alle diesbezüglichen Vereinbarungen, als über ihre gegenseitigen vertraglichen Befugnisse hinausgehend, für null und nichtig ansehen. Sie sind bereits an und für sich durch den Suzerän gegenseitig staatsrechtlich verbunden; eine spezielle Verbindung untereinander kann nur als eine gegen den Suzerän gerichtete angesehen werden[2].

Wenn aber eine Vereinigung durch den Suzerän zugelassen wird, so kann man dieser Staatenverbindung keinen einzigen staats- oder völkerrechtlichen Titel beilegen, sondern dieselbe

---

[1] Dies war der Fall bei Serbien und den Donaufürstentümern. Darauf beziehen sich zwei Firmane vom September 1835 und eine wesentliche Wiederholung derselben Firmane von 1839. Abgedruckt bei Matitsch, Javno pravo knjezevstva Srbije (Staatsrecht des Fürstentums Serbien, 1851, p. 90—95.

[2] A. A. Despagnet, a. a. O. p. 280, der den Vasallenstaat für fähig erachtet, ein Protektorat auszuüben.

blofs als gewisse Veränderung in den Verwaltungseinheiten des suzeränen Staates im allgemeinen ansehen[3].

Der Suzerän wird oftmals einer nationalen Vereinigung sich nicht widersetzen können, er wird gezwungen, eine dauernde Verbindung, selbst eine Verschmelzung zweier halbsouveräner Staatsgewalten zuzulassen, und wird zufrieden sein müssen, wenn er auch weiterhin dieselben Rechte, die er bis dahin gegen den einzelnen ausgeübt, nunmehr gegen das vereinigte Ganze wird ausüben dürfen. Gewöhnlich erfährt aber das Band zwischen Suzerän und den halbsouveränen Staaten durch ihre Erstarkung eine beträchtliche Schwächung.

Zweiter Abschnitt.

Wirkungen nach aufsen; politische Autonomie.

§ 26. Beziehungen zu dritten Mächten.

Mit der Erlangung der administrativen Autonomie in complexu und mit dem Rechte, Beziehungen verschiedener Art mit dem Suzerän zu unterhalten, wird sich die halbsouveräne Staatsgewalt auf die Dauer nicht begnügen, sie wird vielmehr danach streben, auch dritten ausländischen Mächten gegenüber sich handelnd zu betätigen.

Die politische Autonomie kann vom Suzerän der halbsouveränen Staatsgewalt gewährt werden, und wird sie es, dann wird derselbe ein Völkerrechtsgenosse mit beschränkter Rechts- und Handlungsfähigkeit. Wir möchten das Verhältnis, weil der halbsouveräne Staat selbst handelnd auftritt, als aktive völkerrechtliche Halbsouveränität bezeichnen.

Dies ist aber keineswegs die einzige Möglichkeit, durch welche der halbsouveräne Staat völkerrechtlich in Betracht kommt. Zwei oder mehrere Völkerrechtsgenossen können die Absicht haben, einen halbsouveränen Staat aus einer Provinz eines dritten Staates zu schaffen. Sie fassen einen diesbezüglichen Beschlufs, dem sich auch die Staatsgewalt, dessen integrierenden Bestandteil jene Provinz bildete, anschliefst und durch besonderen staats-

---

[3] Dahin gehört die Vereinigung der Moldau und der Walachei. Vgl. hist. Teil p. 20.

rechtlichen Akt die völkerrechtlich vorweg genehmigte Halbsouveränität ihrerseits sanktioniert, — ein Verhältnis, das wir als passiv völkerrechtliche Halbsouveränität bezeichnen würden, da die Schaffung, wenn auch nur indirekt, eine völkerrechtliche, die neugeschaffene Staatsgewalt aber kein voller Völkerrechtsgenosse ist.

Für den halbsouveränen Staat ist die aktive Halbsouveränität vorwiegend relevant, die Art seiner Entstehung dagegen nur für diejenigen von Wichtigkeit, welche bei derselben mitgewirkt haben.

Die Gründe der Ausübungsgewährung von sogenannten äufseren Hoheitsrechten brauchen aber nicht immer in einem Vorteile des halbsouveränen Staates zu suchen zu sein. Es lassen sich sehr wohl Fälle denken, wo es im Interesse des Oberstaates liegt, gewisse äufsere Hoheitsrechte zur Ausübung zu übertragen, namentlich wenn er dieselben nur schwer ausüben kann, oder wenn dieselben gar keinen praktischen Wert für ihn besitzen.

Die äufseren Hoheitsrechte wird nun der Suzerän, soweit er sie überhaupt überträgt, zu eigenem Rechte zur Ausübung übertragen, wobei das eigene Recht die Ausübungsberechtigung bedeutet. Die Frage der Entziehbarkeit spielt aber auch hier keine begriffliche Rolle, sie wird vielmehr ihre Lösung aus den allgemeinen Prinzipien des Herrschaftsverhältnisses finden, und die Entziehbarkeit wird eine häufigere oder seltenere sein, je nach der völkerrechtlichen Stellung dritten Mächten gegenüber[1].

Die Wirkung, welche eine solche Gewährung von sogenannten äufseren Hoheitsrechten auf Dritte ausübt, wird eine verschiedenartige sein. Solange die dritten Mächte dem staatsrechtlichen Verhältnis nicht zustimmen, wird der Unterstaat dieselben nicht praktisch ausüben können. Für den halbsouveränen Staat als Völkerrechtsgenossen wirkt die Anerkennung daher konstitutiv. Für den Suzerän hat das Verhalten der Mächte eine blofs konfirmatorische Bedeutung, indem es die Anerkennung seiner staatsrechtlichen Verfügung enthält, ohne einer etwaigen nachträglichen gegenteiligen Bestimmung oder Entziehung seitens des Suzeräns irgendwie zu präjudizieren[2].

---

[1] Vgl. oben p. 148. Das Verhältnls ist einer Regentschaft ähnlich.

[2] Über den Gegensatz von „konstitutiv“ und „konfirmatorisch“ vgl. Dernburg, Pandekten, I § 82.

Jede Einwirkung von dritten Mächten auf den Unterstaat, jeder Versuch, mit ihm direkt in Verkehr zu treten, kann vom Oberstaate, solange er nicht die politische Autonomie gewährt hat, abgelehnt werden[3]. Falls der halbsouveräne Staat diesen unerlaubten Verkehr mit dem Auslande fortsetzt, stellt er sich in Widerspruch mit dem Konstitutivakt; der Oberstaat kann unter Umständen koerzitive Mafsregeln gegen ihn ergreifen und gegen die dritte Macht mit diplomatischen, eventuell kriegerischen Mitteln vorgehen[4].

Die Übertragung von äufseren Hoheitsrechten an den Unterstaat kann sich erstrecken auf das Gebiet des Vertrags-, des Gesandtschafts- und des Kriegsrechtes.

Mafsgebend für die dritten Mächte zur Beurteilung der Berechtigung ihrer Beziehungen zum halbsouveränen Staate wird einerseits das staatsrechtliche Verhältnis zwischen Suzerän und Unterstaat sein, andererseits der etwa noch hinzutretende völkerrechtliche Akt, durch welchen das staatsrechtliche Verhältnis, sei es bedingt, sei es nachträglich, sanktioniert wird. In letzter Instanz werden sich die fremden Mächte bei der Frage, ob sie eine Berechtigung haben, in Verkehr mit dem Unterstaate zu treten oder nicht, an den Suzerän wenden müssen. Gegen etwaige exorbitante Forderungen des Suzeräns werden aber die Mächte für gewöhnlich die völkerrechtlichen Vereinbarungen auf Kongressen oder Konferenzen entgegenhalten können. Der Instanzenzug ist damit unseres Erachtens zur Genüge angedeutet.

§ 27. Vertragsrecht, Gesandtschaftsrecht, Kriegsrecht.

Kein einziges dieser drei sogenannten äufseren Hoheitsrechte wird jemals in seiner Totalität dem halbsouveränen Staate zur Ausübung übertragen. Er wird vielmehr nur diejenigen Absplisse von diesen äufseren Hoheitsrechten ausüben dürfen, welche dem

---

[3] Die vielen Proteste der Pforte gegen die Einmischung Rufslands in die Angelegenheiten der Donaufürstentümer.

[4] Das war oft auch mit ein Grund für die Kriege der Türkei gegen Rufsland.

ausdrücklichen Willen des Suzeräns entsprechen. Die praesumptio est semper pro suzerano wird hier eine noch strengere Anwendung finden als bei der administrativen Autonomie.

Der halbsouveräne Staat wird zwar die einzelnen ihm übertragenen Hoheitsrechte in seinem eigenen Namen ausüben, in seinem Interesse; er wird aber doch dabei stets Rücksicht zu nehmen haben auf die Beziehungen zwischen Suzerän und der dritten Macht; namentlich wird sich seine Ausübung nicht gegen die Grundtendenz der Politik des Suzeräns richten dürfen[1]. Eine allgemeine Bestimmung hierüber zu geben ist wieder unmöglich.

Die Wirkung, welche Rechtsgeschäfte des halbsouveränen Staates mit dritten Mächten, soweit zulässig, erzeugen, ist die gleiche wie die Wirkung der Rechtsgeschäfte zwischen zwei souveränen Staaten untereinander. Nur hinsichtlich der Erzwingbarkeit wird vor Anwendung der Selbsthilfe der Suzerän um Hilfe angegangen, und falls erfolglos, so kann sich auch die Selbsthilfe gegen den Suzerän erstrecken.

Am ehesten wird vom Suzerän dem Unterstaate das bedingte Vertragsrecht eingeräumt. Der Suzerän überträgt nun entweder einzelne, positiv genannte Arten des Vertragsrechtes, oder aber es ist üblich, daſs der Suzerän negativ eine groſse Gruppe von Rechten nicht konzediert.

Positiv wird dem Unterstaate meistens das Recht gewährt, nachbarliche Beziehungen, wie Beziehungen des Zoll-, Paſs- und Fluſsschiffahrtswesens[2] zu regeln, sodann aber auch, im Anschlusse an diese Beziehungen, gleichsam als Fortsetzung derselben, Handelsverträge mit dritten Mächten einzugehen. Der Unterstaat wird bei solchen Gelegenheiten gewöhnlich der tat-

---

[1] Wenn sich z. B. der Suzerän in einem Zollkriege mit einer dritten Macht befindet, so wird der halbsouveräne Staat kaum in die Lage kommen, seinerseits einen Handelsvertrag mit jener Macht abzuschlieſsen.

[2] Dahin gehört z. B. der Vertrag zwischen Ruſsland, Österreich und Rumänien über die Fluſsschiffahrt am Pruth vom 15. Dezember 1866. Neumann, Recueil, t. IV p. 606. Hier ist auch anzuführen die Zulassung serbischer Delegierter (allerdings mit gewissen Modifikationen) zur Uferstaatskommission an der Donau und die Nichtzulassung Bulgariens. Über die ganze Frage Engelhardt, a. a. O. p. 57, 58.

sächlich ungünstiger gestellte Kontrahent sein, weil die dritte Macht sich stets und mit Vorliebe auf die Verträge mit dem Suzerän wird berufen und dem halbsouveränen Staate eher weniger als mehr wird bewilligen wollen. Der Unterstaat wird unter solchen Umständen vielfach auf den Oberstaat rekurrieren müssen.

Als negative Art der Übertragung wird angeführt, dafs der Unterstaat einen Vertragskomplex von gewissem Inhalte nicht abschliefsen darf, dafs er auf gewissem Gebiete kein Vertragsrecht besitzt. Diese Bestimmungsart hat für gewöhnlich den Nachteil, dafs sich Kontroversen zwischen Ober- und Unterstaat entspinnen können, was denn alles zu diesem Vertragskomplexe, zu diesem von der Vertragsfreiheit ausgenommenem Gebiete gehört. Namentlich die Grenze zwischen politischen und nichtpolitischen Verträgen ist nur zu oft eine flüssige[3].

Immerhin ist eine solche generelle Art der Konzessionierung trotzdem eine für den Unterstaat günstigere, eine höhere Art, ein Zeichen seiner gröfseren Aktionsfreiheit.

Als solche negativ bestimmte Gruppe von Verträgen wird meistens angeführt, dafs der halbsouveräne Staat das Recht besitzen solle, nichtpolitische Verträge mit anderen Mächten abzuschliefsen[4]. Das Recht des Abschlusses politischer Verträge behält sich die suzeräne Staatsgewalt dagegen stets vor. Es steht dies im Zusammenhange einmal mit ihrer Haftpflicht nach aufsen und mit der Bestandteilsnatur des Unterstaates.

Auch der Abschlufs von Verträgen, die zwar an und für sich nicht politischer Natur sind, aber denen doch eine politische Tendenz innewohnen kann, wird seitens des Suzeräns versagt werden können. So wird z. B. unter gewissen Umständen der Beitritt zu einer Zoll-[5] oder Münzunion[6] verwehrt werden können.

---

[3] Z. B. Auslieferungsverträge.

[4] Im Berliner Vertrage wird davon nicht gesprochen, ein Zeichen, dafs die Bestimmung über das Vertragsrecht blofs dem Suzerän zusteht, nicht einem Kongresse. Der Kongrefs hat die etwaigen Grundlagen zu bestimmen; alles übrige bleibt dem Suzerän vorbehalten.

[5] Gedacht ist hier an solche Fälle, die der Begründung des Deutschen Zollvereins ähnlich wären.

[6] Dem Beitritt zur römischen (lateinischen) Münzunion wird dagegen kaum politische Bedeutung zugemessen werden können.

Ebenso wird es für den Oberstaat prinzipiell nicht gleichgültig sein können, ob sich der halbsouveräne Staat bei sogenannten Verwaltungsvereinen[7] und bei internationalen Kongressen und Konferenzen[8] beteiligt oder nicht. Er wird dies dem Unterstaate nur ungern gestatten, schon weil eine solche Beteiligung der Autorität des Oberstaates nach aufsen Abbruch tun und den Anschein erwecken könnte, als ob der Unterstaat gleichberechtigtes Mitglied der Gemeinschaft, als ob er souverän wäre. Jedenfalls wird der Suzerän, falls desungeachtet eine Beteiligung stattfindet, eine für den halbsouveränen Staat distinkte, von den übrigen Staaten verschiedene Behandlung verlangen können[9].

---

[7] So hat z. B. die Pforte gegen den selbständigen Beitritt Serbiens, der Donaufürstentümer und Montenegros (?) zur Genfer Konvention protestiert. Noten vom 14. April und 16. Juni 1875. Martens-Samwer, N.R.G. I p. 677 ff. Dagegen hat die Pforte nicht Protest gegen die Einladung Rumäniens zur Telegraphenkonferenz 1872 in Rom erhoben und hat mit Rumänien zusammen den Vertrag unterzeichnet. Nur gegen eine Gleichstellung hat die Türkei protestiert, was sie auch bei der Haager Konferenz ebenfalls getan hat. Vgl. Boeresco, a. a. O. p. 333.

[8] Dagegen wird der Oberstaat wohl kaum Einwendungen erheben, falls der halbsouveräne Staat einer Konvention zum Schutze des Weinbaues, wie sie tatsächlich am 3. November 1881 abgeschlossen wurde, beitritt oder z. B. auch der internationalen Vereinigung für Erdmessung zu Potsdam (Telegraphenberg). (Association géodésique internationale 1886.) — Obwohl Transvaal nach der communis opinio bis vor kurzem ein souveräner Staat war, so war doch der Protest Englands gegen eine Beteiligung Transvaals an der Haager Friedenskonferenz von Erfolg gekrönt. Dagegen sträubte sich die Pforte ohne Erfolg — aber mit einem gröfseren Rechte auf Erfolg — gegen eine Einladung des Fürstentums Bulgarien. Macht geht oftmals vor Recht.

[9] Eine solche verschiedenartige Behandlung hat die Pforte für Bulgarien auf der Haager Konferenz tatsächlich erreicht. Ob freilich die Art der Erfüllung zur Erhöhung des Ansehens der modernen Diplomatie dient, bleibe dahingestellt. Der Vollständigkeit halber seien diese formalen Forderungen und Bewilligungen angeführt. Ursprünglich ward Bulgarien nicht eingeladen. Auf Verwendung Rufslands wurde sein Liebling nachträglich eingeladen, natürlich unter Protest der Pforte. Endlich gab die Hohe Pforte nach, erreichte aber trotzdem folgendes: Bulgarien wird als zur Türkei gehörig betrachtet, rangiert daher alphabetisch hinter der Türkei. Ein Extratisch war ursprünglich im Sitzungssaale für die bulgarischen Delegierten bestimmt. Der türkische Delegierte erbarmte sich ihrer in ihrer Vereinsamung und lud sie ein, neben ihm Platz zu nehmen. Die bulgarischen Delegierten nahmen diese Freundschaft der Pforte an. Um

Unter allen Umständen ist aber dem Unterstaate verwehrt, rein politische Verträge, wie Allianzen, Neutralitätsverträge, Pfandschaften, Gebietsabtretungen etc., vorzunehmen. In solchen Fällen handelt der Suzerän für sich und für den halbsouveränen Staat stets als Ganzes. Wird trotzdem ein solcher Vertrag abgeschlossen, so ist er null und nichtig, äufsert mithin gar keine personenrechtliche oder dingliche Wirkung irgend jemand gegenüber und berechtigt sogar den Suzerän zum Widerruf von gewährten Privilegien. Letzteres setzt natürlich eine starke und wirksame suzeräne Staatsgewalt voraus.

In der Regel werden auch die Mächte jeden Versuch des Unterstaates, ohne Genehmigung seines Suzeräns mit ihnen in Verkehr zu treten, ablehnen [10], und der halbsouveräne Staat wird selbst von einem etwa wider Wissen des Suzeräns geschlossenem Vertrage keinen grofsen Vorteil haben, denn die Möglichkeit, von demselben jeden Augenblick zurückzutreten, wird dem dritten Kontrahenten stets offenbleiben. Der halbsouveräne Staat wird bei beiden Arten der Übertragung des Vertragsrechtes nicht mehr eine jedesmalige Genehmigung nachsuchen müssen [11]; er wird blofs bei Überschreitung seiner Befugnisse

---

aber im Gegensatz zur Absicht der Kongrefsmitglieder und der Pforte ihre Nichtzusammengehörigkeit mit der letzteren zu markieren, liefsen sie einen Stuhl zwischen sich und dem türkischen Delegierten frei. Ein welthistorisches Ereignis und der Gipfelpunkt der Symbolistik! Ob sich nicht noch andere, ähnliche, kleinliche, formale Beispiele aus der Haager Friedenskonferenz anführen liefsen, ist uns unbekannt. Vgl. darüber „Politische Korrespondenz" April 1899.

[10] Beispiele: Rufsland forderte den Fürsten von Serbien vor dem russisch-türkischen Kriege von 1854 auf, an der Seite Rufslands gegen den Suzerän zu kämpfen. Als aber Serbien die Eingehung eines schriftlichen Vertrages verlangte, erklärte Rufsland, mit dem halbsouveränen Staate Serbien keinen Vertrag schliefsen zu können. — 1877, als es die Militärkonvention mit Rumänien schlofs (Martens-Samwer N.R. III), scheint Rufsland dieses der Halbsouveränität wesentliche Begriffsmerkmal vergessen zu haben. Ebenso soll Fürst Bismarck vor dem preufsisch-österreichischen Kriege die Serben zum Kriege gegen Österreich aufgefordert haben. Als aber Serbien Sicherung seines status quo und schriftlichen Vertrag verlangte, wurde ihm derselbe Bescheid zu teil wie seitens Rufslands. Nach einer persönlichen Mitteilung.

[11] Wie dies bei Transvaal der Fall war nach der Konvention von 1884.

eine Versagung dieses von ihm beanspruchten Rechtes zu gewärtigen haben.

In den Materien dagegen, wo ein Vertragsrecht dem Unterstaate nicht gewährt wurde, gilt auch weiterhin bis zur etwaigen Gewährung das Recht des Oberstaates, und es gilt dies auch in vollem Umfange in den Materien, wo es zwar gewährt, wo aber von demselben noch kein Gebrauch gemacht wurde.

Für die Gewährung und für die Interpretation seines bedingten Vertragsrechtes wird sich der halbsouveräne Staat — das betonen wir ausdrücklich - nicht an einen etwaigen völkerrechtlichen Beschlufs der Mächte halten können, denn die völkerrechtliche Urkunde ist blofs für den, der sich verpflichtet hat, für den Suzerän, mafsgebend; für den halbsouveränen Staat ist sie in diesem Sinne eine res inter alios acta[12].

Die Gewährung und Anerkennung des bedingten Vertragsrechtes gibt vielfach die Veranlassung zum regelmäfsigen gegenseitigen Verkehr zwischen den vertragschliefsenden Teilen[13].

Wie nun aber das Vertragsrecht des halbsouveränen Staates ein von den gewöhnlichen vertraglichen Beziehungen unter souveränen Staaten verschiedenes ist, ebenso steht es auch mit dem Verkehrsrechte. Die Unmöglichkeit seitens des Suzeräns, die gesamten vertraglichen auswärtigen Beziehungen dem Unterstaate zu übertragen, weil dies einer Dereliktion gleichbedeutend wäre, hat auch die Unmöglichkeit der Übertragung des aktiven und passiven Gesandtschaftsrechtes zur Folge[14].

Das Recht, Vertreter zu entsenden und zu empfangen, wird

---

[12] Nicht dagegen in dem Sinne, wie z. B. Arntz, R.D.J. IX p. 39 sq., annimmt, dafs alle diese Verträge für den halbsouveränen Staat gar keine Wirkung erzeugen, weil er nicht mitgewirkt. Er hat nur in den seltensten Fällen mitzuwirken!

[13] Das Gesandtschaftsrecht des Unterstaates ist gewissermafsen die Folge des bedingten Vertragsrechtes, die Fortsetzung desselben.

[14] Wie beim Kriegsrechte so nehmen auch hier die meisten Schriftsteller eine vermittelnde Stellung ein. Vgl. Laband, St.R. Bd. III p. 1 n. 1. Ullmann, p. 92. Calvo, III p. 193. Chrétien, p. 416. Für das Gesandtschaftsrecht der halbsouveränen Staates der Pforte: Heilborn, a. a. O. p. 91. Heffter, § 200, dagegen freilich Geffcken, in Anm. 2 zu Heffter. Ferner dafür: Pradier, III § 1253 p. 58. Holtzendorff, § 25 p. 104. Gegen das Gesandtschaftsrecht Bonfils, p. 380. Brie, St.V. p. 29, namentlich p. 29 n. 1.

von dem konzedierten Vertragsrechte abhängen. Da nun das Recht des politischen Vertragsschlusses dem Unterstaate stets verwehrt ist, so wird auch seinen Vertretern ein mehr konsularer als diplomatischer Charakter zu geben sein [15].

Die Gründe, welche für seine nicht-diplomatische Natur sprechen, sind dieselben wie die bei den Beziehungen des Unterstaates zum Suzerän angeführten [16]. Auch ihr Ursprung ist im staatsrechtlichen Konstitutivakt zu finden.

Den Abgesandten des halbsouveränen Staates wird gewöhnlich der Titel „Agent", „diplomatischer Agent", beigelegt, trotzdem seine Stellung, wie erwähnt, den Intentionen des Oberstaates entsprechend, der konsularischen näherkommt als der diplomatischen.

Diese Bezeichnung wurde ihm hauptsächlich deswegen gegeben, weil der Vertreter des Unterstaates tatsächlich eine mehr oder minder selbständige Stellung dem Vertreter des Oberstaates gegenüber geniefst, jedenfalls aber in der Vertretungsorganisation des Oberstaates keineswegs in die Kategorie seiner Konsuln fällt; sodann weil mit ihm in diplomatischen Formen Umgang gepflegt wird, soweit solche Formen seiner Stellung als halbsouveränem Staate nicht präjudizieren. Endlich wird ihm die Bezeichnung „diplomatischer" Vertreter beigelegt, um damit anzudeuten, dafs er wie ein Diplomat behandelt, dafs er zwar unter Umständen auch gewisse diplomatische Handlungen vornehmen, so z. B. politische Verhandlungen, pourparlers, mit der Fremdmacht pflegen, sie aber niemals zum Abschlusse bringen kann, weil er eben kein diplomatischer Vertreter ist. Beim Abschlusse solcher Verhandlungen wird stets der Suzerän mitzuwirken haben, wie

---

[15] A. A. Sirmagieff, p. 286.

[16] Vgl. oben p. 213. Heimlich wurden freilich des öfteren selbst von den privilegierten Provinzen der Türkei, also vor 1856, politische Missionen nach Wien und Petersburg entsandt. Für Serbien gab es bereits 1823 im Budget eine besondere Position für „auswärtige Angelegenheiten". Sieht man sich diese Posten an, so sind sie kaum in der Lage, die juristische Konstruktion irgendwie zu erschüttern. Folgende Posten kommen beispielsweise darin vor: 1) Dem Friseur Paul in Pancova dafür, dafs er ein Paket nach Sibin befördert hat .... 300 Groschen. 2) Dem Fährmann Joh. Belka bei Grotzka für das Hin- und Hertragen von Briefen .... 20 Groschen u. s. w. in ähnlicher Bedeutung mehr. Petrowitsch, a. a. O. Bd. I p. 652.

denn überhaupt der diplomatische Agent theoretisch in einem organischen Kontakte mit der Vertretung des Oberstaates stehen soll.

Die Stellung der diplomatischen Agenten zum Vertreter des Suzeräns bei demselben Empfangsstaate wird annäherungsweise vergleichbar sein derjenigen des Reichsvertreters zu den Vertretern der einzelnen Bundesstaaten, aber nur in dem Sinne, dafs bei einzelnen wichtigen Angelegenheiten, wo die Bemühungen der einzelnen Regierung ohne Erfolg bleiben, die höhere Einheit sich ins Mittel legt[17]. Natürlich ist dieser Vergleich nur mit Vorsicht anzuwenden, denn bei der Vertretung der einzelnen Bundesstaaten handelt es sich bis jetzt immer um eine diplomatische Vertretung[18], so dafs unter Umständen, der Anciennität nach, der Vertreter des einzelnen Bundesstaates dem Reichsvertreter vorgehen kann[19].

Dieses Zusammenwirken von suzeräner und halbsouveräner Vertretung ist freilich eine theoretische Forderung, die leider meist unberücksichtigt geblieben ist.

Der nicht-diplomatische Charakter des unterstaatlichen Vertreters ergibt sich auch, wie bereits angedeutet, aus der Zeremonialfrage. Er wird zwar so behandelt, als ob er ein Geschäftsträger wäre, und ist beim Minister des Auswärtigen akkreditiert, aber trotzdem wird er in gewissen Beziehungen nicht gleich behandelt; so geniefst er z. B. nicht das Recht der Anciennität, sondern rangiert aufserhalb der diplomatischen Vertreter und bildet gleichsam ein Anhängsel derselben[20]. Eine allgemeine Regelung ihrer Stellung, etwa auf Grund des Wiener oder des Aachener Kongresses, ist nicht vorgesehen. Der einzelne Empfangsstaat läfst ihnen im einzelnen konkreten Falle eine verschiedene Behandlung angedeihen, natürlich unter Beobachtung

---

[17] Dies folgt auch aus der Schutzpflicht.

[18] Soweit eine Einzelvertretung überhaupt vorkommt.

[19] In der Regel aber nicht vorgehen wird, weil dann die Zentralgewalt meistens Botschaften errichtet. Diese Möglichkeit entspringt dem genossenschaftlichen Bande des Bundesstaates. Beim Herrschaftsverhältnis zwischen Suzerän und halbsouveränem Staat ist sie ausgeschlossen.

[20] An der Hand eines völkerrechtlichen Handbuches liefsen sich noch eine Reihe von Unterscheidungen anführen. Etwa im Anschlusse an die Ausführungen Calvos über das Recht der Vertretung. Calvo, Dr. intern. tom. III 4ème éd. p. 298 sq.

der von uns oben aufgestellten nicht-diplomatischen Natur derselben.

Tatsächlich pflegt es nun freilich nur zu häufig zu geschehen, dafs der halbsouveräne Staat die Verleihung des Vertretungsrechtes als Recht der diplomatischen Vertretung auffafst und auch danach so oft wie möglich handelt. So kann es zuweilen vorkommen, dafs der diplomatische Vertreter die Vornahme von konsularen Handlungen, wie z. B. die Visierung der Pässe etc., verweigert, der Konsul des Oberstaates dagegen auch seinerseits eine solche Amtshandlung nicht vornehmen will und an den diplomatischen Vertreter zurückverweist, dafs es mithin der Kompetenzkonflikte kein Ende gibt. Eine tatsächliche Erscheinung, die auf alle Fälle nicht zum Wohle der Staatsangehörigen des Unterstaates auszuschlagen pflegt, und die die mifsliche, nicht zu bestimmende Frage aufwerfen läfst: an wen soll man sich wenden?

Endlich wäre noch und zwar gerade ein negatives Moment für die nicht-diplomatische Natur dieser Vertreter anzuführen. Der Oberstaat gewährt nämlich niemals dem Unterstaate das Recht, Konsuln zu ernennen, weil er einmal in den diplomatischen Vertretern nichts anderes als eine spezielle Art von Konsuln sieht, sodann aber, weil Konsuln wegen des Mangels diplomatischer Vertreter des Unterstaates und wegen der blofs mittelbaren Stellung zum Oberstaate in keine höhere verwaltungsorganische Verbindung eingegliedert werden könnten[21]. Deswegen hat sich auch, wo keine Vertreter des Unterstaates vorhanden, der Staatsangehörige an die Behörden des Oberstaates, an seine Botschaften, Gesandtschaften, Konsulate zu wenden und wird von Dritten zwar als Staatsangehöriger des Unterstaates angesehen, aber wie ein Staatsangehöriger des Oberstaates behandelt[22]. Eine allgemeine Regelung der Kostendeckung für diese Vertretung von Suzeränes Seiten gibt es nicht. Es fehlt auch an positivem Material. Die Frage kann aber unseres Erachtens jedenfalls eine dreifache Lösung erfahren: Eine Kosten-

---

[21] Für die Ernennung von Konsuln ohne Gesandte gibt es keine Präzedenzfälle, mit Ausnahme Äthiopiens (Vertrag mit Italien vom 2. Mai 1889, Art. 17). Heilborn, p. 94.

[22] Transvaal durfte 1881—84 ebenfalls keine Konsuln ernennen.

deckung kann gänzlich fortfallen, falls die Ausgaben, wie es namentlich früher der Fall war, minimale waren[23], oder aber es kann eine Spezialberechnung erfolgen, oder sie kann endlich als konstante Pauschalsumme im Tribute enthalten sein, der wieder, wie bereits erwähnt, entweder nur dafür oder auch für anderweitige Zwecke zu zahlen ist[24]. Wie mit den ständigen, ebenso steht auch dem halbsouveränen Staate nicht das Recht zu, politische Spezialmissionen zu empfangen oder zu senden. Als solche kommen vor allem in Betracht Missionen bei Thronbesteigungen und bei Todesfällen[25].

Im einzelnen wird über alles von uns bisher Angeführte eine nähere Regelung zwischen suzeräner und halbsouveräner Staatsgewalt stattzufinden haben, eine Regelung freilich, die uns in vielen Fällen nicht leicht bedünkt.

Wie nun die Vertreter des halbsouveränen Staates im Auslande eine exzeptionelle Stellung genieſsen, so wird auch den Staatsoberhäuptern der halbsouveränen Staaten in Zeremonial- und Rangfragen eine untergeordnete Stellung zugewiesen werden müssen. Der Herrscher des halbsouveränen Staates wird keinen Anspruch auf persönliche Souveränität erheben können. Ob ihnen daher die sogenannte Exterritorialität aus Courtoisie gewährt werden soll oder nicht, steht im Ermessen des einzelnen Empfangsstaates[26].

---

[23] So bei den Donaufürstentümern und Serbien bis 1878.

[24] Vgl. oben p. 224.

[25] Konkreter Fall: Die Notifikation der Thronbesteigung Alfons' XII. von Spanien an den Fürsten von Rumänien verursachte einen Protest der Pforte, namentlich als Rumänien einen Vertreter zur Beglückwünschung entsenden wollte. Am 1. März 1875 wendete sich die Pforte an die Signatarmächte. Rumänien gab in der Tat nach und verzichtete darauf, eine Gesandtschaft nach Madrid zu entsenden. Vgl. Annuaire de l'institut 1875 (Chronique). Ebenso wurde 1866 ein Abgesandter Preuſsens nach Serbien bloſs in geheimer Privatmission entsandt.

[26] Bei Empfängen des Fürsten Milan in Wien anläſslich der Weltausstellung 1873 wurden im Zeremonial Unterschiede von den übrigen Empfängen souveräner Fürstlichkeiten gemacht. Bei seiner Ankunft wurde er bloſs von den dazu beorderten Generalen empfangen, — weder der Kaiser noch irgend ein Erzherzog waren erschienen. — In seinem Absteigepalais wurde er zuerst von den Ministern besucht, sodann stattete er einen Besuch dem Kaiser ab, den dieser bloſs durch Abgeben seiner Karte erwiderte. Der türkische Botschafter war an den Festlichkeiten auch mitbeteiligt.

Indes lassen sich an diese Fragen der Courtoisie keine rechtlichen Konsequenzen knüpfen. Mit Recht hat daher z. B. das deutsche Reichsgericht die Frage, ob der Fürst von Bulgarien im Sinne des deutschen Strafgesetzbuches souverän sei, verneint[27].

Diese gesamte exzeptionelle Stellung des halbsouveränen Staates nach aufsen, die den Charakter einer „abhängigen Un-

---

Auch beim Empfange des Fürsten Ferdinand von Bulgarien in Petersburg (Juni 1902) war der türkische Vertreter an allen Festlichkeiten mitbeteiligt. Hinsichtlich der übrigen Zeremonialfragen zeigte man allerdings gröfseres Entgegenkommen. Im allgemeinen stand den halbsouveränen Fürsten der Titel „altesse sérénissime“ zu. Nur der Fürst von Bulgarien beansprucht in jüngster Zeit den Titel „altesse royale“, was aber nicht im Zusammenhange steht mit der Halbsouveränität, sondern mit seiner Abstammung aus dem Hause Sachsen-Coburg-Gotha. Vgl. Almanach de Gotha, 1902, p. 85.

[27] Entsch. des Reichsgerichts in Strafsachen, Bd. XXII p. 41. Dieser interessanten Entscheidung des R.G. lag folgender Tatbestand zu Grunde: Ein Coburger Redakteur hatte den Fürsten von Bulgarien wiederholt beleidigt. In erster Instanz wurde er auf Grund des § 97 des St.G.B. (Beleidigung eines Mitgliedes eines landesherrlichen Hauses) verurteilt. Gegen den Grundsatz, den das Landgericht aufgestellt, dafs im Sinne des § 97 jeder Blutsverwandte Mitglied des landesherrlichen Hauses sei, wendet sich das Reichsgericht mit Recht. Mitglied des landesherrlichen Hauses ist vielmehr nach Ansicht des R.G. nur der deutschrechtliche Agnat. Fragt sich nur, ob Fürst Ferdinand von Bulgarien in diesem Sinne Agnat und Mitglied des coburgischen Hauses ist? Diese Frage bejaht das R.G. mit Recht, da er die Mitgliedschaft erworben und keine Verlustgründe eingetreten sind. Die Verlustgründe ergeben sich aus Bestimmungen der Hausgesetze und aus dem Völkerrecht. (Über Verlust nach Völkerrecht vgl. Neubecker, Thronfolgerecht und fremde Staatsangehörigkeit, I.-D., Berlin 1897 p. 72, 77, 78.) Das sachsen-coburg-gothaische Hausgesetz Art. 85 bezw. Art. 91 (Coburg-Gothaische Gesetzessammlung Nr. 212 p. 113) bestimmt nun ausdrücklich, dafs Souveränität den Verlust der agnatischen Angehörigkeit nach sich ziehe. Ist nun aber der Fürst von Bulgarien souverän? Kann er als solcher § 103 des St.G.B. für sich in Anspruch nehmen, oder liegt gar eine Idealkonkurrenz zwischen den Delikten des § 97 und § 103 vor? Gegen § 103 spricht nach Ansicht des R.G. Art. 1 des Berliner Vertrages (das R.G. spricht von einem souveränen [!?] tributären Fürstentum), sowie Art. 3 desselben Vertrages: Erfordernis der Bestätigung des Fürsten seitens der Pforte und der Signatarmächte, und diese fehlte bekanntlich. Aus diesen Gründen ist der Fürst von Bulgarien zwar nicht souverän und daher noch Mitglied des landesherrlichen Hauses. Gegen die Verurteilung aus § 97 spricht aber ein wesentlicher Irrtum des Angeklagten, der auf Unkenntnis staatsrechtlicher Normen beruht, so dafs er strafausschliefsend wirkt.

abhängigkeit" sozusagen in sich trägt, kann auch juristische Folgen auf den verschiedensten Gebieten nach sich ziehen.

Sie kann z. B. im Strafrechte praktisch werden, soweit es sich um Normen handelt, die sich auf Delikte gegen auswärtige Staaten beziehen[28]. Kann man nun auch allgemein sagen: auch der halbsouveräne Staat ist Staat in diesem Sinne? Oder soll man entgegen der strafrechtlichen Maxime: nulla poena sine lege, gar auf Grund von Analogie zur Beurteilung solcher Fälle vorgehen[29]? Ferner im internationalen Privatrechte kann diese exzeptionelle Stellung des halbsouveränen Staates zur Geltung kommen.

Die fremde Macht wird nun, bevor die privilegierte Provinz ein halbsouveräner Staat geworden, konsularische Vertreter, sei es auf Grund der Kapitulationen oder anderweitiger Vereinbarungen oder auf Grund der Gegenseitigkeit, in der Metropole des Unterstaates halten.

Durch die Erhebung zum halbsouveränen Staat erfährt diese konsulare Vertretung in nichts eine Änderung. Selbst durch die Erlangung des bedingten Vertragsrechtes und des Gesandtschaftsrechtes im weitesten Sinne des Wortes, d. h. in dem Sinne, nicht-diplomatischen Vertreter entsenden zu dürfen, braucht dieses Recht des Unterstaates keinen Einfluſs auf die bisherigen Beziehungen zwischen diesem und jenem auszuüben.

Freilich ist es nun tatsächlich üblich, daſs bei gröſserer Verkehrs- und Vertragsfreiheit die ausländische Macht um ihres eigenen Interesses willen ihrem Vertreter beim halbsouveränen Staat einen höheren Rang gibt, natürlich unter Beibehaltung seiner früheren Funktionen.

Derselbe wird zwar nicht ein reiner konsularer Vertreter sein können, wie denn überhaupt eine Scheidung zwischen beiden Kategorien in den Ländern des Orientes sich nicht leicht bewerk-

[28] St.G.B. §§ 102 ff. Könnte man etwa sagen, darunter falle auch der bulgarische Staat? Ist ein Hochverrat in diesem Sinne möglich? Wir würden auf Grund der völkerrechtlichen Garantie der Bejahung dieser Frage zuneigen. Eine strafrechtliche Spezialuntersuchung wäre in höchstem Maſse interessant. Über das bulgarische Strafgesetzbuch im allgemeinen vgl. R.D.J. XXX p. 610 (Pantzovitz).

[29] Etwa analog den im Deutschen Reiche geltenden Bestimmungen bezüglich des Hochverrates gegen den einzelnen Bundesstaat St.G.B. § 81 Z. 2.

stelligen läfst. Wenn daher oftmals Beamte diplomatischer Karriere in die halbsouveränen Staaten entsandt werden, so ist damit noch nicht gesagt, dafs sie auch diplomatische Vertreter sind[30]. Ihre Amtshandlungen sind vielmehr vorwiegend konsulare (Konsularjurisdiktion, Erteilung von Pässen etc.). Ihre organische Gliederung ist gewöhnlich auch eine der konsularischen entsprechende. Sie stehen prinzipiell unter dem Gesandten, der im Oberstaate akkreditiert ist. Dies läfst sich freilich nicht scharf durchführen, und oft erhalten sie direkt Weisungen von ihrer Zentrale.

Für die halbsouveränen Staaten der Pforte ist die nichtdiplomatische Natur der Vertreter dritter Staaten in einem konkreten Falle ausdrücklich von der Staatenpraxis ausgesprochen worden[31].

Der halbsouveräne Staat wird auch bei den fremden Vertretern gerade so, wie er es mit einem Vertreter eines halbsouveränen Staates zu tun pflegt, diplomatische Formen nach Möglichkeit anwenden, um dadurch die eigentlich konsulare Ver-

---

[30] Es werden z. B. nach Ägypten meistens diplomatische Vertreter entsandt. Ebenso in neuester Zeit auch für Bulgarien. Einen diplomatischen Rang führen zwar hier nur die Vertreter Österreichs, Rufslands, Serbiens. Es gebührt ihnen der Titel: Envoyé extraordinaire et ministre plénipotentiaire. Nicht anders ist es zu beurteilen, wenn beim letzten Besuche des Fürsten von Bulgarien in Petersburg (Juni 1902) Rufsland die Einwilligung dazu gab, dafs dem bulgarischen Vertreter in Petersburg der Titel Envoyé extraordinaire et ministre plénipotentiaire zukomme. Eine Berechtigung zu einem solchen Schritte ohne Befragen des Suzeräns war auf keinen Fall gegeben.

[31] Affaire Rosen (1875). Der Vertreter der französischen Republik in Serbien hatte den Titel eines „diplomatischen Agenten“. Der Doyen des konsularen Korps in Belgrad war aber der deutsche Konsul Rosen. Der französische Vertreter machte ihm nun den Vorrang streitig, und die serbische Regierung stimmte natürlich (!) (vgl. oben p. 217, 238) dieser Auffassung bei, was zu einer zeitweiligen Abberufung des deutschen Vertreters führte. Die Angelegenheit wurde nachträglich seitens der Pforte und der Mächte zu Gunsten Deutschlands dahin entschieden, dafs die diplomatischen Agenten, trotz ihres diplomatischen Titels, nur konsulare Vertreter seien, daher keinen höheren Rang gegenüber den gewöhnlich akkreditierten Konsuln beanspruchen dürften. Vgl. Annuaire de droit international, 1877, p. 230.

tretung der Mächte zu verdecken und an eine diplomatische Vertretung glauben zu machen[32].

Die dritte Macht wird aus Gründen der Klugheit diese ihr entgegengebrachte Behandlung seitens des Unterstaates, in der ja gewissermafsen eine Erhöhung der Bedeutung ihrer Vertreter liegt, nicht in schroffster Form ablehnen; sie wird vielmehr trachten, zwischen den Empfindlichkeiten von Suzerän und halbsouveränem Staate zu lavieren. Es zeigt sich dies z. B. gewöhnlich schon bei der Akkreditierung ihrer Vertreter. Zwei verschiedene Systeme sind da in Umgang. Entweder erfolgt das Nachsuchen um das Exequatur beim Suzerän (natürlich nur pro forma) und zugleich auch bei der halbsouveränen Staatsgewalt. Der Vertreter wird dann gewöhnlich beim Fürsten des Unterstaates akkreditiert, oder aber es werden nur Konsuln ad interim bestellt, um jegliche Unannehmlichkeit beim Nachsuchen des Exequaturs zu vermeiden. Letzteres ist namentlich bei protegierten Ländern vielfach üblich[33], das erstere kommt dagegen regelmäfsig in den Beziehungen zu den Unterstaaten der Pforte vor[34].

Die politische Kompetenzsphäre des Konsuls beim Unterstaate ist ebenfalls eine eng begrenzte. Derselbe wird sich nur bis zu einem gewissen Grade in Verhandlungen mit dem Unterstaate einlassen können und wollen, sodann aber sich an den Suzerän wenden[35]. Falls er dies nicht aus freien Stücken tun

---

[32] Für die nicht-diplomatische Natur der ausländischen Vertreter mit uns übereinstimmend Guerschitch, Heutiges diplomatisches und konsulares Recht, Belgrad 1898 p. 307—310 (serbisch), der sich in ausführlicher Weise mit der gegenteiligen Literatur auseinandersetzt, ferner Ullmann, p. 92 n. 6. A. A. Sirmagieff, p. 290.

[33] Es ernannte z. B. Amerika in Madagaskar 1894 einen sogen. acting consul, der keines Exequaturs benötigt, um bei keinem der beiden Teile Anstofs zu erregen. Deutschland und England bringen ebenfalls dieses einfache Mittel zur Anwendung. Vgl. über diese interessante Frage R.G.D.J. I p. 288.

[34] Nach einer persönlichen Mitteilung.

[35] Als Kossuth aus Ungarn nach Rumänien 1848 geflüchtet war, wendete sich die russische Regierung wegen Auslieferung sofort direkt an den Suzerän. Ein anderes Beispiel bietet der Fall Strousberg. Strousberg hatte in Rumänien Eisenbahnkonzessionen seitens der Regierung erhalten. Die Kammer lehnte die erteilten Konzessionen ab. Die deutsche Regierung

will, wird ihn oft die suzeräne Staatsgewalt daran erinnern[36]. Ob er dann dieses Mittel anwendet, ist Tatfrage.

Der Vertreter der fremden Macht wird gegenüber dem Staatsoberhaupte gerade so gestellt sein wie in den übrigen souveränen Staaten. Er wird nicht, wie der Vertreter des Oberstaates, direkt mit ihm Verhandlungen pflegen können, sondern wird sich sein Recht bei dem in dieser Beziehung verantwortlichen Leiter der auswärtigen Angelegenheiten suchen müssen.

Tatsächlich ist natürlich der Verkehr zwischen Fürst und diplomatischem Vertreter ein freierer als bei souveränen Staaten. Der einzelne Vertreter kann oft in die Lage kommen, eine höchst einflufsreiche Stellung de facto einzunehmen[37].

Die Beziehungen des fremden Vertreters zu dem etwa im Lande vorhandenen Vertreter des Suzeräns werden sich in der Regel in diplomatischen Formen bewegen. Nur wird er in ihm nicht einen ebenbürtigen diplomatischen Kollegen, sondern einen hohen Beamten des Suzeräns zu sehen haben, der nach dem Fürsten höchster Beamter im Lande ist.

Er wird mit ihm Verhandlungen pflegen, welche sich auf das Fürstentum beziehen, — in der Metropole des Suzeräns wird aber auch in Sachen des halbsouveränen Staates verhandelt. Er wird oft in die Lage kommen, zwischen dem Vertreter des Suzeräns und dem nationalen Staatsoberhaupt zu vermitteln[38]. Wie man sieht, ist das Verkehrsnetz wegen der

wandte sich zuerst an die rumänische, als aber ihre Forderung nicht befriedigt wurde, an die türkische Regierung. Eine Einigung wurde erzielt. Über den Fall Chadourne endlich vgl. p. 210 n. 9.

[36] Mitte der 80er Jahre wurde in Tunis der amerikanische Vertreter beleidigt. Um Genugtuung zu erlangen, sandte die Regierung der Vereinigten Staaten einen Kreuzer. Der türkische Botschafter in Washington wunderte sich über dieses Verfahren und erklärte der amerikanischen Regierung die Bereitwilligkeit seitens der Pforte, über das Delikt des Unterstaates direkt mit Amerika zu verhandeln. Damals bestand aber bereits das Protektorat Frankreichs; deshalb zögerte Amerika, den Vorschlag anzunehmen und gab eine dilatorische Antwort. Nach einer persönlichen Mitteilung.

[37] Man denke z. B. an die Stellung des russischen Vertreters in Sofia.

[38] Dieser Fall trat ziemlich häufig ein. So erfolgte z. B. eine Vermittlung der Vertreter der Grofsmächte während des Bombardements

Zusammengehörigkeit beider Staatsgewalten und der Duplizität der Vertretungen ein äufserst kompliziertes.

Kriegsrecht und Halbsouveränität sind miteinander unvereinbar[39]. Wohl kann der Suzerän im einzelnen Falle den Unterstaat besonders beauftragen, einen Krieg zu eigenem oder zu gemeinsamen Vorteile zu führen[40], aber eine Verleihung eines Kriegsrechtes wird niemals stattfinden. Das allgemeine Kriegsrecht müfste das unbedingte Vertrags- und Gesandtschaftsrecht nach sich ziehen, mithin die Halbsouveränität vernichten, Souveränität an die Stelle setzen. Es wäre damit auch die gesamte Haftpflicht des Suzeräns, die von gröfster personenrechtlicher Wichtigkeit ist, illusorisch geworden.

Auf eine Unterscheidung zwischen Offensiv- und Defensiv-Kriegen möchten wir keinen Wert legen, um, darauf gestützt, dem Unterstaate das Kriegsrecht zu- resp. abzusprechen, weil die Beurteilung der Frage, ob ein Krieg defensiv oder offensiv ist, von allem eher als von juristischen Gesichtspunkten praktisch abhängt.

Dagegen möchten wir es als selbstverständlich betrachten, dafs der halbsouveräne Staat, trotz prinzipiell nicht zustehendem Kriegsrechte, wenn es sich um seine Selbsterhaltung handelt, in Fällen der Not Mafsregeln zu seiner Verteidigung ergreift. Bei jedem etwaigen Friedensschlusse wird dem Suzerän stets das Recht zustehen, sich aktiv daran zu beteiligen, ob er nun mit dem Unterstaate im voraufgehenden Kriege gemeinsame Sache gemacht hat oder nicht[41]. Jede territoriale Veränderungsabsicht dem Unterstaate gegenüber kann vom Suzerän angefochten und abgelehnt, eventuell vi militari verhindert werden.

Eine Frage, die hier auftaucht, ist: wer zahlt die Kriegsentschädigung? Dieselbe, als Schadensersatz betrachtet, ist zu leisten vom Suzerän nach den allgemeinen Prinzipien, denn der

---

Belgrads seitens der Türken 1862. Vgl. Neumann, Recueil, Bd. III p. 249.

[39] Übereinstimmend Geffcken zu Heffter, § 19 n. 1. Stubbs, a. a. O. Nicht ganz präzis Liszt, p. 208. Rivier, Lehrbuch, p. 381. Ullmann, p. 314.

[40] Z. B. Ägypten.

[41] Bulgariens Friedensschlufs mit Serbien. Vgl. hist. Teil p. 49.

Suzerän ist verantwortlich für das Verhalten des halbsouveränen Staates.

Wie es aber umgekehrt steht, wenn die dritte Macht Kriegsentschädigung zu leisten hat, dafür läſst sich kaum ein allgemeines Prinzip aufstellen. Jedenfalls wird sich der Suzerän aus der Entschädigung schadlos halten können.

Viertes Kapitel.

Beendigung der Halbsouveränität.

§ 28. Arten, Gründe derselben.

Wie das Verhältnis der Halbsouveränität durch einseitigen Willensakt der suzeränen Staatsgewalt geschaffen, so kann es auch durch einseitigen Willensakt aufgehoben werden; und zwar entweder in absteigender Linie, d. h., dafs der halbsouveräne Staat nicht für fähig erachtet wird, sich selbst zu regieren, dafs er zur Provinz wieder zurückgeschnitten wird [1], oder aber in aufsteigender Linie, dafs der halbsouveräne Staat zum Abfall für reif erachtet wird, und dafs der Oberstaat, weil er seine Oberherrlichkeit nicht mehr zur Geltung bringen kann, dieselbe definitiv aufgibt.

Im ersteren Falle brauchen ihm nur die gewährten Privilegien — gewöhnlich im Einverständnis mit den interessierten Mächten — genommen zu werden; im letzteren Falle gibt der Suzerän eine auch gegen Dritte wirkende Erklärung ab, dafs er seine Suzeränitätsrechte nicht mehr ausüben wolle.

Es tritt nunmehr eine Staatensuccession im vollen Umfange ein, soweit sie nicht bereits durch Schaffung einer halbsouveränen Staatsgewalt eingetreten war.

Dies wäre das Erlöschen des Verhältnisses, von Suzeräns seiten aus betrachtet.

Das Herrschaftsverhältnis kann aber auch gewaltsamerweise sein Ende finden durch Anschlufs des halbsouveränen Staates an äufsere Feinde [2] oder durch eigenen Kampf.

---

1 Wie es bei Transvaal der Fall sein konnte.

2 Serbien, Rumänien im russisch-türkischen Kriege 1878.

Die juristische Betrachtungsweise dieser Handlungen haben wir bereits bei der Frage des Kriegsrechtes erörtert.

Endlich kann durch völkerrechtlichen Beschlufs aus einem halbsouveränen ein souveräner Staat geschaffen werden, indem die Mächte die Erklärung abgeben: ein Zusammenwirken beider Staatsgewalten sei in der Folgezeit aus politischen und wirtschaftlichen Gründen unmöglich; der halbsouveräne Staat sei reif, von seinem Mutterlande sich zu trennen[3].

Im einzelnen können sich nun dabei recht schwierige Fragen erheben. Man kann wohl allgemein sagen, dafs der Oberstaat die Suzeränität aufgibt, aber es sind mit der Stellung als Suzerän nicht nur Rechte, sondern auch Pflichten Dritten gegenüber verknüpft.

Es dürfte daher fraglich erscheinen, ob gerade bezüglich der Pflichten eine einseitige Erklärung des Suzeräns zur Erledigung derselben genügen kann[4]. Wenn man aber die Frage verneint, so kommt man wieder zu einem nicht allzu befriedigenden Resultate, dafs nämlich der Suzerän zwar seine Rechte aufgegeben habe, dafs daher der halbsouveräne Staat souverän geworden, und dafs trotz alledem der Suzerän weiterhafte.

---

[3] So der Berliner Kongrefs bezüglich Serbiens und Rumäniens.
[4] Beim Protektorat haben wir diese Frage bereits berührt.

Fünftes Kapitel.

Schlufsbetrachtungen.

§ 29. Stellung der modernen Diplomatie (Zweckgedanke).

Ein Exkurs aus dem Rechtsgebiete auf das Gebiet der Politik erscheint uns nunmehr gerechtfertigt. Wurde ja doch die Politik zur Begründung und gleichsam zur Entschuldigung der Aufnahme eines Begriffes einer Halbsouveränität in das Völkerrechtssystem von vielen Publizisten zu Hilfe genommen.

Das Aufstreben Rufslands, der Niedergang der Pforte haben die orientalische Frage heraufbeschworen, die bis jetzt noch keine endgültige Lösung erfahren hat. Der Versuch einer Lösung mufste daher, auf beides bedacht, bis jetzt stets zu Halbheiten seine Zuflucht nehmen. Die tatsächlichen Halbheiten haben auch ihre Wirkung auf die rechtliche Entwickelung geübt.

Als die Türken christliches Land eroberten, war es ihnen nicht darum zu tun, die Bewohner jener Länder ihren Sitten und Gewohnheiten zu assimilieren; sie betrachteten sie vielmehr trotz der Unterwerfung auch weiterhin als Feinde und setzten ihre Bedrückung fort. So wurden zugleich die Interessen dieser kleinen Völkerschaften auf der Balkanhalbinsel Interessen der Christenheit, Interessen der Kultur. Eine zweite Komplikation jener Verhältnisse.

Die Lösung unseres Problems wurde noch dadurch erschwert, dafs Mitte des 19. Jahrhunderts die Türkei bei den westeuropäischen Mächten, weil Gegnerin Rufslands, in hohem Ansehen stand. Der politische Gegner war gröfserer Feind als der Gegner christlicher Kultur.

Erst wenn man alle diese Umstände berücksichtigt, kann man eine Vorstellung gewinnen, wie schwierig es dem Pariser Kongresse ward, leidliche Zustände zu schaffen.

Der Antagonismus Rufslands zur Pforte, der Gegensatz zu ihren christlichen Provinzen, die Empfindlichkeit des Mohammedanismus überhaupt, die Eifersucht der Mächte, — alles das mufste in Rechnung gezogen werden!

Der Pariser Kongrefs war von der redlichen Absicht beseelt, die Gegensätze tunlichst zu mildern, vor allem aber dem unleidlichen Zustande der Pforte und ihrer privilegierten Provinzen unter tunlichster Berücksichtigung beider Teile ein Ende zu bereiten.

Er glaubte dies zu erreichen durch die Zulassung einer Schaffung halbsouveräner Staaten, durch das Aufstellen des Begriffes der Suzeränität, wodurch formell alle bisherigen Rechte der Pforte auch weiter fortbestehen, materiell aber den privilegierten Provinzen eine gröfsere Aktionsfreiheit nach innen und eine gröfsere Absonderung vom Suzerän zu teil werden sollte.

Eine Sicherung dieser Neuschöpfungen wollte der Kongrefs durch eine europäische Garantie erreichen, deren im Vertrage ausdrücklich Erwähnung geschieht.

Der Kongrefs hatte ein neues Prinzip zur Anwendung zu bringen gesucht; Sache des Suzeräns war es, auf Grund dieses Prinzipes — eventuell unter Assistenz der Mächte — die Details zu bestimmen.

Der Berliner Kongrefs stellt sich auf den Standpunkt seines Vorgängers, unter Berücksichtigung zweier neuer, wesentlicher Momente: 1. War die allmählich fortschreitende Schwäche des Suzeräns, besonders nach dem türkisch-russischen Kriege, eine offensichtliche. 2. Im Gegensatze dazu stand die Erstarkung der christlichen privilegierten Provinzen und halbsouveränen Staaten.

Diesen politischen Momenten mufste Rechnung getragen werden. Und in der Tat hat der Berliner Kongrefs in meisterhafter Weise die Tendenzen des Pariser Kongresses übernommen und das, was nach der Neuentwickelung der Dinge seit 1856 nötig war, hinzugefügt. Der Berliner Kongrefs war nämlich zu der Einsicht gelangt, dafs die fortschrittliche Entwickelung der halbsouveränen Staaten Rumänien und Serbien so weit gediehen war, dafs ihre Stellung zur Türkei eine rein nominelle geworden, so dafs einer Schaffung souveräner Staaten nichts mehr im Wege stehe.

Dagegen hat der Berliner Kongrefs, und zwar wieder mit Recht, die Provinz Bulgarien noch nicht für reif erachtet, ein souveräner Staat zu werden, und hat die Bestimmungen des Pariser Kongresses dadurch gebilligt, dafs er seinen Begriff der Suzeränität nunmehr auf Bulgarien anwendet.

Die Vorteile einer solchen Schaffung eines halbsouveränen Staates, der Zweck, der damit erreicht werden sollte, lagen in der Möglichkeit eines Rechtsanspruches der Pforte auf Bulgarien auch weiterhin, sodann aber in der Möglichkeit der Mächte, in verschiedenster Form auf das Fürstentum einzuwirken, — eine Einwirkung, die mit der Halbsouveränität wohl, mit Souveränität nur schwer vereinbar ist.

Die Halbsouveränität, die wir betrachtet haben, ist gewissermafsen eine Zwischenstufe zwischen Provinz und Staat, zur Lieferung des Befähigungsnachweises zum souveränen Staat, eine Erziehungsmafsregel.

Obwohl kein Anhänger des Nationalitätsprinzipes, müssen wir doch die Tatsache feststellen, dafs dasselbe gerade gegenüber der Pforte mit wenigen Ausnahmen sich erfolgreich durchgerungen hat. Die Neuschöpfungen des Berliner Kongresses sind daher auch eine teilweise Konzession an das Nationalitätsprinzip gewesen.

Was die Schaffung halbsouveräner Staaten auf der Balkanhalbinsel veranlafst — Erstarkung der Provinzen —, kann in absehbarer Zeit auch zur Schaffung halbsouveräner Staaten aus Kolonien der europäischen Mächte führen, kann, wenn die Erstarkung der Zentralgewalt im Bundesstaate dermafsen fortgeschritten ist, um die nationalen, lokalen Empfindungen teilweise zu befriedigen, zur Halbsouveränität statt zur einfachen Provinznatur führen.

Die Perspektiven, die die Halbsouveränität eröffnet, sind nicht enge zu nennen. Ihre Zweckmäfsigkeit und ihre Berechtigung sind bis jetzt offen zutage getreten.

Gewifs ist die Bedeutung des modernen Protektorates eine viel gröfsere. Daraus darf man aber nicht den Schlufs ziehen, dafs die Halbsouveränität ein absterbendes Institut sei, sondern vielmehr, dafs sie in absehbarer Zeit, unter anderen Verhältnissen, in richtigen Zusammenhang mit Souveränität und Staatsnatur gebracht, eine Rolle spielen kann.

Man hat die Halbsouveränität eine vorübergehende Erscheinung genannt. Ob dies dem Begriffe, dem absichtlich eine vorübergehende Tendenz innewohnt, Abbruch tut, bezweifeln wir. In ihrem Streben, Reales und Ideales, wenn auch nur vorübergehend, zu vereinigen, liegt unseres Erachtens gerade die Stärke der Halbsouveränität.

Dafs ein halbsouveränes Verhältnis im einzelnen, konkreten Falle danach strebt, zu irgend einer Lösung zu gelangen, ist kein Beweis dafür, dafs die Halbsouveränität als solche ein Begriff ist, der vorübergehende Bedeutung hat. Überall, wo es sich um Entwickelungsstadien von längerer Dauer handelt, wird die Halbsouveränität ihre Berechtigung haben.

Anhang.

MM. Léon Polier et René de Marans, Esquisse d'une théorie des états composés (Bulletin de l'université de Toulouse), 1902. — Verfasser sind zu einer Theorie der Staatenverbindungen gelangt, die ebenfalls nicht am Souveränitätsbegriffe als Essentiale festhält. Auch sie gehen, wie Brie und Rosin, vom Zweckgedanken aus (p. 32), verkennen aber nicht einzelne Fehler, die den Konstruktionen dieser beiden Schriftsteller anhaften (p. 28 bis 30). In der Hauptsache irren Verfasser aber, wenn sie meinen, dafs Brie und Rosin Zweck- und bisherige Persönlichkeits- und Herrschaftsdefinition des Staates nicht genügend auseinanderzuhalten verstanden haben (p. 32), vielmehr sind gerade Verfasser in diesen Fehler verfallen, denn ihre Definition des Staates ist eine dualistische (p. 36); sie bringen nämlich den Persönlichkeitsbegriff des Staates in Zusammenhang mit dem Gesellschaftsbegriffe, und zwar genauer mit dem jeweiligen „régime d'État" (Staatsgepräge, d. h. der politischen und sozialen Richtung) (p. 34). Die Persönlichkeit des Staates äufsert sich in der Herrschaft über Land und Leute, aber der Staat herrscht nicht um seiner selbst willen, sondern der Gesellschaft wegen (p. 33). In dem Herstellen des Gleichgewichtes zwischen Staat und Gesellschaft soll der Kern ihrer Theorie liegen, — es liegt aber darin gerade ihre Hauptschwäche, denn dies ihr jeweiliges „régime d'État" ist ein ewig wechselndes. Verfasser haben den Zweck in die bestehende Definition hineingetragen. Die Unzusammengehörigkeit der beiden Teile der Definition ist eine offensichtliche. Verfasser geben denn auch zu, dafs ihre Definition eine mehr politische als rechtliche sei (p. 32), dafs die beiden Elemente der Definition nur in ihrer Vereinigung haltbar sind (p. 46).

Praktisch angewandt führt ihre Theorie dazu, Gebietskörperschaften den Staatscharakter zuzusprechen, denen ein solcher anerkanntermaſsen nicht zukommt, wie z. B. den Kolonien (p. 61) und den Kronländern Österreichs (p. 62). Auch ihrer Theorie fehlt ein scharfes, begriffliches Unterscheidungsmerkmal zwischen Staat und Gebietskörperschaft im Staate.

Pierer'sche Hofbuchdruckerei Stephan Geibel & Co. in Altenburg.